邹美帅校长在马院座谈

李晋平书记讲思政第一课

纪委书记赵永利视察学院

林海副校长来马院座谈

史建伟副书记在马院座谈

范建荣院长讲座

马院全体教师学习红船精神

捐书活动

志愿服务

党史活动

优秀学姐经验分享

辩论赛

立德树人 守正创新

北京理工大学珠海学院以"五要件""八素养"为核心的高校思政课改革探索

主　编 ◎ 邹美帅　史建伟　范建荣
副主编 ◎ 周子善　王庆华　高红宦　张　龙

北京理工大学出版社
BEIJING INSTITUTE OF TECHNOLOGY PRESS

版权专有　侵权必究

图书在版编目（CIP）数据

立德树人　守正创新：北京理工大学珠海学院以"五要件""八素养"为核心的高校思政课改革探索／邹美帅，史建伟，范建荣主编． －－北京：北京理工大学出版社，2023.12

ISBN 978－7－5763－3213－1

Ⅰ．①立…　Ⅱ．①邹…②史…③范…　Ⅲ．①高等学校－思想政治教育－教学改革－研究－中国　Ⅳ．①G641

中国国家版本馆 CIP 数据核字（2023）第 241684 号

责任编辑：李慧智		**文案编辑**：李慧智	
责任校对：周瑞红		**责任印制**：李志强	

出版发行 ／ 北京理工大学出版社有限责任公司
社　　址 ／ 北京市丰台区四合庄路 6 号
邮　　编 ／ 100070
电　　话 ／ （010）68944439（学术售后服务热线）
网　　址 ／ http：//www.bitpress.com.cn

版 印 次 ／ 2023 年 12 月第 1 版第 1 次印刷
印　　刷 ／ 保定市中画美凯印刷有限公司
开　　本 ／ 710 mm×1000 mm　1/16
印　　张 ／ 21.75
彩　　插 ／ 7
字　　数 ／ 385 千字
定　　价 ／ 82.00 元

图书出现印装质量问题，请拨打售后服务热线，负责调换

编写委员会

主　编：邹美帅　史建伟　范建荣
副主编：周子善　王庆华　高红宦　张　龙
编　委：石　霖　任　艳　向　纯　刘小容
　　　　刘智辉　李倩倩　李雪丽　李得春
　　　　邱继伟　何辉强　张　海　陈　巧
　　　　陈先兵　陈莉莉　金　涛　郑秋菊
　　　　项　梅　胡骄平　娄　莹　姚　红
　　　　徐　娟　高兵强　陶林涛　黄坚学
　　　　彭立群　蒋文新　余川部　刘雪滢
　　　　李志飞　毛　媚　安　倩

序　言

百年大计，教育为本。立德树人，培根铸魂。立德树人是教育的根本任务，思政课是落实立德树人根本任务的关键课程，首先就要解决好培养什么人、怎样培养人、为谁培养人这个根本问题。

近年来，我校深入学习贯彻习近平总书记关于高校党的建设和思想政治工作的重要论述，结合学校转型发展实际，积极探索新时代高校立德树人的实现路径，并取得了良好成效，助力了学校内涵式发展。为总结工作提升经验，进一步加强和改进大学生思想政治教育工作改革，推动高校德育工作创新发展，我校组织编写了《立德树人　守正创新——北京理工大学珠海学院以"五要件""八素养"为核心的高校思政课改革探索》一书。

本书收录了过去几年北京理工大学珠海学院马克思主义学院思想政治理论课以"五要件""八素养"为核心的综合教学改革成果，记录了我校思政教师一线教学的探索与思考，是理论与实践结合的产物，同时也记载了学校全面加强内涵建设，积极促进转型发展，努力培育时代新人的足迹。从2015年至今，通过8年来的教学改革，学校的思政课堂发生了可喜的变化，课堂形式多样而有序，师生互动火花不断，"到课率""抬头率""点头率"明显提高，学生的思想政治和综合素质得到显著提升，得到了家长、老师、同行和教育部督导专家等多方好评。根据《麦可思北京理工大学珠海学院2021届毕业生培养质量评价报告》，我校毕业生对思政课满意程度逐年提升，由2016届的81%上升至2021届的92%，这是对我校马克思主义学院思政课改革创新成效最直观的证明。

北京理工大学珠海学院以北京理工大学为办学主体，是其重要战略延伸和组成。学校始终坚持传承北京理工大学"延安根、军工魂"的红色血脉，牢记为党育人、为国育才使命。我们在全国独立学院中率先成立了马克思主义学院，并始终坚持"'马院'姓'马'，在'马'言'马'"根本宗旨，秉承敢闯、敢冒、敢试、敢为天下先的特区精神，在思想政治理论课改革创新中主动作为、先行先试，着眼于思政课提高学生的综合素质和持续生存能力，提高思政课课堂实效，逐步探索出一条以"八素养"培养目标为核心、"五要件"教学方法为路径的思政课教学改革综合创新之路。

当然，我也深知我校的思政课改革做得还不够，书中内容难免有所疏漏，还请广大同人和社会各界批评指正。希望本书能够发挥抛砖引玉的作用，为高校思政教育的不断创新与完善，为培养德智体美劳全面发展的时代新人尽绵薄之力。我们也将秉承初心、再接再厉，深耕思政工作创新发展，书写潜心育人卓越篇章。

北京理工大学珠海学院校长　邹美帅

范建荣教授寄语北理珠学子

南国海滨，珠江西岸，凤凰山麓，赤花山下，坐落着一座郁郁葱葱、四季常青的千顷园林。漫步其间，鸟语花香。读书声、笑声、歌声，声声入耳。木棉花、青草、绿树，棵棵悦目。放眼望去，峰峦叠翠。图书馆、办公楼、宿舍，错落掩映。艳阳天、碧水、白云，景色醉人。这就是名扬南国、享誉中华的北京理工大学珠海学院！

在这里，有一群人，用青春践行理想，用信念坚守阵地，弘扬传统文化，宣讲核心价值。虽一烛微火，却燃烧自己，照亮同学，传播时代的正能量，点燃同学的小宇宙。这就是我们北理珠的思政人！

忆往昔峥嵘岁月，十年创业，步履维艰。我们思政人来自五湖四海，汇集各路英才，从人文部到文法学院，从文法学院到思政部，历尽发展艰辛，逐渐成长壮大。心中珍藏的，总有师生同事之谊。最难割舍的，便是风雨同舟之情。

看今朝春色满园，十年硕果，桃李芬芳。我们思政人秉承"德以明理、学以精工"校训，坚持"育人为本、德育为先"理念，立足珠海，服务广东，面向全国，放眼世界，努力培养具有政治意识、知识拓展、逻辑思维、辨析批判、道德情操、法律意识、社会实践、团队合作等核心素养的中国特色社会主义建设者和接班人，与全校同事齐心协力，为社会各界源源不竭培养出大量栋梁之材。

放眼未来，雄关漫道，任重道远。我们思政人，豪情满怀，昂首阔步，教学相长，知行合一，正朝着把北理珠建成高水平一流大学的宏伟目标，在学校领导带领下，与专业学院和职能处室同心同德，全面深化思政改革，不断提升同学综合素质和持续生存能力。

  同学们，大学是知识的殿堂，是成才的摇篮，是涵养心智、锤炼意志、放飞理想的地方。十年树木，百年树人，希望同学们都能充分地利用在北理珠的美好时光，刻苦，刻苦，再刻苦！拼搏，拼搏，再拼搏！成为敢于担当，忠诚国家，热爱人民，弘扬优秀文化，具备全球视野和跨文化领导力的栋梁之材。让我们彼此相约，毋忘相守！我们北理珠的思政人，永远以同学为主体，真心做同学贴心的小伙伴。师生同心，其利断金。让我们携手前行，您因学校而自豪，学校因您而添彩，共同开创北理珠辉煌的明天！

守正创新凝精神　春风化雨树新人
——北京理工大学珠海学院思想政治理论课改革纪实

党的十八大以来，以习近平同志为核心的党中央先后召开了全国高校思想政治工作会议、全国教育大会、学校思想政治理论课教师座谈会。习近平总书记在这三次会议上发表的三篇重要讲话，系统深刻回答了"培养什么人、怎样培养人、为谁培养人"这一教育的根本问题。习近平总书记指出，思想政治理论课（以下简称"思政课"）是落实"立德树人"根本任务的关键课程，我们办中国特色社会主义教育，就是要理直气壮开好思政课，用新时代中国特色社会主义思想铸魂育人。

中国特色社会主义已进入新时代，面对百年未有之大变局，高校如何让思想政治理论课发挥塑造大学生灵魂的主渠道、主阵地作用，如何有效影响大学生的思想观念、价值取向、精神风貌？北京理工大学珠海学院马克思主义学院（以下简称"北理珠马院"）始终坚持"'马院'姓'马'，在'马'言'马'"的根本宗旨，始终坚持立德树人根本任务，秉承敢闯、敢冒、敢试、敢为天下先的特区精神，在全国高校思想政治理论课改革创新中率先实现了"四个第一"：全国约300所独立学院中第一家成立马克思主义学院，全国高校马院中第一家从内容到方法进行全方位思政课改革，全国第一家发起成立地市级习近平新时代中国特色社会主义思想研究会（同时也是珠海市理论协同创新平台和珠海市高校思政课创新联盟），全国高校马院中第一个创办思想政治教育微信公众号（订阅受众2万余人）。

立德树人，学生为本，教师为根。北京理工大学珠海学院马克思主义学院以"四个引领"（即"政治引领、党建引领、校风引领、方法引领"）为要求与抓手，统筹教师队伍建设，鼓励教师面向思政改革创新深入开展研究与实践，逐步探索出一条以"八素养"培养目标为核心、"五要件"教学方法为路径、"3-3-3一体化"实践教学为内容的教学改革创新之路。多年来的深耕细作，结出累累硕果。根据《麦可思北京理工大学珠海学院2019届毕业生培养质量评价报告》（以下简称《麦可思评价报告》），我校毕业生对思政课满意程度逐年提升，由2016届的81%逐步上升至2019届的92%，2019届到2022届均维持在92%。从2016届到2019届，正是我校马克思主义学院不断深化教学方法改革、提升思政课教学质量、完善思政课培养体系的4年，《麦可思评价报告》是对我校思政课改革创新成效最直观的证明。

授业促学鱼亦渔，传道为国谱丹心

习近平总书记在2019年3月18日主持召开的学校思想政治理论课教师座谈会上明确提出思政课要坚持"八个统一"，明确指出"只有打好组合拳，才能讲好思政课"。我校马克思主义学院聚焦立德树人的根本任务，始终坚持正确的政治方向，始终坚守思政课教学的价值追求，遵循教育规律、思政工作运行规律、学生成长成才规律，明确"以学生为中心"的教学出发点和立足点，把"立德树人""培养德智体美劳全面发展的社会主义建设者和接班人"细化为"八素养"核心能力培养目标，即重点提升学生的政治意识、知识拓展、逻辑思维、辨析批判、道德修养、法律意识、实践创新和团队合作八种素质，使学生具有终身学习和持续生存发展的根本能力，实现思政课浇花浇根、育人育心、春风化雨、润物无声的效果。

（一）凝练核心：构建"八素养"培养目标的价值体系

"八素养"核心能力培养目标体系分为四个层次，第一个层次属于思政课教学的本质要求范畴，即政治意识。高校思政课是对大学生进行系统的马克思主义理论教育的主渠道，是"铸魂"的主阵地，必须树立学生正确的"三观四信"，必须使学生坚定对中国特色社会主义的"四个自信"，增强"四个意识"，做到"两个维护"。第二个层次是学生个人终身学习的能力，即知识拓展、逻辑思维、辨析批判，通过知识输入→思维转化→表达输出，使学生构建完整学习能力的闭环，提高学生解决未知问题的核心能力。第三个层次是个人修养的道德品质与社会责任，即道德修养和法律意识，使学生充分意识到完善个人修为品质，承担社会责任的必要性。第四个层次是学生职业发展的必备素养，即实践创新、团队合作能力，在实际工作中学生通过小组协作完成教师布置的教学任务，培养学生养成尊重他人、相互配合、互鉴互学的意识和习惯，适应未来的职场要求。"八素养"培养目标是一个完整的体系，基本涵盖了学习、工作、生活的各个方面，通过思政课的短期培养，种下学生对终身学习和持续生存发展所需能力的种子，真正实现自我塑造、自我成才。

（二）分门别类：细化"八素养"实施细则

自2015年提出"八素养"培养目标后，在马院统一部署下，"思想道德与法治"（以下简称"德法"）、"中国近现代史纲要"（以下简称"纲要"）、"毛泽东思想和中国特色社会主义理论体系概论"（以下简称"概论"）、"马克思主义基本原理概论"（以下简称"原理"）四门课程组根据各门课程的教学实际，逐步形成了精细的"八素养"核心能力培养实施方案，细化到每一个专题、每个课次，细化到每次作业、每次展示。通过"五要件"教学法，把能力培养落实到每一节思政课中。

"概论"课，每次都会结合教学内容和社会热点开展学生分组讨论活动，直面社会现实，分析成与败、得与失，让学生在问题讨论中了解中国的发展，感悟中国特色社会主义制度的优越性，坚定"四个自信"，增强"四个意识"，深刻把握"两个确立"，切实做到"两个维护"，着力培养学生的政治思想、爱国情怀；德法课密切联系学生初入大学的新鲜与迷茫，组织学生积极参加公益活动，认知自我、认识校园、了解社会，着重培养学生道德品质与社会责任；"原理"课上各种辩题让学生脑洞大开，查找资料、小组争论、现场辩论让学生忙得不亦乐乎、收获满满，学生逻辑思维、辨析批判能力不断得到提升；"纲要"课，同学们分享参观近现代史遗址遗迹的感受，台上同学各尽所能让自己的专业故事可亲、可感、可传，台下同学全神贯注、若有所思，学生实践创新、团队合作能力在一次次分享中得到加强。

"八素养"核心能力培养目标的构建，让课堂教学活起来了，不仅让学生收获知识，更让学生形成严谨的思维，提升了解决问题的实际能力；不仅让学生完善了个人的修为,更让学生担负起社会的义务,坚定了"四个自信",敢于且能于承担国家和民族的大任。同学们越来越爱上思政课,2019 级翻译 2 班苑力超说:"在未学习概论课之前,我仅仅对课程的内容有一些狭义和粗浅的了解,且对其中某些知识点不能进行正确辨析,对现实存在的一些问题不能正确理解。学习了概论课之后,不仅对该课程内容形成了系统性了解,能够熟练把握和辨析其中重要的和易混淆的知识点,最重要的是,我掌握了学习概论课的思维方法,并且懂得了如何将这种思维方法触类旁通应用到其他相关课程的学习中以及正确认识和处理现实中遇到的困惑和问题。"还有很多学生表示:"以前上思政课,总怕被提问。现在不一样了,老师让我们以学习小组为单位围绕问题讨论辨析,上台分享,有效激发了团队协作能力、拓宽了视野、强化了辩证思维、提高了表达能力。""每次任务一下来,大家分工合作,一起准备,一起上台演讲,一起朗诵,一起打辩论,感受到强烈的团队精神,在能力得到提升的同时,让人觉得温暖有爱。"

问渠那得清如许,为有源头活水来

习近平同志强调,做好高校思想政治工作,要因事而化、因时而进、因势而新。思政课教学不应是教师自拉自唱、自说自话,而应是师生情感共鸣的"双边对话",你来我往、思想碰撞,"言之凿凿、心有戚戚"。北理珠马克思主义学院按照习近平总书记所讲的"八个统一"的要求,围绕"八素养"培养目标,组建教学研究团队,精心设计创新教学方法,优化课堂环节,探索出"五要件"教学法,努力让思政课活起来,成功申请了广东省教育厅重点课题项目并顺利结项。

"五要件"教学法遵循教学规律,旨在增强思政课的思想性、理论性和亲和力、针对性,坚持"主体性与主导性的统一",通过激发学生思维活力推动思政课教学提质增效。在思政课教学中倡导"以学生为主体、以教师为主导"的教学理念,形成了"课前 5 分钟""重难知识点解析""视频案例""教学互动""教师讲评"5 个教学模块相互衔接立体动态的课堂教学体系。

一是"引起意向"的"课前五分钟"。教学的首要环节就是要迅速而有效地引导学生进入积极的学习状态。引起学生意向是达成教学目的、引入教学情景重要的环节之一。在"课前五分钟"这一环节,北理珠马院引入翻转课堂教学的理念，在不同的思政课程中，让学生自由分组，按小组布置与课程内容相关的热点案例分析、历史人物介绍、读书心得展示以及经典诵读等题目，根据题目特点，给各个组一定时间上台展示，教师根据学生展示情况进行精准点评，这样可以迅速让学生集中注意力，引起学生的学习意向。

二是"突出重点"的"重难知识点解析"。多年来，思政课由于其特殊的学科性质，教材内容存在大而全、广而粗的问题，几门课之间也存在内容衔接不严谨、知识点交叉重复等情况。"重难知识点解析"通过对教材内容的解剖提炼，实现由教材体系向教学授课体系的积极转换。提炼与转换坚持小而精的要求，把握重点和难点，将前沿热点问题融入其中。每门课程在讲授过程中，以教学大纲为蓝本，把每堂课的重难点凸显出来，重点讲解。

三是"增强效果"的"视频案例"。网络时代、自媒体时代，学生理性认知兴趣退化，感性刺激追求提升，根据传播学的理论，合适的渠道对于提升传播效果有十分突出的作用。教师在备课时，选择政治正确、具有典型意义的"视频案例"，将多媒体引入课堂，将知识点变得更加形象生动，使学生通过观看视频更好地理解和吸收知识，并进一步延伸对理论的深入思考和积极讨论。

四是"体现主体"的"教学互动"。新时代的学生，越发不满足于被动地接收，主体参与意愿日益强化。如何坚持灌输性与启发性的统一，主导性与主体性的统一，让学生想发声、敢发声、能发声，通过"教学互动"，积极调动学生的主观能动性，参与到课堂教学中，这是实现教学目的、达到教学相长的重要环节。北理珠马院设计了学生之间的互动，主要是小组内部的讨论交流以及不同小组之间的争论交流及相互补充完善；鼓励师生之间的交流，主要是老师对学生有针对性的帮助和指导及师生之间对某一论题的对话和交流。通过这些教学互动，进一步深化师生对理论与现实问题的认识，实现了教学相长。

五是"把握方向"的"教师讲评"。思政课因其严肃的政治属性，必须坚持政治性与学理性的统一，建设性与批判性的统一，北理珠马院始终坚持充分把握这一政治属性。"教师讲评"就是教师对理论争鸣、视频资料、学生互动等课堂环节的讲解点评，既是对课堂节奏的掌控，也是对知识观点的总结，更是理念价值的回归。无论课堂教学环节怎么分解，教师还是最终的掌控者，是导演。如果说视频教学、学生互动等环节是对课堂的"放"，那么教师讲评就是对课堂"收"的过程。"收"的不仅仅是知识点，更重要的是回归到思想政治理论课教学目的上，回归到马克思主义立场上。

"五要件"教学法,尊重学生个性与特点,有效调动学生学习的主体性,许多学生表示:现在思政课变得"有意思"了,课堂上我们也"不睡觉"了,我们不仅"很爱听",而且"真相信"。"五要件"使教学方法"活"了,思政课程"火"了,选课都用"抢"了,课堂"到课率""抬头率""点头率"明显提高了,学生的逻辑分析和解答问题的能力、政治素养和敏锐性都得到锻炼,学生也真正有了获得感。

问渠那得清如许?为有源头活水来。政治是严肃的,理论是鲜活的,实践是丰富的,作为新时代的思政课教育工作者,北理珠马院始终坚持全面把握党的指导思想和理论体系,贯彻习近平总书记对思政课的建设方针,不断深化教学方法的研究,丰富教学手段的探索,创新教学实施的细则,真正落实"立德树人"的根本任务,把思政课建设成为学生真心喜欢的"金课"。

纸上得来终觉浅,绝知此事要躬行

习近平总书记在纪念马克思诞辰200周年大会上的讲话中明确指出:"马克思主义是实践的理论,指引着人民改造世界的行动。实践的观点、生活的观点是马克思主义认识论的基本观点,实践性是马克思主义理论区别于其他理论的显著特征。"在实践基础上推动理论创新,这是保持马克思主义生命力的根本途径。实践是个大课堂,生活是本教科书。增强大学生思政课获得感,既要在课堂教学中解答思想疑惑、拉直心中问号、祛除心头迷雾,又要加强实践教学资源的整合与利用,让思政课教学深入田间地头、工厂车间、社区营房、小巷小院,让大学生在中国特色社会主义实践最生动、最火热的地方认识国情、丰富阅历、磨炼意志、增长才干。

(一)敢尝试:立足实践性,构建实践教学新模式

5年来,北理珠马院立足思政课的实践性特点,逐步探索出实践教学的"3-3-3一体化"新模式。"3-3-3一体化"是指思想政治理论课实践教学的三大领域、三种结合和三个层次循环发展的整体推进状况。"三大领域"是指实践教学的课堂领域、校园领域和社会领域,即思政课的课堂实践教学、校园实践教学和社会实践三个主要环节和阶段。"三种结合"是指在课堂教学中,把实践教学与教研教改结合起来,"八素养"教学目标在课堂实践教学活动中得以充分

实现。如概论课开展的课堂分组汇报实践教学活动，通过小组汇报→同学提问→小组解答→教师针对提问汇报涉及的课程内容结合同学疑问和社会现实热点进行深度解构辨析，不仅明确了问题导向，提升了问题高度，而且增强了学生内部合作探究能力和逻辑思维、辨析批判能力，实现了师生双向良性互动；在校园实践中，把实践教学与时代热点、焦点以及中国优秀传统文化结合起来，让"八素养"教学目标在丰富多彩的校园实践活动中开花结果。如马院加强与校团委和各个社团的联系，思政课老师兼任青年导师和社团的指导老师，指导学生社团开展各种实践活动，让学生在丰富多彩的校园实践活动中收获实践创新和团队合作能力；在社会实践中，把实践教学与培育大学生社会责任和职业素养结合起来。如在暑期社会实践活动中，积极鼓励支持学生参加国家、省、市和学校组织的各类暑期社会实践活动，培养学生在社会实践大课堂中受教育、长才干、做贡献的社会责任感、吃苦耐劳精神，强化建设者、接班人的主人翁意识和能力。"三个层次"是指大学生对思想政治理论的认识在实践教学的三个领域和三种结合的过程中呈现出从感性认识到理性认识的发展趋势。在课堂实践阶段，对新时代中国特色社会主义的认识一般处于感性认识层次；在校园实践阶段，对新时代中国特色社会主义的认识处于拓展与应用层次；在社会实践阶段，对新时代中国特色社会主义的认识处于深化、固化的层次，达到理性认识阶段，从而实现思政课教学的目的。

（二）抓落实：立足差异性，打造不同课程拿手牌

思想政治理论课肩负着培养中国特色社会主义事业合格建设者和可靠接班人，帮助大学生树立正确世界观、人生观、价值观的重要使命。

"德法"课注重思想道德的培养和法律基础的养成，采取灵活课堂教学与课外公益活动相结合的方式，强调知行合一、培育德行修养。"慈善公益你我他"是"德法"课着力打造的拿手牌，通过开展慈善公益活动把课堂实践教学、校园实践教学和社会实践串联打通。学生们利用周末时间进行形式多样的慈善公益活动，有的到敬老院去探望老人，有的到福利院去看望孤儿，有的到社区去辅导中小学生功课，有的进行环保宣传，有的进行禁毒宣传，有的开展法律援助，有的指挥交通，有的到轻轨站、医院等公共场所担任志愿者，有的奔波于珠海市的大街小巷为山区的孩子们进行募捐。2019届毕业生冼田燕同学，现在成都信息工程大学社会工作专业攻读硕士研究生。她曾经是校园里名副其实的"公益明

星"，大学4年她累计参与公益活动400多小时，曾荣获2016年"善行100春季全国志愿者明星"称号、"中国扶贫基金会五星志愿者"称号、中国扶贫基金会颁发的2016年"善行100圆梦六一爱心团体"称号以及2016—2017箭牌全国公益实践大赛优秀策划奖、信青年信用火种创意传播大赛二等奖、箭牌全国青年公益实践大赛四强等国家级公益活动奖项9项。冼田燕说："第一次接触公益是为了完成'德法'课上老师布置的实践教学任务，没想到从此在公益的道路上越走越远，公益开启了我大学生活新模式。"

"纲要"课则充分利用学校周边丰富的历史文化资源，提炼出"红色交响曲"这个拿手牌，衍生出思政课实践教学、党课培训等一系列具体形式的实践教学活动。教师把课堂从校园延伸到社会，带领或指导学生到孙中山故居、苏兆征故居、杨匏安陈列馆、林伟民与中国早期工人运动史迹陈列馆、中共小濠涌支部旧址、珠海市凤凰山烈士陵园，以及"桂山号"英雄登陆点遗址等实践教学基地，开展现场教学，让大学生在先辈们艰苦卓绝、波澜壮阔的革命、建设和改革历程中汲取力量，提高大学生爱国主义情操，从而坚定其为中华民族伟大复兴而不懈奋斗的使命与担当。

"概论"课充分发挥课程现实性强的特点，鼓励学生走出教室、走出校园，通过大主题、小切口，围绕身边热点、珠海历史、经济社会发展实际展开充分调研，拍摄视频作品，用手中的镜头记录祖国的成长和变化，"镜头下的中国"成为"概论"课的拿手牌。几年来，学生拍摄了几百部反映当代中国发展变化的视频作品，题材涉及经济、政治、文化、社会、生态、军事、外交等方面，通过实地调查拍摄制作视频作品，拓宽了学生的视野，提供了学生参与社会生活的机会，也极大地增强了学生的政治素养、调查能力和社会责任感。

"一个幽灵，共产主义的幽灵，在欧洲大陆徘徊。为了对这个幽灵进行神圣的围剿，旧欧洲的一切势力，教皇和沙皇、梅特涅和基佐、法国的激进派和德国的警察，都联合起来了""全世界无产者联合起来"，"原理"课响起了《共产党宣言》等经典名句的铿锵诵读声，以及思想交锋和观点争鸣课堂辩论赛的慷慨陈词。"朗诵者·雄辩家"成为"原理"课的拿手牌。辩论赛的辩题是通过征集学生关注的热点问题确定的，同学们在课堂上运用马克思主义基本原理进行激烈辩论，深刻的马克思主义理论和大学生的现实生活发生奇妙的化学反应，学生的思辨能力、团队协作能力在一次次辩论交锋中得到增强。

通过四个"拿手牌"增强了理论课的实践性，大大提高了学生参与的积极性，培养了学生综合能力。课外实践动起来了，2019级会计金融专业张磊同学说：" 公益实践是特殊的思政课，在公益实践的过程中我们体会到了志愿服务不易，在我看来义工活动感觉就像加了糖的咖啡，初尝是苦的、涩涩的，但不久之后，就会感到沁人心脾的醇香。""小飞霏（化名）帮教活动"是"德法"课堂大学生们长期对接的公益活动。"德法"课的资料库里，收藏着许多同学参加帮教活动的照片，记录着同学们迈出校门步入社会公益事业的点点滴滴。11岁的小飞霏生活在低保家庭，母亲下岗依靠自制手工饰品为生，父亲是汽车司机，整日在外奔波。小飞霏在二年级时检查出患有神经纤维瘤恶性疾病，需要长期佩戴物理牵引仪器配合治疗，由于疾病性质的特殊性，她甚至不能经常在阳光下暴露，因此辍学。大一新生周绍钧在"德法"课堂上听老师讲了小飞霏的故事后，课后就报名参加了该帮教活动为小飞霏补习语文，同班的外语学院的林秋汝同学自掏腰包为小飞霏网购课本、绘本画册，与飞霏一起学英语、画漫画。而朱熙同学和周绍钧相约，把在妇幼保健院做志愿所得的餐券补贴积累起来，为飞霏兑换高营养的牛奶和她喜爱的零食。就这样，爱在小飞霏的帮教活动中流动起来。假期里，同学们放假了，马克思主义学院"德法"课老师们开始了爱心接力，"老师"的老师来教学。周绍钧同学由衷说道："'德法'课是引人入胜的，也是大学当中有着最不一样收获的课程！"在这里，"德法"课不再是枯燥的理论说教，传递的是爱和责任，鲜活而生动，老师们以身作则诠释了奉献精神，感召青年学子投身到社会实践、社会服务的事业中去，让青春在志愿服务的奉献中闪光。

（三）讲融合：立足全员性，喜迎社会实践结硕果

"3-3-3一体化"模式的构建，各具课程特色"拿手牌"的打造，使思政课教学由知识传授、理论教育的过程深化为能力提升、价值认同和信仰坚定的过程，达到"知、情、意、行"的统一。引领学生高度关注社会现实、社会热点和时代脉搏，注重对学生进行理论指导、思想引领，注重贴近学生的思想和行为实际，解决了学生的一些思想和实际问题，形成了北理珠马院实践教学活动的特色亮点，真正让思政课活了起来，取得了明显育人成效。

2019—2020年暑期社会实践活动，各社会实践团队在思政课教师、辅导员、专业课教师的共同指导下取得了丰硕的成果。2019年在43项校级立项项目中有2个团队获评全国重点团队，6个团队获评省级灯塔实践团队，省级重点团队35个，是珠海市立项项目最多的高校。2020年在各类评选中喜获8项国家级、16

项省级奖励。2020年获得的奖项弥足珍贵。2020年面对突如其来的疫情，北理珠马院坚持"安全第一，量力而行"的原则，与各职能部门、各教学单位形成实践育人合力，不断丰富实践内容，创新实践形式，拓展实践平台，鼓励学生就近深入开展针对性实践活动，特别是鼓励学生积极科学地参与疫情防控志愿服务，引导学生思考中西方对待疫情防控的态度和举措差异，让学生通过心与心的交流和情与情的碰撞，达到情感的升华和信念的坚定，增强了学生对中国特色社会主义制度优越性的现实体验，在实践中增长才干、练就过硬本领、锤炼意志品质，更加坚定对中国特色社会主义制度、理论、道路和文化自信。

以身作则做表率，敢闯敢为拓新路

习近平总书记在不同场合多次强调教师肩负的时代使命，"教师是立教之本、兴教之源""教师承载着传播知识、传播思想、传播真理，塑造灵魂、塑造生命、塑造新人的时代重任""教育大计，教师为本""人才培养，关键在教师"……这些重要讲话既体现了基于教师职业素质要求，又赋予教师从业诉求的新时代鲜明内涵。

（一）做表率：以身作则，以"六要"为抓手强化教师队伍建设

北理珠马院遵循习近平总书记强调的"六要"标准，把"政治要强、情怀要深、思维要新、视野要广、自律要严、人格要正"内化为全体思政课教师的自觉使命担当，用"四个引领"即"政治引领、党建引领、校风引领、方法引领"不断加强教师队伍建设。

一是要求教师理直气壮讲政治，严自律，正人格。有信仰的人讲信仰，信仰才能落地；有情怀的人讲情怀，情怀才能生根。坚持政治引领，教师只有理直气壮讲政治，真懂真信，思政课才会有引领力、亲和力，才会打动人，在学生中产生共鸣，才能实现立德树人的根本任务。学院传承北京理工大学校本部自延安自然科学院时期就融入学校血脉的红色基因，秉持"德以明理，学以精工"的校训，以校风为引领，坚守"一棵树摇动另一棵树、一个灵魂影响另一个灵魂"的教育操守，坚持"学高为师、身正为范"的职业规约，从全体党员的实际出发，坚持党建引领，通过立规矩、树标杆，从学习贯彻党章党规要求入手，强化师德师风建设，实行师德师风一票否决制。坚持党的理论学习、组织建设与教学

业务结合起来，按照中央文件要求，聘请符合条件的退休地方党政领导担任专任教授和全职外聘教师，实现了党建和业务工作双融双促发展。坚持完善集体学习和集体备课机制，在学校支持下，实现了培训进修机制常态化，近2年派出思政课教师总计30多人次赴教育部、教育厅多个专项培训项目，赴美国肯塔基大学、英国思克莱德大学、江西井冈山干部学院、西交利物浦大学等进行培训学习交流。强化组织建设，发起成立全国第一家地市级习近平新时代中国特色社会主义思想研究会，同时也是珠海市第一家理论协同创新平台、珠海市第一家高校思政课创新联盟。坚持理论联系实际，结合自身专业理论优势，加强与珠海市直机关、中央及广东省驻珠单位、珠海的企事业单位以及基层社区广泛合作，通过理论讲座、文化培训、课题研究等开展党建共建，打通教师教学科研和社会实践服务"任督二脉"，履行服务地方经济社会发展的社会责任。在这一整套组合拳的作用下，教师党性修养日益加强，视域眼界不断开阔，理论水平蒸蒸日上，教学水平广受褒奖，形成了一支站得稳、靠得住、拿得出的优秀的教师团队。

二是强调教师理直气壮新思维、深情怀、广视野。教师只有具备紧跟时代的历史思维、辩证思维、底线思维、战略思维、发展思维之精神气，思政课才会上得有影响力、感染力，学生才会富有创新创业的时代逐梦人之正能量；教师只有拥有宽广的学说视野、学科视野、学术视野，学生才会被科学社会主义的磅礴气势和强劲发展所震撼。北理珠马院围绕"八素养"培养目标，深化"五要件"教学方法改革，坚持方法引领，以学生为主体，要求教师要做好课堂的"导演"，要思维新、情怀深、视野广，从课程设计到课堂把控，再到课后的教学反思调整，让学生成为课堂的主人，充分激发学生的积极性和创造性。从前的"水课"变成了"金课"，从前的"马列主义老太太、老大爷"变成了学生心目中的"女神""男神"。"概论"课的张龙老师视野宽阔，宽严并济，教学语言幽默风趣，教学手段注重实效，他在北理珠学子的抢课呼声中占据99%，学生评价他的课有这样的感慨："选张龙老师的课，我们既需要勇气也需要运气""张龙老师的思政课严格中透着温情，博览群书又散发着魅力。若以游戏评级方式来比喻，我愿将张龙老师与他的课程称为北理珠的'传说'，上完他的课我的思维方式、读书习惯、世界观、价值观、人生观都有了显著提升""张龙老师的'概论'课，是我在大学期间上过的师生之间课堂交流最为密切的一门课程。课堂上通过学生展示、教师实时点评、观众补充发言的形式，张龙老师娴熟地将一个个知识点融合到学生课堂展示的演讲材料中，不同于以往的填鸭式传输，我们感受到老师时刻在追求一个反馈,当知识点讲解后,我们需要非常认真思考再反馈给老师后才能解锁下一个话题。丰富有趣的课堂形式使得我们每个同学都具有强烈参与感,同时又激励我们不断深入思考抽到的主题,从而实现了教学相长的良性互动"。张龙老师被评为"最受学生欢迎教师",成为学生口中"传说中的老师"。

(二)顺潮流:开拓进取,探寻线上线下高效融合新路

当今时代,"互联网+"已经成为一个无法绕开的潮流,思政课如何抓住互联网大潮中出生的"00后"原住民?如何占领互联网"新高地",促进"线上""线下"高度融合,推动学生从被动灌输到主动学习的转变?思政教育决不能因循守旧,必须根据受众的特点,紧跟潮流,勇于变革。马克思主义学院积极探索"互联网+思想政治教育"新路径,在网络阵地中进行隐性思政教育和"八素养"能力渗透,课堂教学、实践教学、网络教学相互支撑,积极探寻一条新媒体、新技术和思想政治理论课有机融合的创新路。

一是把握时代脉搏,在全国独立学院中率先创建了马克思主义学院微信公众号,日更8篇,抢占网络阵地,让思政课从教室延伸到网络,思政课教学改革进入一个全新领域。成立马克思主义学院新闻信息小组,搭建微信新媒体平台,构建宣传思想阵地值班和责任管理制度。在栏目设置上融入"八素养"教学目标,"主流声音""国学讲堂""他山之石""教学动态""高校思政""理论前沿""思政学堂""学思践悟""金唐读史""珠江岸潮""荐读文章""健康生活"等多个精心打造的栏目深受学生喜爱,目前已有28 000余人关注,日访问量在1万人次以上,成为广大师生学习党的政策方针、提升人文素养的一大主渠道。"通过每天看马克思主义学院的公众号文章,我的知识面和文章写作能力有了很大提升""马克思主义学院公众号是我的如影随形的老师",2018级会计与金融学院会计专业的谭睿滢同学说。

二是积极探索线上线下高效融合的思政教育新路径。通过完善学院网站,开设教学资源、在线交流等板块,使网站成为学生爱浏览的政策宣讲地、资源集中库和双向交流带。通过学习通、云课堂等在线教育平台打造线上课程,培养学生独立学习能力,使之拓宽视野,养成善于思考的良好学习习惯。线下课堂上,将专题教学、案例教学、课堂讨论、多媒体教学等多种方式融为一体,并在教与学的过程中,培养和训练学生的问题意识、探讨意识、开放意识、创新意识和能力

培养意识。通过师生互动，引导大学生运用科学理论分析和解决他们所普遍关心的现实问题。通过师生对话、辩论和研讨，提高运用思想政治理论分析解决大学生思想成长问题的针对性。教师还通过微信"面对面"建群，真正融入学生朋友圈，做到师生沟通无边界。很多同学遇到学习、生活方面的问题第一时间想到的就是思政课老师，经常就一些国际国内热点问题、身边人身边事，甚至是关于人生选择等林林总总的问题咨询他们信赖的思政课老师，在朋友圈发文点名表扬思政课老师的也大有人在。桃李不言，下自成蹊，老师成为学生的知心大姐和知心大哥，成为学生的引路人，思政课真正成为学生终生受用的一门课。

结　语

丹心未泯创新愿，白发犹残求是辉。办好思想政治理论课关键在教师，关键在发挥教师的积极性、主动性、创造性，教师队伍要强起来。北理珠马院毫不犹豫地清除队伍中不合格的教师，净化队伍，提升整体素质；以科研促教学，近年来成功申报省部级课题为主的各类纵向课题和以省委宣传部、市委宣传部委托课题为主的横向委托项目共 30 余项，科研项目经费达 100 多万元，科研成绩斐然。老师们获得的各级各类奖励日益增多。其中周子善老师获全国社科工作先进个人，金涛老师获得粤桂琼思政课青年教师基本功决赛三等奖、广东省思政课青年教师基本功大赛一等奖，蔡建文老师获得广东省思政课青年教师基本功大赛一等奖，姚红老师、张龙老师、陈莉莉老师分别获得北京理工大学珠海学院第四届、第五届微党课比赛一等奖，张龙老师还获得 2020 年广东省民办高校教师党支部书记素质能力大赛一等奖、珠海市直教育系统优秀党务工作者、珠海学院优秀党务工作者等荣誉称号。

课程评价好起来了。学生的满意度、获得感是衡量思政课教学实效性的关键指标。2018 级日语专业的赵晓婷同学说，"现在的思政课，老师更用心，学生更走心""上课再也不累了、不困了"。2018 级信管专业的梁燕禧同学在谈到这学期的思政课时讲道："我是上课比较认真的学生，但因为思政课都是三节课连上，如果都是老师传统的授课模式，很难不出现走神和打盹的时候，而且一直在被动地接收，其实还蛮累的。现在的课堂形式多样，学生展示、小组讨论、视频播放，就像一个一个小惊喜在前面等着你，每每在你快要注意力不集中的时候把你拽回课堂，并且让你有主动参与的热情和积极性。"

北理珠马克思主义学院院长范建荣教授说："切实提高课堂教育教学效果和增强学生的学习获得感是当前我院思政课改革的中心任务。通过对'90后''00后'为主体的大学生进行问卷调查，研究总结他们的心理诉求和行为特征，重构课堂，各课程组都进行了多样化的教学方法改革。从目前看，还是取得了非常不错的反响和效果，我院将坚持把立德树人作为根本任务，融入思想道德教育、文化知识教育、社会实践教育各环节，把思想政治工作贯穿教育教学全过程，把思想价值引领贯穿教育教学全过程和各环节，形成教书育人、科研育人、实践育人、管理育人、服务育人、文化育人、组织育人长效机制。通过"八素养""五要件"等教学创新改革，构建一体化育人体系，为办好新时代高水平一流大学、培养德智体美劳全面发展的社会主义建设者和接班人贡献力量。"

目　录

一、理论阐述

用"五个坚持"重要原则讲好高校思政课 …………………………………… 3
高校思政课"五要件"教学法的创新与应用 ………………………………… 5
高校思政课教学改革的背景和理论基础 …………………………………… 14
思政课"五要件""八素养"教改经验
　　——北理珠马院的探索之路 …………………………………………… 20
新时代民办高校思政课教学改革思考与实践
　　——以北京理工大学珠海学院为例 …………………………………… 34
独立学院应用型人才人文素质培养模式探索
　　——以北京理工大学珠海学院为例 …………………………………… 40
论独立学院思政课教学的针对性和实效性 ………………………………… 48
高校德育课教学改革的实践路径探讨 ……………………………………… 58
高校思想政治理论课金课建设的现实困境与实现路径 …………………… 63

持续深化高校思想政治理论课教学改革面临的问题及对策研究
　　——以北京理工大学珠海学院思政课改革探索为例 …………………… 70
遵循、原则、路径：新时代高校思想政治理论课教学改革创新的三维探析
　　——以北京理工大学珠海学院为例 …………………………………… 77
全媒体时代思想政治教育话语转换的四重维度 ……………………………… 86
高校思政课堂的教学与思考 …………………………………………………… 97
对"五要件""八素养"思政课教学改革的思考 …………………………… 105
实现大时代中人的全面发展
　　——关于新时期高校思政课教学的若干探索与思考 ………………… 112
高等院校实践育人体系研究
　　——基于"五要件""八素养"改革的思考 ………………………… 122
发展学生自主学习能力的"线上线下"混合教学模式研究 ……………… 129
红色资源融入高校思政教育的理论与实践探索 …………………………… 134
论新时期高校思政课教师教学能力提升的新路径 ………………………… 138

二、实践路径

"三全育人"视域下高校思想政治理论课改革破局的实践探索 ………… 147
新时代视域下"思想道德与法治"课程教学的有效性探索
　　——以高校学生思想道德与法治素养提升为视角 …………………… 154
论提高"思想道德与法治"课教学效果的新路径 ………………………… 161
"五要件"教学法如何将道理讲深、讲透、讲活 ………………………… 167
"五要件"教学法在高校思想政治理论课教学中的应用
　　——以"中国近现代史纲要"课为例 ………………………………… 174
思政课教学改革与实践
　　——"五要件""八素养"在"中国近现代史纲要"课中的应用 … 180
核心素养育人才，教学方法张形式
　　——"中国近现代史纲要"课程的教学改革 ………………………… 188
"四史"教育融入"中国近现代史纲要"课程教学的思考 ……………… 200
"五要件""八素养"教学改革下"中国近现代史纲要"课程的教案设计
　　——以"太平天国运动的起落"为例 ………………………………… 207

"置入式教学法"在"中国近现代史纲要"课程中的应用
　　——以北京理工大学珠海学院为例 …………………………… 215
在思想政治理论课教学中宣讲"四个全面"
　　——以"中国近现代史纲要"课程为例 …………………………… 222
把握课程学情特点　聚焦学生综合素养　创新教学思路方法 ……… 227
"五要件"教学法在高校思想政治理论课教学中的应用路径探索
　　——以"毛泽东思想和中国特色社会主义理论体系概论"课为例……… 236
对"八素养"培养目标和"五要件"教学法在高校思政课课堂教学中
　应用的探析
　　——以"毛泽东思想和中国特色社会主义理论体系概论"课程为例……… 243
"五要件""八素养"思政课教学改革实践探究
　　——以"毛泽东思想和中国特色社会主义理论体系概论"课程为例……… 249
高校思政课教学改革实践探索
　　——以"五要件"教学法应用研究为例 …………………………… 256
"毛泽东思想和中国特色社会主义理论体系概论"课混合式教学实例研究
　　——以北京理工大学珠海学院为例 ………………………………… 262
培育核心素养　面向学生未来
　　——新时代"马克思主义基本原理概论"课教学模式创新研究 … 270
"马克思主义基本原理概论"课教学改革路径探析 ………………… 276
论商品的道德属性
　　——"马克思主义基本原理概论"课教学思考 …………………… 284
基于"五要件""八素养"的"马克思主义基本原理概论"课教学改革探索
　　…………………………………………………………………… 292
基于"五要件""八素养"的教学设计 ……………………………… 298
PBL教学法在思想政治理论课上的应用
　　——以"马克思主义基本原理概论"课教学为例 ………………… 305
关于"形势与政策"课程教学改革的思考 ………………………… 312
高校书法教育对大学生素养的培养研究 …………………………… 319

一、理论阐述

用"五个坚持"重要原则讲好高校思政课

范建荣

党的十九届五中全会通过了《中共中央关于制定国民经济和社会发展第十四个五年规划和二〇三五年远景目标的建议》，明确了"十四五"时期经济社会发展指导思想，提出了"五个坚持"重要原则：坚持党的全面领导，坚持以人民为中心，坚持新发展理念，坚持深化改革开放，坚持系统观念。"五个坚持"是以习近平同志为核心的党中央治国理政实践经验的总结和升华，是我们在开启新征程道路上各项工作必须遵循的重要原则，也是高校思想政治理论课建设中应当遵循的重要原则。

坚持党的全面领导。习近平总书记强调，思政课是落实立德树人根本任务的关键课程。新时期新形势下，加强和改进高校思政课建设，必须提高政治站位，坚持党的全面领导。坚持党对高校思政课的全面领导，就是要理直气壮开好思政课，用习近平新时代中国特色社会主义思想铸魂育人。高校党委要立场坚定，切实保障，真正从培养新时代中国特色社会主义事业建设者和接班人的高度，抓住制约思政课建设的突出问题，在政策落实、队伍建设、经费支持等方面全方位做好保障。

坚持以学生为中心。习近平总书记在学校思想政治理论课教师座谈会上强调，办好思想政治理论课，最根本的是要全面贯彻党的教育方针，解决好培养什么人、怎样培养人、为谁培养人这个根本问题。高校思政课要坚持以学生为中心，避免出现在课程建设过程中学生主体地位的弱化，学生变成思政课建设中的被动要素，而非能动主体。坚持以学生为中心，要深入研究和了解新时代高校学生的代际特征、心理状态和行为特点。坚持以学生为中心，要将其有机地纳入课程教学环节中，调动起学生的积极性和能动性，不断实现学生对美好课堂的向往。

坚持新发展理念。党的十九届五中全会强调，把新发展理念贯穿发展全过程和各领域，构建新发展格局，切实转变发展方式。新时代高校思政课发展和建设也要转变思维，科学规划。坚持以新发展理念建设高校思政课，就是要注重教育教学的务实有用，直面回应时代和生活给学生提出的现实问题，用马克思主义基本原理与具体实际相结合，在辩证的、全面的深入分析中解疑释惑。

坚持深化守正创新。高校思政课如果因循守旧老一套，缺乏亲和力与针对性，不能满足学生成长发展需求和期待，就很难取得实效。办好思政课，必须着力推动改革创新。习近平总书记在学校思想政治理论课教师座谈会上提出坚持"八个相统一"，是对我们党思政课建设经验和规律的深刻把握，是对思政课面临矛盾和困境的勇敢正视，是推动思政课改革创新的重要原则，是不断增强思政课思想性、理论性和亲和力、针对性的关键所在，必须贯彻始终。

坚持系统观念。新时代高校思政课建设要加强前瞻性思考、全局性谋划、战略性布局、整体性推进。坚持系统观念就要求高校建立大思政格局，构建党委统一领导、党委宣传部门牵头协调，马克思主义学院为主体，所有部门全员参与的全方位、多层次、宽领域的大思政格局，思政课程和课程思政相辅相成，全员、全过程、全方位思政育人的体制机制。坚持系统观念就要求思政课形成大、中、小阶梯课程体系，统筹推进。

注：本文发表于《珠海特区报》2020-11-23。

高校思政课"五要件"教学法的创新与应用

金 涛 范建荣

【摘要】 高校思政课教学方法的改革创新是增强思政教育理论和现实问题阐释力、提高思政教学吸引力和感染力的重要保证。"五要件"教学法倡导"以学生为主体、以教师为主导"的教学理念和培养学生"价值、思维、技能"三维立体的教学目的,并在此基础上形成了"引、问、析、评、导"五要素相互衔接、立体动态的课堂教学体系。

【关键词】 思政课,"五要件"教学法,创新,应用

目前高校思想政治理论课教学面临的是开放的、多元的、立体的环境,在对方向的把握和教学效果提升方面,困难程度前所未有[1]。2015年7月27日,中央宣传部、教育部联合印发了《普通高校思想政治理论课建设体系创新计划》,其主要目标是"整体推进教材、教师、教学等方面综合改革创新"[2]。就提高课堂教学效果而言,教学方法的改革创新、课堂体系的优化完善尤为重要。

高校思政课教学改革有其自身的背景和理论基础[3]。教学法的改革创新越来越受到学术界的关注,也取得了一些成果。总体而言,目前研究成果对课堂结构的关注相对缺乏[4]。"引、问、析、评、导"五要件教学法的探索正是在已有成果的基础上,在教学实践中形成的适用于高校思想政治理论课的教学方法,不但是从教学理念、教学目的入手,更重要的是关注课堂教学结构合理建构,以实现课堂教学结构的立体化和动态化,增强其创新性、实效性和可操作性。

一、"变不离宗"的教学理念和目的

"五要件"教学法提倡的"变"指的是教学理念的与时俱进和教学目的的适当延伸,"宗"指的是最终目的的恒定性。教学理念既适应教育教学理念发展的

大趋势，又结合高校思政教学的自身特点。教学目的既遵循思政教学的总要求，又适当延伸以提高吸引力和实效性。

（一）"二元兼顾"的教学理念

教学理念体现了教师对教学活动的基本态度和观念。随着教育思想的不断发展，教学理念对教学中心的认识逐渐从教师转向学生。传统课堂一般以教师为中心，教师是课堂的主角，教师传授学生知识，学生被动接受。现代的教育理念趋向于以学生为中心[5]，学生自主学习、探索分析问题并解决问题，教师仅仅是组织者和帮助者。高校思想政治理论课对两者不可偏废其一，应在认识"以学生为主体"的同时，充分发挥教师的主导作用。正如"2005方案"中谈到的，在尊重学生的主体性的同时，还要充分发挥教师的主导作用，"提高马克思主义理论的说服力和感染力"。因此，"五要件"教学法倡导"以学生为主体、以教师为主导"的教学理念。

"以学生为主体"旨在提高课堂教学效果，真正做到让意识形态的理论体系进学生头脑。要求教师在课堂教学过程中，要充分尊重的学生的主体性，积极地创造平等对话、踊跃发言的课堂环境，防止课堂变成满堂灌。对思想理论政治的方向性把握以启发和引导为主，提高思政教学的说服力。

"以老师为主导"旨在严格把握高校思想政治理论课的原则性和方向性，要求教师在教学过程中彰显学生主体性的同时，必须发挥教师的主导作用，教师要在和学生的对话中，掌握学生的政治素养和思想动态，以此为基础进行合理引导，以培养学生科学的世界观、价值观和人生观。

（二）"三维立体"的教学目的

教学目的反映了教师对学生的要求，是教学活动的出发点和最终目标，也是确定教学内容、教育形式、教学评价的依据。对于高校思想政治理论教育的教育目的，"2005方案"指出："高等学校思想政治理论课承担着对大学生进行系统的马克思主义理论教育的任务，是对大学生进行思想政治理论教育的主渠道。""1998方案"也指出，思想政治理论教育主要是帮助学生把握马克思主义立场、观点和方法，树立正确的世界观、价值观和人生观。"五要件"教学法立足于思想政治课本身所蕴含的教学目的，在完成此目的的基础之上，衍生出思维方面和技能方面的教学目的，这两个教学目的从归宿上仍然是为了实现第一个教学目的。

首先，帮助学生构建科学的世界观、价值观、人生观和正确的意识形态取向。思想政治理论课具有强烈的意识形态性和方向性的特征。对于思想政治课而言，首要目标是帮助学生树立科学的世界观、价值观和人生观，同时要用社会主义核心价值观引导学生，保持学生正确的意识形态取向，这是高校思想政治理论教育的灵魂和核心所在。

其次，培养学生整体性和立体性的思维方式及分析、解决问题的能力。要提高高校思想政治教育的说服力，在强调意识形态方向性的同时，必须从思维层次入手，加强学生的思维锻炼和培养。特别是在新媒体时代，要培养学生整体性思维和立体型思维，从而提高学生运用马克思主义理论分析问题和解决问题的能力。这是提高高校思想理论教育实效性的重要手段。

再次，培养学生演讲、写作和对话交流的技能。高校思想政治教育在注重意识形态和思维培养的同时，还须注重学生"公共技能"的培养。公共技能的培养是教学方法更新的必然结果，也是提高思政教育说服力的必要条件。所谓"公共技能"是与"专业技能"相对应的，强调一些基本的、每个同学都需要的，如演讲、写作、对话交流等方面的技能。这是丰富思想政治理论课课堂内容，改革教学方式的必要条件。

"三维立体"的教学目的既反映了思想理论政治教育的不同层面的内容，又相辅相成，有其内在的逻辑联系。其中"价值目的"是核心，"思维目的"是手段，"技能目的"是必要条件。

二、"缜密完备"的课堂结构

课堂结构是课堂教学的骨架，是由各教学要件优化组合并相互衔接而成。教学要件是在教学理念和教学目的的指引下，完善课堂教学结构，实现有效教学的教学要素。各教学要件只有相互衔接，才能形成一个环环相扣的完整的课堂教学结构。

课堂结构的设计需要遵循学生注意力规律，规避学生注意力的低谷。其最好方式就是要让传统"静听"的课堂变成"动态"的课堂，各教学要件相续转换，使得扁平、枯燥、单一的课堂形式变成立体、活跃、丰富的形式。"引、问、析、评、导"五要件教学法，正是从优化课堂结构入手，努力构建立体、动态的课堂体系。

（一）"引"，即"引起意向"或"引入情景"

引起学生意向是达成教学目的、引入教学情景重要的环节之一。教学的首要环节就是教师如何有目的地引起学生进入积极的学习状态。当我们从"把教学只当作传授知识或演示机能"的传统观点解放出来后，关注学生的学习动机和学习兴趣成为教学不可或缺的环节。只有引起学习的意向，课堂活动中的各种教学策略和教学活动才能产生效果。引起学生的意向，需要把学生置于教学活动的中心。只有满足学生在认知、情感等方面的需求，我们才能使教学活动顺利进行。

高校思政教学过程中，"引"通常以"课前五分钟"的方式展开，即让一两位学生上台演讲与课堂内容相关的新闻事件、生活案例、历史人物、读书心得等，给每位同学两分钟左右的时间。这样可以迅速地让学生的课堂注意力集中，引起学生的学习意向。其中几点需要注意：一是所演讲的内容必须与课堂内容相关联；二是课前教师与学生充分交流和合作，帮助学生完成演讲内容，并督导演讲内容的趣味性和相关性。演讲内容的趣味性和相关性既能引起学生的学习意向，又能顺利地完成引入情景的目的。

（二）"问"，即"问题的提出"

问题往往是思维的起点。课堂"问题的提出"强调要以问题驱动学习，不是先从理论和原理出发，而是运用有趣的、真实的问题，帮助学生形成问题意识和主体意识。课堂所提出的"问题"主要是围绕课堂教学内容而设计，明确教学所要解决的问题[6]。正如建构主义教学中的"抛锚式"教学法所谈到的那样，一旦问题（锚）确定了，整个教学内容和教学进程就确定了。因此问题的设定在整个教学环境中至关重要。

高校思政课堂教学问题的设定应该遵循以下原则：一是问题的兴趣性；二是问题的实效性；三是问题的开放性。问题的兴趣性指所提的问题必须是学生感兴趣的，接近学生生活的。其要点在于所提问题的语言必须平易近人，不能太深奥难懂。所提问题的实效性在于提出问题能与社会现实联系起来，结合社会实际与理论要点提出与学生关注点和社会实际情况相关的问题，增强学生的参与性[7]。所提问题的开放性指问题是开放性问题而不是封闭性问题，即问题可以从多重角度入手，具有探讨的空间和探讨的弹性。同时问题的结构是不良的，留给学生自己去建构新问题的空间,学生可以根据此问题提出新的问题,这样学生也可以成为问题的建构者。教师在课堂提出问题后,学生的思考、分析、讨论都围绕着这个问题展开。

(三)"析",即"问题的分析"

问题的分析是课堂教学的重要环节,是发挥学生主体性和锻炼学生分析和解决问题的重要途径。问题的分析要注意以下几个方面:一是案例的提供。为了在分析问题的过程中避免空洞,教师在上课前需准备一些案例,可以是课件上的文字案例,也可以利用多媒体提供的视频案例。一般来讲,视频案例对课堂的丰富性和有效性有积极的作用,可以使学生更加形象地、直接地了解案例本身,同时增强学生的兴趣。二是资料的准备或资料搜索工具的准备。在分析问题和案例的时候,仅仅依靠书本知识是远远不够的,需要学生搜索资料,扩充阅读以便更好地分析问题。如果问题有很强的专业性和学术性,需要特定的文本阅读,教师必须在课前准备好文本资料,在课前分发或提前在网络共享中分享给学生阅读。如果可以在互联网引擎中找到相关资料,学生则可以利用手机互联网搜索,让学生充分利用手中的手机,让它变成随身携带的知识库。

在分析问题过程中,有两种方式可以根据教学实际情况交互使用:一种是学生个体的主动学习,学生各自独立地分析问题和案例,提出自己的思路和见解;另一种是协作学习,一般以小组讨论形式出现。小组同学有可能提供多种可能的分析思路,通过对于不同观点的讨论与交流,达成比较一致的小组意见。协作学习能让学生主动、深入地探索和交流解决问题的多种可能性,锻炼学生的思维。如果组织得当,能在课堂教学过程中起到意想不到的效果。

在此环节中需要注意分析成果的呈现方式。无论是个人还是小组的协作学习,必须通过语言表达的方式呈现给课堂。在此过程中,教师一方面是课堂的组织者,监督整个过程;另一方面,要与学生平等对话和交流,使成果的展现在相互交流和互动中完成。

分析问题时的互动包括学生与学生之间的互动,也包括教师和学生之间的互动。学生之间的互动主要是小组内部的讨论交流以及不同小组之间对问题的看法不一致时的争论交流,还包括对同一问题相互之间的补充。师生之间的交流,包括老师对学生有针对性的帮助和指导及师生之间就某一论题的对话和交流。在交流互动过程中,必须注意两个基本原则:一是师生之间以及学生之间平等对话的权利；二是相对自由的课堂环境。这两个原则是对话交流顺畅的前提条件。学生生活在信息社会，信息资源的丰富使得学生有平等对话的需求；同时由于每个学生看问题的角度不同，所呈现的结果也会各异。教师应营造一种相对自由的课堂氛围，遇到偏激、负面的观点，应顺势引导，而不是强硬制止，以防止挫伤学生的积极性。只有抓住这两条原则，课堂中的对话才更加顺畅，课堂气氛也会更加活跃，分析问题的程度也会随着课堂的进程逐渐深入。

（四）"评"，即"问题的点评"与"重难点知识的讲评"

"析"与"评"是发挥学生主动性，增强课堂活跃性和实效性的关键环节。这两个环节有时相互交替，有时前后相续。问题的点评包括老师对学生问题分析的点评以及学生之间的互评。老师对学生问题分析的点评要基于学生对问题分析的思维方式和逻辑性，点评可以是肯定评价，也可以是不同观点的讨论，在点评过程中，对于学生的不同意见要进行认真的分析和总结。教师对学生的点评是一个互动的过程，并非是单方向的评论。学生之间的互评，在激发学生兴趣、提高学生主动性的同时，也可以让教师进一步了解学生的思想动向、思维方式及知识掌握情况。

重难点知识的讲评是从课堂活动向教学核心内容的回归，教师从学生对问题的分析重新回到课堂学习内容本身。重难点知识的讲评，是实现教学目的和完成教学任务的方式。虽然实用主义教育思想和建构主义教学理论都强调，教学的主要目的不是知识的积累而是思维的锻炼，但是作为高校思想政治理论课而言，知识的积累和对重点知识的理解是分析问题、实现理论联系实际的重要前提。因此对重难点知识的讲评是教学目的和任务在课堂教学中的体现。

（五）"导"，即"意识形态的引导"

意识形态的引导是把握高校思想政治理论课方向性的重要环节，也是思想政治理论课的教学目的和课堂教学的应有之义。引导与灌输的区别在于：后者主要是把知识、理论和观点强行地注入学生的大脑，学生没有任何主动性和参与性，是被动接受的他者；前者强调学生的主动参与，强调平等地探讨、分析问题以及交流观点，教师在掌握学生思维方式和思想动态的基础上，通过理论联系实际，从思维层面引导学生建立正确的思维方式和意识形态取向。灌输只强调表面的知识层面，而引导则是从更深的思维层面入手。

引导较之于灌输,有更强的实效性。因为引导是在学生参与解决问题的思考之后进行的,学生是课堂的参与者,完成了思考问题、理解问题、分析问题、解决问题一系列思维进程。因此通过引导的方式,更能增强课程的说服力和感染力,同时有利于提高学生使用正确的意识形态理论来分析和解决问题的能力。

对学生思维的引导给教师提出了更高的要求。传统的灌输式教学只需要教师照本宣科地完成理论知识的宣讲即可,而引导则需要面临在课堂中各种有可能出现的问题。因为在分析问题和评论问题的过程中,学生们所提出的各种观点以及新的问题是教师不可预知的,毫无疑问增加了意识形态引导的难度。教师需要扎实的专业知识和广博的人文知识作为基础,加强对学生思维习惯的分析以及对学生生活中各种新话语的把握,才能顺利地完成意识形态的引导。

三、"有的放矢"的教学评价

教学作为有意向的活动,目标指向教学任务保质保量地完成。教学评价作为教学活动的一个重要环节,主要是对学习成效、教学效率、教学效果三个方面进行价值判断。教学评价三方面分别对应的是以学生为对象的学习成效的价值判断、以教师为对象的教学效率的价值判断和以教师和学生共同参与的课程和教学活动为对象的教学效果的价值判断,其主体分别是教师、学生和教学管理部门。

(一)教师对学生学习成效的评价

"引、问、析、评、导"教学要件构建的立体课堂无论其教学目的、教学形式还是教学手段都呈现出多样性和丰富性,要求其教学评价也必须多样化。学生在"五要件"所构建的思想政治理论课堂中学习所得的范畴是广泛的、丰富的,仅仅进行试卷测试是难以完全反映出来的。"五要件"教学法对学习成效的评价重在考查学生课堂参与、思考问题、思维训练和核心价值观的践行,因此需要对学生动态地、立体地、综合地进行学习成效的评价。

对学习成效的评价要注意评价的多向度,建立起以期末试卷测试为基础,注重平时多元评价为延伸的学习成效评价体系。期末试卷测试需要改革创新,传统的期末试卷测试是对知识掌握情况的测试,不能反映出课堂教学的全部效果。"五要件"教学法要求期末试卷测试不仅要对知识的掌握进行测验,而且要考查学生的思维能力和写作能力,即重点测试学生分析问题解决问题的能力。要求试卷题目的设置具有开放性和现实性的特点。学生可以结合自己的学习经历和生活经历，结合课堂思维训练，更好地解答问题。

由于试卷测试不能反映课堂活动的全部内容，因此我们更应注重对课堂的动态测验。课堂动态测验就是观察学生平时课堂的表现，是否积极分析解决问题，是否积极参与课堂活动。在此过程中，教师尽量提供多样的情境机会，允许学生用自己擅长的方式表现自己的水平。教师可以观察学生的思维方式是否更加合理，学生协作学习的能力是否得到加强，学生的演讲能力和交流能力是否提高，是否能主动、娴熟地用核心价值观思考和解决问题。通过平时课堂的动态测验，教师按照一定的分值和比例与期末测验一起，完成对学生学习成效的评价。

（二）学生对教师教学效率的评价

教师教学效率的评价是以教师为评价对象，主要针对教师对"引、问、析、评、导"各个教学环节运用的综合性价值判断。对教学效率的评价需要不断健全学生评教制度，完善评教方式，合理运用评教结果。评价内容主要包含教学准备、教学组织、问题析评、学生收获等几个方面。核心指向是学生是否能参与到课堂中去，成为课堂活动的建构者。同时作为课堂活动的主体，学生是否能从价值观、思维方式和"公共技能"方面得到收获。

"引"的环节主要考察教师是否做好课前准备，即为学生提供必要的资料，帮助学生进行课前几分钟的演讲和展示；"问"的环节考察教师所提的问题是否切合上课的主要内容，问题是否具有兴趣性、现实性和开放性的特征，学生是否可以根据教师提出的问题进行有效性分析；"析"的环节主要是考察教师是否能提供好的教学案例，是否能够组织并帮助学生展开问题的全面分析；"评"的环节主要考察教师是否组织学生进行相互评价，教师对学生的点评是否到位，是否符合课程需求；"导"的环节主要考察教师能否结合课程实际，用科学的世界观、价值观和人生观及社会主义核心价值观引导学生分析、解决问题。

（三）教学管理部门对教学效果的评价

教学管理部门对教学效果的评价实际上是对教师课程设计与实施情况的评价，其评价对象是以教师和学生共同参与的以"引、问、析、评、导"各要件构成的教学活动。教学管理部门对教学效果科学合理的评价需要健全教师考核评价制度，改革教学评价方式，将课堂教学质量等作为重要评价标准。对教师教学效果的评价分为教学态度、教学内容、教学方法、教学效果、教学素质等几个方面，核心指向是"五要件"教学法的教学目的是否实现，教学任务是否完成。

教学管理部门的评价信息来源于三方面：一是来源于学生对"五要件"教学法实施情况的信息反馈；二是来源于教师间的同行评教；三是来源于学校教学督导委员会对教师听课情况的反馈。教学管理部门通过信息的搜集和分析，综合评价教学"五要件"实施的利弊得失，供教师进行检讨和改进之用。

参 考 文 献

[1] 佘玉林.关于高校思想政治理论课教学方法创新的思考 [J].思想教育研究，2012（5）：53.

[2] 中央宣传部 教育部关于印发《普通高校思想政治理论课建设体系创新计划》的通知 [EB/OL].（2015-07-30）[2016-05-06] http://www.moe.gov.cn/srcsite/A13/moe_772/201508/t20150811_199379.html.

[3] 金涛,刘智辉.高校思政课教学改革的背景和理论基础 [J].大庆社会科学，2016（1）：149-151.

[4] 张毅翔.思想政治教育方法创新研究综述 [J].思想政治教育研究，2007（4）：23-26.

[5] 刘献君.论以"学生为中心" [J].高等教育研究，2012（8）：1-6.

[6] 魏则胜.论思想政治理论课问题意识 [J].思想教育研究，2014（7）：40-44.

[7] 杜向民.论高校思想政治理论课教育教学生活化 [J].思想教育研究，2010（6）：30-33.

注：本文发表于《渭南师范学院学报》2016年第10期。

高校思政课教学改革的背景和理论基础

金 涛 刘智辉

【摘要】 高校思政课教学改革，关键是要认清当前思政教学改革的背景并运用适当的教学理论成果。目前，高校思政课教学面临着诸多挑战，只有结合教学实际并充分吸收各种教学理论成果，才能有效推进高校思政课教学改革，提高高校思政课的吸引力和感染力。

【关键词】 高校思政课，教学改革，背景，理论基础

2015年7月27日，中央宣传部、教育部联合印发了《普通高校思想政治理论课建设体系创新计划》，其主要目标是"整体推进教材、教师、教学等方面综合改革创新"。就教学改革而言，认识目前高校思想政治理论教学改革的背景，运用合适的教学理论成果是关键。

一、高校思政课教学改革的背景

由于随着新媒体的兴起，高校思政课现有教学方式大多难以提高学生的学习积极性，不能满足学生的现实需要，出现了教学方法滞后、教学效果不好的现象[1]。具体而言有以下几个方面：

（一）移动互联网与新媒体迅猛发展导致学生学习方式、思维方式的转变

信息技术的高速发展，使高校思想政治理论课的教育环境发生了翻天覆地的变化。中国互联网络信息中心（CNNIC）在2015年2月发布的《2014年中国青少年上网行为研究报告》显示，2014年，青少年手机网民规模继续攀升，截至2014年12月，青少年手机网民规模达到2.43亿，比上年同期增长了近10个百分点。青少年网民使用手机设备的上网比例为87.6%，较2013年呈增长趋势。

大学生每周上网的时长也呈增长趋势，是学生群体中每周上网时长最多的群体。

信息技术的进步和新媒体的发展，使得学生的生活方式、学习方式及思维方式都发生了巨大的转变。生活方式方面，手机逐渐成为大学生"生活的中心"，手机设备成为学生日常生活、即时通信、搜集资料、网络互动必不可少的信息设备。其便携性的特点使学生在课堂中玩手机的现象越来越突出。学习方式上，移动互联网存有海量的信息资料，为学生提供了丰富的学习资源和信息资源。学生不缺"知识"，可以通过手机互联网搜索各种知识。教师和教材的权威性受到挑战。学生在学习关系方面更注重平等对话的权利。思维方式上，大学生的思维体系受到了新媒体极大的影响，表现为其话语体系的反权威性、去中心化和思维方式的扁平化和碎片化。话语体系的反权威性和去中心化会潜移默化地影响大学生的价值选择和判断，思维方式的扁平化和碎片化会逐渐让大学生缺乏立体思维和整体思维[2]。

（二）社会思潮多元化挑战高校思想政治教育"一元中心"

当今中国社会思潮的多元化也挑战高校思想政治理论课教学。社会思潮的"多元化"和"去中心化"特点使高校思想政治理论教育"一元中心"受到挑战。相对于社会其他群体而言，高校学生较容易接受新思潮和新思想。借助于信息技术及新媒体的发展，高校成为社会思潮最易产生、发展和传播的载体。虽然大学生对于社会思潮的了解偏于表面化和片面化，但是对于社会思潮的碎片观点却常常有较高的赞同度，特别是对一些反映社会实际和进行社会批判的观点。各种社会思潮的碎片，对大学生影响的层次性特征表现为从情绪感染到情感渗透，从认知契合到利益共振，从理论整合到价值重构[3]。

就高校思想政治理论教学而言，社会思潮的多元化对学生的影响表现为：一是学生对意识形态的权威性产生怀疑；二是学生对于灌输式教学产生抵触和叛逆；三是学生的社会批判意识增强。在这种情况下，加强对社会思潮的引导成为高校思想政治教育的重要任务。一方面，要不断地加强高校思想政治理论教育和意识形态宣传，帮助学生树立科学的世界观、人生观和价值观以及正确的意识形态观念；另一方面，必须改变教学方式和方法，摒弃强行灌输的理念，运用丰富的教学手段增强意识形态理论的说服力和感染力。

（三）不同专业学生对思政课教学方式的需求各异

思想政治理论教育作为高校公共课，面对的是不同知识背景和不同专业的学生。由于学生的专业和知识背景各异，他们对于思想政治课堂的期许和要求也不尽相同。特别是在信息时代，学生的主体意识加强，这种形势更加紧迫。

思想政治理论课教学方法的改革与创新，需要教师深入了解不同专业学生现有的知识背景、思想现状、学生对课堂的期许和学生的专长，认识不同专业学生的思维特点和能力特点，从多学科、多视角出发，选择合适的方法因材施教。

高校思想政治理论教学的内容需要整合学生多元的发展趋向。在教学设计方面，更多考虑到如何满足学生对于学习的多元需求，尽量采用多种教学方法，设置丰富多彩的学习环境，尽可能充分发挥学生学习和探索的积极性。在各种教学方法和教学形式中，进行意识形态的引导，一方面可以改善教学效果，发挥学生积极性；另一方面可以减少学生对意识形态教育的抵触情绪，提高教学质量。

二、高校思政课教学改革的理论基础

任何教学改革创新都需要理论知识作为基础。随着教育理论的不断发展，各种教育学说层出不穷。就目前高校思政课实际情况而言，完善课堂结构，改变教学方式尤为重要。适合时代发展和教学实际的教育理念为高校思政教学改革提供了理论基础。

（一）"实用主义"教育理念

实用主义教育理念的代表人物杜威反对传统教育单纯地向学生传授和灌输知识，将这看成是"强行注入成年人研究成果的教育"。他提出"学校中求知识的真正目的不在于知识本身，而在学得制造知识以应需求的方法"。杜威批评传统"静听"式教学，主张"学生为中心"和以"活动为中心"的探索式学习。杜威还将这种以学习主题兴趣和经验为基础的学习活动进行系统化、程序化管理操作，制定了"五步教学法"。

杜威主张"生活即教育""在做中学"的教育理念。他主张从思维的角度来考虑教育，认为教育的要素与思维的要素相同，包括：第一，学生需要一个真实经验的情景；第二，从这个情景中产生一个真实的问题；第三，学生尽可能利用各种知识和资料，以分析这个问题；第四，学生逐步列出各种能想到的解决问题的方法；第五，给学生通过实践来检验想法的机会[4]。

杜威提倡学生的探索式学习，其"五步教学法"实际上就是遵循思维的规律和学生学习的规律。高校思政课教学改革在考虑高校思想政治教育特殊性的同时，需要在思维锻炼的层面借鉴杜威的"五步教学法"，提倡在锻炼思维的过程中对学生进行意识形态引导。

（二）发现学习法

发现学习法是美国心理学家布鲁纳提出的。他认为，学生不应该仅仅充当知识被动的接受者，而应该是积极的探究者和信息加工者。教师的角色在于创设一个可以让学生自己学习的情境，而不仅仅是提供或者灌输提前准备齐全的知识。具体来讲，就是教师提出一个拟解决的问题，帮助学生搜集相关资料，让学生积极思考，自己学习和体会，并尽可能地"发现"概念和原理。

发现学习法主张教学中要发挥学生探究的能力，让学生在探究中思考，参与获得知识的过程；认为与其指导学生如何做，不如让学生自己试着做，边做边思考。发现法认为学生的内部动机在学习过程中尤其重要，发现活动有利于激发学生的内部动机，使学生对探究未知的结果表现出兴趣。学生在亲身参与发现事物的活动中，必然会尝试用各种方式对相关信息加以组织和加工，从而提高记忆的效果。因此发现法是一种通过学生自身体验、探索，激发学生兴趣，培养学生独立思考和探究性思维的教学方法。

布鲁纳的发现学习法注重知识结构与学生认知结构的相匹配。强调在整个问题的解决过程中，让学生自身探索和发现事物的规律，找到解决问题的方法，使学生真正成为"发现者"。在高校思政课教学改革过程中，应该重视在课堂教学中让学生参与学习和课外实践教学环节，让学生置身于实践过程中思考问题，提高思政课教学的说服力。

（三）建构主义教学理论

建构主义者强调学习的主动性、社会性和情境性，认为意义源于我们的建构，每个人都可以以自己的方式理解事物。教学过程中不能忽视学生已有的知识和经验，对学生进行知识的强硬"灌输"，而应当充分利用学生已具备的知识和经验，引导他们从这些知识和经验中，产生出新的内容和意义。同时，教师从知识传授者、灌输者的角色变为学生学习的辅导者，是学生进行知识和意义建构的帮助者及促进者。学生则是知识信息加工的主体和意义建构的主动者。

建构主义教学理论十分注重为学生的学习创造支持性的环境。因此教学环境要选择真实性任务，不能使其远离学生的经验。以乔纳森的建构主义学习环境为例，他认为学习环境应该包括的要素有：一是问题或项目，强调以问题驱动学习；二是相关案例，运用相关案例作为"支架"，支持学生的相关经验；三是信息资源，给学生提供相关的信息，以帮助学生理解和解决问题；四是认知工具，即能承担和促进特定认知过程的工具，帮助学生完成任务的解决；五是交流和协作工具，即能培育协作的学习环境，以社会性方式实现知识的社会建构工具；六是社会或情景的支持，包括物质基础设施、教师训练准备等。建构主义教学方法有很多类型，主要的类型有抛锚式教学、支架式教学和随机访问式教学等。

高校思政教学改革，必须重视对学生问题意识的培养，利用建构主义的教学理念让学生在解决问题的过程中完成对理论知识的理解。同时利用信息技术和多媒体技术营造丰富的教学环境，提高教学效果和教学实效性。

（四）多元智能理论

多元智能理论打破传统智力理论认为的"智力具有单一的性质"及语言和逻辑－数理智力起决定性作用的观点。哈佛大学心理学家加德纳给智力下了一个新的定义，他认为人类的智能是多种多样的，各有区别的。加德纳将智能分为三大组：与物有关的智能，包括视觉－空间智能、身体－运动智能、自然观察者智能、逻辑－数理智能；与物游离的智能，包括语言－言语智能、音乐－节奏智能；与人有关的智能，包括人际交往智能和自知自省智能。

多元智能的教学理念是多元的。教学要基于每个学生各自的学习风格，教师需要认识到各个学生不同的认知方式，针对教学内容的特点，为学生提供最有利的、丰富的教学环境。多元智能教学观主要是围绕学生的需求而建构起来的。强调教学活动应该为学生提供更多的选择机会，创设更丰富的学习环境，让他们能够依据个人的认知历程，有创意地探索个人的特质和能力，有效学习各种基本的能力和概念[5]。高校思政课面对不同专业的学生，要提高教学效果，必须认识各专业学生的知识结构和认知习惯，利用多元智能理论，对不同学科背景的学生采用不同的教学方式，扬长避短，从而提高思政教学的课堂效果。

总之，高校思政课教学改革，必须认清目前思政教学面临的现实情况，掌握学生的思想动态和思维方式，充分吸收和利用各种教学理念。只有这样，才能顺应不断发展的时代要求，满足学生对教学方式的多元需求，增强课堂教学效果，提高思政课的吸引力和感染力。

参 考 文 献

[1] 肖庆生,等. 新媒体背景下大学生思想政治教育话语权的科学构建 [J]. 思想理论教育, 2014 (4): 84.

[2] 陈伟, 胡德平. 新媒体语境下大学生思想政治教育话语体系的转变 [J]. 思想理论教育, 2015 (1): 90.

[3] 陶倩, 等. 社会思潮对大学生的影响及引导思考 [J]. 思想教育研究, 2011 (1): 25–29.

[4] 杜威. 杜威教育论著选 [M]. 赵祥麟, 王承绪, 译. 上海: 华东师范大学出版社, 1981: 191.

[5] 林进材. 有效教学——理论与策略 [M]. 台北: 五南图书出版公司, 2000.

注:本文发表于《大庆社会科学》2016年第1期。

思政课"五要件""八素养"教改经验

——北理珠马院的探索之路

陶林涛

【摘要】 北京理工大学珠海学院思政课"五要件""八素养"教改探索从 2015 年至今已经进行了数年，历程艰辛而坎坷，成果和经验值更得思考和铭记。分析北京理工大学珠海学院马克思主义学院数年的教改历程，总结出"以党性强化教师精神引导"、"以学生为中心"的教改方向、"厚积薄发，逐步凝练教改成果"、"规范性与灵活性相结合，让每门思政课彰显特色"等多条高校思政课教改经验，希望能够对新时代我国高校思政课教学改革提供参考借鉴。

【关键词】"五要件"，"八素养"，教改，高校思政课改革

党的二十大报告中，习近平总书记指出："教育是国之大计、党之大计。培养什么人、怎样培养人、为谁培养人是教育的根本问题。育人的根本在于立德。全面贯彻党的教育方针，落实立德树人根本任务，培养德智体美劳全面发展的社会主义建设者和接班人。"在高校课程体系中，思政课就是以"立德树人"为根本，以"培养德智体美劳全面发展的社会主义建设者和接班人"为核心任务的课程。但这类课程的教学和实施往往由于多种原因而成为各个高校的难题。因此，思政课改革一直是高校改革的重点任务之一。

北京理工大学珠海学院思政课教师从 2015 年开始，一直在进行一场有重要意义的思政课教学改革。从早期的打破教材大纲束缚，突出重点授课，到"专题化、模块化"教学探索，再到"五要件"教学方式的摸索、"八素养"教学目标的实施，再到近几年将习近平总书记关于思政课的指导意见（尤其是习近平总书记在 2019 年 3 月 18 日学校思想政治理论课教师座谈会重要讲话精神）融入"五要件""八素养"教改模式，学院的全体教师们已经在高校思政课教学改革这条特殊的道路上埋头奋斗数年，为新时代中国高校思政课教学模式创新改革积累了不

少值得借鉴的经验。

北京理工大学珠海学院现行思政课"五要件""八素养"的教改模式诞生的起点是2015年下半年。当时北京理工大学珠海学院正进行全预算改革、全面学分制改革，即参照企业包干制模式将教学主导权和自主权全部下放二级学院，开课权下放给二级学院，选课权下放给学生。一时间，各种课程的开课时间、开课教师、课时学分等原本有明确规定的事项在此刻都变得可以根据专业学院的需要自行调整。以思政课为代表的公共课受到的冲击最大，课时学分的减少成为必然，而最直接的理由则是学生对思政课满意度不高、思政课对学生就业帮助不大等高校思政课的常见问题。

随着改革的推进，之前思政课教学效果不佳的状况（教学的灵活性、学生的针对性、教学方式的创新性严重不足，照本宣科的情形较为普遍，学生上课积极性不高）也让思政课教师很难在和学校相关部门的博弈中获得认可。

为提升思政课教学效果，增加学生的获得感和满意度，学院全体教师在范建荣院长的带领下开始了全新而大胆的思政课教学改革探索，走出了一条独特而富有成效的高校思政课教改之路。

一、以学党章、重温入党誓词为抓手，统一思想和认识，以党性强化思政课改革精神引领

高校思政课不仅仅肩负着启迪学生思想，帮助学生成长的教育任务，更承担着为中国社会主义现代化建设培养接班人的重要政治使命。正因为其特殊性，高校思政课教师基本上都是党员。党员就应该以中国共产党党员的标准来要求自己，有更高的思想觉悟和政治站位，有远大的理想和追求。范建荣院长带领马克思主义学院全体教师重新学党章、重温入党誓词，重新回忆职业初心，让所有党员都充分感受到了自己肩上的责任和使命，感受到了思政课教学改革的重要性和紧迫性，纷纷表示要发挥党员的先锋模范作用，发挥各种主观能动性，克服一切困难和挫折，全力为思政课教学改革贡献自己的一份力。"讲党性，讲奉献，先做事，再谈条件和回报"成为马院思政课教师的共识。在党性强大精神力量的指引下，北京理工大学珠海学院思政课教学改革开始起步。

二、开展针对性的调研和摸底，树立"以学生为中心"的思政课教学教改方向

思政课改革，从根本上来说是将党的各项方针政策用通俗易懂的方式教给学生，让学生理解、认可并不断遵循。因此教学改革必须要先弄清楚学生的需求和现状，弄清楚学校和各专业学院的期望，弄清楚现行教学的优劣。为了弄清这些问题，马克思主义学院在全校开展了大规模的调研，和学生、专业学院、校领导等多方进行沟通（包括问卷调查、座谈会等），初步弄清楚了学生和学校的各项需求和期望。同时，马院也进行了几次思政课教师全员参与的教学演练与教学讨论，对每个教师的教学优劣和特长都进行了分析。一系列的准备工作让学院全体教师明确了教学中存在的各种问题，也清楚知晓了自身需要改进的方向。经过集体讨论和研究，马院初步找到了思政课教改方向——"以学生为中心"的教学改革。马克思主义学院定下了思政课教改必须提升思政课的趣味性和实用性，提升学生的获得感和满意度，提升课本与现实的融合度等基本原则，为"五要件""八素养"教改模式的提出创造了条件。

三、坚守政治底线和原则，提升思政课和思政教师地位，为思政课教改奠定坚实基础

思政课不是普通的大学公共课程，有其特殊性和特殊的政治使命，其开设标准是有国家文件明确规定的，其课程相关学分设置也是不能变更的，是思政课教学改革必须坚守的底线和原则。

（一）为思政课正名

思政课改革必须尊重思政课的政治性和独特性。学院多次专门汇报，强调必须严格按照国家规定来设置思政课课程，在学分、学时、课程规范等方面必须严格按照国家政策执行，不打折扣。在具体的教学改革中，则要求全体教师必须和党中央保持一致，坚持用正确的思想引领教改，用正确的方式进行教改。此外，通过和学校各部门的博弈，尽量缩小思政课教学班型、增加思政课教师数量、减少思政课教师基本教学工作量。这一系列措施保障了思政课教学改革的正确方向。

(二) 为思政课教师正名

北京理工大学珠海学院思政课相关管理原归属专业学院代管,和专业课教师相比,思政课教师地位明显偏低。后来为了迎接评估,虽然独立设置,但是由于没有招收学生,在全面预算改革模式下,思政课教学经费被大幅削减,思政部在学校的地位直接被边缘化。在新任领导范建荣教授的努力下,北京理工大学珠海学院率先成立了全国独立学院的第一家马克思主义学院,让全体思政课教师的自信心和荣誉感得到大幅提高。自从马克思主义学院成立,思政课教师的教学积极性和主动性都得到了极大的提升,地位也有明显提升。

(三) 完善管理体制,充分调动教师的积极性

马克思主义学院率先在全校建立三级管理体制,充分发挥民主集中制的优势,重大事项都是全体教师共同参与,共同讨论,充分调动每个教师的积极性和创造性。同时对学院的职务引入竞聘制度,鼓励思政课教师进行内部竞争,给每个教师都安排了对应任务,促进良性循环。在教学中,则鼓励每个教师在授课过程中"八仙过海,各显神通",以多种手段和方式去探索思政课教学改革新路,提升教学的质量。

(四) 率先进行学分制改革,为思政课改革营造良好氛围

全面学分制改革是学校教学改革的重点方向,目的是充分激发学生的自主性和创造性。让学生可以自主选择上课时段、上课教师、上课内容。思政课作为覆盖全校的课程,涉及面最广,任务量最大,但是马克思主义学院在全校率先进行改革试点,为改革探路,获得了全校教师的一致认可。借用学分制改革的东风,同步进行思政课改革,这一举措使得思政课改革获得了各方面的支持。

通过这一系列举措,极大地激发了思政课教师们的积极性和创造性,也为后续教学改革成功提供了有利的基础。

四、逐步探索,不断总结,厚积薄发,凝聚改革成果

"五要件""八素养"的教学成果不是偶然的突发奇想,也不是某次头脑风暴的结果,而是马克思主义学院全体教师在范建荣院长的带领下,通过近3年的

教学实践，逐步探索和总结出来的。北京理工大学珠海学院思政课最早的改革探索是从打破课本的条条框框、引入专题化教学开始，强调一次课只讲一个主题，讲明白一个道理，鼓励学生参与，提升课堂的趣味性和学生的积极性。随着改革推进，逐步发展到规范具体每个专题如何开展，如何讲解，如何突出重点，如何引导学生参与，如何进行重点总结，如何安排课程任务等具体细节。而这些都是"五要件"教学法提出的实践基础。经过3年的探索，2018年思政课"五要件""八素养"教学改革模式基本成型。其中"五要件"固定为"课前5分钟""重难知识点讲析""视频案例""课堂互动""教师讲评"等5个教学环节的合理运用。"八素养"凝练为"政治意识、知识拓展、逻辑思维、辨析批判、道德修养、法律意识、实践创新、团队合作"等8种综合素养，作为思政课教学重点培养的学生能力。

从2015年思政课教学改革开始实施，到2018年"五要件""八素养"教改模式基本成型，整个教改探索和实践的时间长达3年，正是这3年的一步一个脚印的坚实探索和经验总结，才最终形成产生了完整的"五要件""八素养"教改成果。

五、以"五要件""八素养"为基础，建构思政课教学新规范，全面创新思政课教学模式

"五要件"教学法是直接指导一线教学实践的具体教学技巧，实践证明其对思政课教学质量的提升效果明显，学生的课堂满意度和获得感均有显著提升。

"五要件"教学法强调一次完美的专题教学应该包含以下5个基本模块：

（1）"课前5分钟"——通过时事热点、经典故事讲述或学生感兴趣的事件引出本专题的教学内容，作为教学的开始。好的开始是成功的一半，良好的课前5分钟对于抓住学生眼球、吸引学生注意力十分重要。这部分考验的是教师讲故事的能力，也考验教师的知识面。要求教师必须在日常生活中多学习，多思考，不断扩展知识面，不断了解新知识，把握时代发展方向。

（2）"重难知识点解析"——通过对专题核心内容的分析和解读，让学生迅速明白本次课需要明白的核心知识点是什么，重点该记住什么。这一部分的讲解偏理论化，因此教师在讲解时必须言简意赅、深入浅出，用最简短的话语把核心内容说明白。这一部分最佳时间是10~15分钟，持续时间不宜超过20分钟，否

则学生容易分心。这部分是最考验思政课教师理论水平和教学能力的环节。要求教师必须对核心知识点有全面而深刻的认知，能够做到深入浅出，举一反三，能够用精练的语言将教学的核心知识点概括总结出来。

（3）"视频案例"——在进行了核心知识点的讲解之后，一般会通过案例来让学生对核心知识点进行强化和深化。而最佳的强化方式是选择合适的视频案例来实现。5分钟左右的视频对教师和学生而言既是一个短暂的放松，也能够让学生从视频中对核心知识点进行再次强化，一举两得。当然，如果选取的视频枯燥乏味或者和核心知识点关系不大，则将影响教学效果。这部分考验的是教师收集分析各种材料的能力。要求教师必须不断关注各种新型教学模式，学习新的教学理念和教学方法，能够结合视频来讲故事、讲道理，用通俗易懂、诙谐有趣的视频来为思政课教学服务，让学生能在观看视频的过程中做到核心价值入脑入心。

（4）"课堂互动"——在前面核心知识点和视频的基础上，教师抛出若干个问题，让学生进行课堂讨论或辩论等。该部分一般选择开放式或启发式的问题，不宜设置标准答案。可以鼓励学生先分组进行内部讨论，再派代表来回答。教师在这个过程中充当引导和鼓励的作用，尽一切可能地让学生发挥想象、扩展思维，表达自己的观点。哪怕学生的观点存在着明显的问题，也不宜直接批评。当然，恰当的引导是必需的，否则讨论失控很可能让教学产生负面效果。而互动的时间一般控制在10分钟左右为宜，过短不利于学生参与互动，太长则容易导致互动失控。所以这部分考验的是教师引导和把控学生的能力。要求教师在互动过程中充分调动学生的积极性，让学生广泛参与互动，充分表达，将心中的感悟和疑惑分享出来，并适当引导学生辩论、思考，让学生自己找到心中的答案。

（5）"教师讲评"——在核心知识点讲解和课题互动后，同学们也纷纷表达了自己的观点，这个时候，教师必须对符合主流价值观、和党中央保持一致的标准化观点加以强调，让学生明白讨论无禁区，但思想需统一。在一些重大的问题上，作为中国人必须和国家保持一致，和党中央保持统一。这部分考验的是教师的说服教育能力。要求教师充分尊重学生的观点，不能用权力和身份压制学生，但同时必须引导学生和主流价值观保持一致，让学生认识到自己观点的缺陷和不足，并不断提高和改进。

"五要件"教学法对教师本身的教学能力和素养要求是比较高的，也是该教学法在推广过程中遇到的主要困难。马克思主义学院通过教师一对一教学指导和帮带，教师集中备课和竞赛，校际交流和培训等多种方式，全面提升思政课教师的教学能力和教学水平。以教师教学能力提升为基础,优化和完善不同的教学环节,全面提升了思政课课堂的趣味性和实用性,让学生的课堂参与度、获得感都有显著提高,第三方调查的学生满意度有显著提升。

"八素养"则是强调好的思政课应该重点提升学生8个方面的能力:

(1)政治认同,是政治意识、政治态度、政治信任的复合形式,就大学生而言包含大局意识、看齐意识、忧患意识和参与意识。高校思想政治理论教学,承担着培养中国特色社会主义事业合格建设者和可靠接班人的历史重任,加强意识形态的引导和政治意识的培养是最主要的目的。在教学中,教师必须强调政治意识,让学生从思政课中了解党和国家的最新思想动态,了解最新理论成果,教会学生将党和国家的政治任务和个人的时代使命结合起来,树立"四个自信",做合格的社会主义现代化接班人。

(2)知识拓展,就是理论知识的灵活运用,有效进行理论推导和理论联系实际的能力。思政教学必须注意坚持理论与实际的结合与统一,用理论分析实际,用实际验证理论,使学生从理论和实际的结合中理解和掌握知识,培养学生运用知识解决实际问题的能力。在教学中,教师必须鼓励学生展开知识联想,将不同的知识联系起来,将理论和现实结合起来,鼓励学生结合课程内容去思考分析现实,将书本知识与现实生活结合起来,最终演变成解决实际问题的能力。

(3)逻辑思维,又称抽象思维,指大学生能够熟练运用各种逻辑思维,学会分析、综合、比较、概括等方式,从而揭露事物的本质特征和规律。思政课教学中应该强调逻辑思维教育,引导学生进行逻辑分析和思考,让学生思维清晰、言语有理、有据。在教学中,教师应该通过辩论、分析、演讲等手段,提升学生的口头表达和逻辑思维能力。

(4)辨析批判,即对事物辨别、分析、进行客观评价的能力。思政课必须培养学生的辨析批判能力。面对形形色色的理论思潮和社会现象,学生只有具有辨析批判能力,才能形成科学的世界观和方法论。在教学中,教师应该鼓励学生大胆发言,大胆质疑,大胆探索,通过不断的质疑和反思去寻找不一样的答案和结论。在不断的批判和探索中完善自己的思维,不断成长。

(5)道德修养,是个人自觉地将道德规划内化为个人品德的过程。思政课承担着培养"四有"新人的重大政治使命,包括引导大学生自觉继承和弘扬中华民族优良道德传统、践行和发扬社会主义道德、恪守公民的基本道德规范、践行社会主义核心价值观。在教学中,教师会引导学生通过各种方式来提升自己的道德修养，比如公益实践、角色扮演、案例分析等，通过各种手段让学生明白成功者必定是有德者。

（6）法律意识，是指按照法律的逻辑来观察、分析、解决社会问题的思维方式。当今社会是法治社会，思政课也必须强化法律意识教育，包括让大学生学习法律知识，了解国家法律政策，运用法律知识分析社会问题，践行社会主义法治理念。在教学中，教师必须让同学们明白依法治国的重要意义，通过法律知识竞赛、司法实践、法治案例解读等多种形式，让学生具备基本的法律意识，做新时代的守法者和护法者。

（7）实践创新，就是在学习和实践过程中敢于突破传统思维，敢于创新。思政课教学中应该鼓励学生大胆表达，敢于打破常规，鼓励学生积极创新，大开脑洞，重在培养学生的创新思维。在教学中，教师应该鼓励学生开脑洞，不走寻常路，鼓励学生从日常生活中获取灵感，不断创新，不断探索，走出不一样的道路。

（8）团队合作，指在学习和生活中注重团队精神和分工协作，重视知识和经验的分享，重视不同观点的交流和协同。在思政课的教学中应鼓励学生结成学习实践小组，重视小组讨论和实践团队的建设，让学生通过合作，体会团队力量，形成团队合作意识。在教学中，教师应该重点考察团队成员的合作情况，鼓励团队作业、团队实践、团队讨论等，让学生明白团队的力量。

这8种素养都是和思政课教学内容密切相关，对于学生走入社会后帮助巨大，而且也属于思政课可以达到的能力范畴。所以，"八素养"教改目标可以看作思政课教改的成果所在。

随着"五要件""八素养"教改模式的成型，北京理工大学珠海学院思政课教学改革阶段性成果诞生了。但思政课改革并未止步于此，近两年北京理工大学珠海学院马克思主义学院一直致力于"五要件""八素养"教改模式不断深挖和完善。

面对新时代、新思想和新学生，思政课教学改革必须与时俱进。以"五要件""八素养"为基础，根据"00后"学生的特征，思政课教师们正在探索运用新的手段、高科技的方式，不断发掘思政育人的新内涵，扩展思政教育的外延，比如网络授课的探索、优质课程的共享、特色资源的利用等。北京理工大学珠海学院马克思主义学院还开通了覆盖全校学生的微信公众号，坚持天天更新，用新手段来创新思政课的新局面。

正是这一系列的努力，北京理工大学珠海学院"五要件""八素养"教改获得了广东省思政课专项改革课题立项，获得了省内同行的广泛认可。

六、规范性与灵活性相结合，让每门思政课彰显特色

在"五要件""八素养"教改模式初步成型后，规范和落实教学模式成为教学改革的核心。所有的思政课，所有的思政课教师都必须按照"五要件""八素养"教改要求，对教学方式和内容进行规范化调整。但在具体实施过程中，教师们逐渐发现每门思政课由于其本身的特征不同，针对的学生年级不同，教改的实施很难完全按照统一的模式展开，必须与课程特性相结合，与具体专题内容相结合，与具体学生相结合。在这一思想的指导下，各门课程组在"五要件""八素养"的指引下开展了又一轮大规模的教学改革探索，力争将"五要件""八素养"和具体的课程特征结合起来，和每一堂思政课结合起来。目前北京理工大学珠海学院思政课已经基本形成"每门课程，统一专题，各有特色，每个教师，根据教案，各显神通"的局面。即每门课程的每一个章节都被分解成两到三个专题，每个专题都有统一的"五要件"教学规范流程示范。每一位教师在标准规范教学流程的基础上进行大胆的探索和改进，都能展现出自己最好的一面。

（一）"思想道德与法治"课程

这门课程突出的是道德修养、法律意识培养和团队协作，以课程实践和新闻播报为课程特色，引导学生做"四有"新人。但在具体教学过程中，为了强化培养学生的"八素养"，课程专门加入了一些特色环节，比如学生分组进行新闻播报来锻炼知识拓展能力，学生分组进行课程实践（主要是公益实践和短视频制作）来强化团队协作能力。课程中，每个学生都需要进行新闻播报和课程实践，都需要去服务社会、奉献爱心，每次课都要进行团队任务展示。学生上课不再是单纯进行知识的学习，更多的是进行团队合作和自我展示。

（二）"中国近现代史纲要"课程

这门课程突出的是知识拓展能力和创新思维，以当地特色历史遗迹参观考察和历史人物扮演为特色，让学生理论联系实际，大开脑洞。课程具体实践中不仅

仅让学生分组去参观考察一些本地的近现代史遗迹或纪念馆，共同完成课程作业，拓展各种课外知识，还让学生扮演不同时期的重要历史人物，大胆地去思考，大胆去创造属于自己的独特历史，在轻松活泼的教学过程中来培养学生的创新思维。

（三）"毛泽东思想和中国特色社会主义理论体系概论"课程

这门课程突出强调政治意识和团队协作能力，以发展成就展示和小组团队任务为特色，提升学生各方面能力。在课程具体操作中，通过让学生组队分享身边真实的国家发展取得的巨大成绩，比如家乡的巨变、交通的进步，等等，不仅仅让学生切实感受到中国特色社会主义的优越性，也能够提升学生多方面的团队协作能力。此外每次课的团队作业 PPT 展示也成为该课程一道独特的风景，让每个学生都有获得感。

（四）"马克思主义基本原理概论"课程

这门课程突出强调逻辑思维和辨析批判能力，以经典学习和课堂辩论、学习海报制作为特色，全面提升学生各方面的能力。在具体课程中，通过让学生诵读经典原著，进行原著解读来提升学生的思维和知识，每学期都会进行的课堂辩论更是成为学生多方面能力锻炼的重要手段。而小组完成的课程海报制作，则成为该课程的又一个亮点。

目前的北京理工大学珠海学院，每门思政课都在"五要件""八素养"教改理念的指引下，根据课程特征，探索思政课教学新手段和新方法。虽然每门课程各具特色、授课方式各有侧重，但都围绕着"五要件""八素养"这一核心教改理念展开，将规范性和灵活性统一起来，有百花齐放的姿态。

七、领会中央精神，与时俱进，进一步充实"五要件""八素养"教改模式

时刻保持和党中央一致是思政课改革必须遵循的核心原则。近年来，党中央对思政课高度重视，不断有各种新要求和新提法出现。尤其是习近平总书记在 2019 年 3 月 18 日学校思想政治理论课教师座谈会的重要讲话，更是对高校思政课教学和改革提出了全新的具体要求。

最近两年，北京理工大学珠海学院马克思主义学院教学改革的核心是探索将

习近平总书记对思政课教师的"六要"要求、思政课课程的"八统一"要求与现行的"五要件""八素养"教改有机结合起来。根据"六要"要求，马克思主义学院专门制定了针对思政课教师的道德要求规范，对教师的言行进行了高标准的要求，让每位思政课教师都必须做到"六要"。根据"八统一"要求，马克思主义学院逐步对"五要件""八素养"教改进行进一步的充实和完善，将"八统一"融入思政课教学改革的具体环节中去，做到与时俱进，让总书记的要求能够在教改中得到充分的彰显。

八、提升教师各方面水平和能力，夯实教改基础

教师的教学能力和水平是一切教学改革实施的前提和基础。只有教师能力和水平不断提升，教学改革才能做到可持续发展。为了提升教师教学水平，马克思主义学院采取多种措施来辅助教学水平的提升。比如每学期定期进行的思政课教学比武，要求每位教师参与，通过教学展示比拼来取长补短，共同促进。学校和省级的各项思政课教学竞赛、微党课竞赛等，北京理工大学珠海学院马克思主义学院都会积极组织教师代表参加，也取得了很好的成绩，有多位教师先后获得省级教学竞赛一等奖、微党课一等奖等。

此外，马克思主义学院还多次组织教师外出考察培训，比如2019年夏天组织10余名教师集体去英国思克莱德大学系统学习教学法，参与的教师获益匪浅。马克思主义学院还出台鼓励教师读博深造的规章制度，对科研优秀者进行补助等，全面鼓励教师从各方面提升自己的能力。

九、每学期总结经验，及时改进

虽然思政课教学改革总体运行顺利，成绩也在不断展现，但是北京理工大学珠海学院马克思主义学院依然保持一分警惕和敬畏，每学期都在进行教学改革经验的总结和反思。通过每学期一次的教学改革经验总结，既可以将好的教学探索和方法迅速改进、推广，又能够将教学效果不佳的举措及时剔除或替换。在每学期每位教师都必须参与讨论的反思总结大会上，往往能够形成头脑风暴，产生出一些惊人的好点子，为下一步改革提供助力。"改革无止境，探索无止境"，正是在这一思路的指导下，"五要件""八素养"教改一直在持续，不断在完善。

十、当前"五要件""八素养"教改的不足之处

当然,任何改革都有缺陷和不足,北京理工大学珠海学院的思政课教学改革已经持续了7年时间,其间并不是一帆风顺,也存在着各种挫折和不得不反思的弊端,还需继续努力。

(一)从学院层面来看,"五要件""八素养"教改瓶颈出现,改革难度增大

持续7年的思政课教学改革已经取得了一定的成果,但是改革仍未完成,思政课改革还需进一步深入、细化。这些烦琐的工作都需要教师不断思考、反复讨论和实践,不断在具体的教学中去摸索。而这些都是比较费时费力的细致活。随着思政课课程任务不断增加,课程数量由原来的六门逐渐增加到九门,思政课新教师也在增加,尤其是不少兼职教师的加入,使得教学改革的任务和难度也不断增加。

新课程、新教师意味着"五要件""八素养"的实施需要重新探索,虽然可以学习借鉴,但教学成效的提升离不开精细化的打磨,这些则需要多年的积淀和反复的实践。因此从短期来看,思政课课程改革的瓶颈已经出现,亟须新的契机和手段来推动改革更进一步。

(二)从教师层面来看,思政课教学改革的付出和收益逐渐不成正比,影响教师积极性

在教学改革过程中,马克思主义学院的教师们付出的时间和心力是巨大的,教学成绩也是有目共睹的,但是持续的教学改革的投入产出比并不高。思政课教师一面在埋头改革,一面又面临着经费支出捉襟见肘的局面。但教学改革不能停步,教师的积极性也必须保障,这是教学改革可持续的基础和前提,相信前景一片光明。

(三)从教改过程来看,"五要件""八素养"教学改革与新教材、新课程的锲合度不够,教学改革实施细节不够规范化

由于近年来思政课教材的连续大改,不少教学内容都发生了较大变化,而原

来的标准化专题教学模式是根据旧教材制定的,虽然新教材出现后已经进行了大幅修改,但是整体思想还是难以脱离旧教材的影子。尤其是新增加的几门思政课,如"'四史'系列课程""习近平新时代中国特色社会主义思想"等新课程,老师还在不断学习和摸索中,一时间很难按照"五要件""八素养"的教改要求全面进行改革。而且教师熟练掌握一整套教学方法,充分整合教学内容是需要时间的,正所谓熟能生巧,慢工出细活。在新教材出现后,不少教师面临的压力较大,不得不重新适应教材、重新探索教学流程、重新制定教学任务等,这些都对教学的质量有一定的影响。因此,加强对新教材和新课程的分析和研究,进一步完善教学改革内容是当前改革的重点任务。

此外,虽然每门课都要标准化的教学专题课件和教学流程示范,但是不得不承认,每个教师对于教学的认知和理解存在着较大差异,再加上新进教师的增加和兼职教师的聘用,具体教师的教学方式和教学目的都存在着明显差异,有些已经脱离了"五要件""八素养"教学改革。为了避免这一现象,教学流程和专题内容还必须进一步细化,规范性的内容必须进一步强化,需做到每个教师虽然有特点,但是总体差别不大。不论哪位教师上课,都能展现出明显的"五要件""八素养"特征,都必须在"五要件""八素养"的基础上来展现个人魅力。

(四) 从教改结果来看,"五要件""八素养"教改的具体成效缺乏合适的评价指标和检验手段

虽然思政课"五要件""八素养"教改进行得如火如荼,学生反响不错,课堂效果也有明显提升,但是学生是否真的提升了"八素养",课程改革是否真的让学生在能力方面有显著提升,教学改革是否真的让学生收获满满,这一系列问题在目前的教改中只能通过期末考试成绩、定期的学生座谈会或问卷调查来获得一些表象数据。但是真正的能力不是考出来的,是干出来的。目前课程改革缺乏切实可行的检验学生"八素养"情况的方式方法。因此,下一步思政课的教学改革必须在成果检验方面更进一步,让教改成果在学生能力方面可以具体量化。

以上的教学改革经验可以说是北京理工大学珠海学院马克思主义学院这些年持续教学改革的基本收获。虽然称不上全国独有,但也算是中国高校思政课教学改革的重要实验。7年的思政课教学改革经验,尤其是"五要件""八素养"教

改成果，算是新时代中国高校思政课教学改革的有益尝试。

在新时代党中央对高校思政课的高度重视下，在北京理工大学珠海学院校领导的关心支持下，在马克思主义学院全体教师的共同努力下，"五要件""八素养"教改模式一定会日益完善，不断发展壮大，最终将成为高校思政课教学改革一抹靓丽的风景。

新时代民办高校思政课教学改革思考与实践

——以北京理工大学珠海学院为例

陈 巧

【摘要】 高校思政课是落实立德树人根本任务的关键课程，新时代高校思政课直接关系到担当民族复兴大任的时代新人培养。思政课教学改革是新时代的必然要求。只有不断改革和创新教学模式和方法，提升教学质量和水平，增强学生的获得感，才能真正实现全程育人、全方位育人。本文以北京理工大学珠海学院为例，从"四个自主"选课模式、"五要件"教学方法、"八大素养"培养目标、"课程实践"全程育人等方面，介绍民办高校思政课教学改革的举措，阐释对思政课教学改革的思考和实践。

【关键词】 新时代，高校，思政课，教学改革

一、民办高校思政课教学改革的必要性和重要性

习近平总书记在十九大报告中做出"中国特色社会主义进入新时代"的判断，提出"培养能担当民族复兴大任的时代新人"的要求。高校作为人才培养的重要场所，对培育新时代肩负民族复兴大任的时代青年具有重要作用。在高校有一门课程与青年学生的思想同频共振，那就是思政课。思政课是落实立德树人根本任务的关键课程，发挥着不可替代的作用[1]。它关乎学校人才培养目标的实现，也关乎新时代担当民族复兴大任的新人培养，直接关系到培养什么样的人、如何培养人以及为谁培养人这个教育根本问题。

近年来，全国各地高校陆续进行着各种形式的改革和创新，努力提高思政课教学质量和水平，推动思政课建设，使思政课在改进中加强，在创新中提高，切实提升学生对思政课的满意度，增强其获得感。民办高校也不例外，近年来积极响应党和国家号召，加快民办高校思政课改革创新，提升学校思政课教学质量和

水平，为培养合格的社会主义建设者和接班人服务。

二、民办高校思政课教学改革的具体举措——以北京理工大学珠海学院为例

北京理工大学珠海学院，作为珠海特区里的民办高校，坚持"'马院'姓'马'，在'马'言'马'"，始终坚持立德树人根本任务，秉承敢闯、敢试、敢为天下先的特区精神，开展学校思政课教育教学研究。近年来，为贯彻落实国家关于高校思政政治理论课的要求，提升思政课教学质量，增强学生实实在在的获得感，培育时代新人，不断探索和创新思政课教育教学方法，改革思政课教学模式，以课前、课中、课后等环节为抓手，形成课前"四个自主"选课模式、课中"五要件"教学方法和"八大素养"目标培养相结合，"课后实践"全程育人教育教学模式。

（一）"四个自主"选课模式

从2015年起，我校就按照国家对高校思政课建设的要求，依据我校培养"志向高远、基础扎实、体魄强健、心境恬美，具有创新精神和国际视野的复合型、应用型人才"的办学目标，结合学校完全学分制改革和通识教育体系改革，制定了思想政治理论课改革方案，突出学生学习的"选择自主权"。2015—2016学年第一学期开始实施学生自由选课，实现"四个自主"选课模式（即自主选择课程、上课学期、上课时段、任课教师），给予学生更多的自由，赋予学生自主选择权。当然，课程的性质、学分、学时等严格按照国家教育部相关规定执行，持续加强课程内涵建设。

"四个自主"的选课模式，打破了年级、专业、班级的束缚，可有效避免同专业行政班排课的弊病，有利于形成先进带动后进、活跃带动沉闷的课堂组织新模式。对于教师而言，也是一种激励和挑战，促使教师不断提升个人教育教学质量水平。因为只有不断学习和提高，才能赢得更多学生的支持和认可。当然"四个自主"的选课模式并不是随心所欲地乱选，也遵循相关的基本原则。比如《新时代高校思想政治理论课教学工作基本要求》中规定的："思想政治理论课各门课程应有序衔接，原则上本科生先学习'基础'课、'纲要'课，再学习'原理'课、'概论'课"[2]。另外，不论年级、专业、班级，每位学生在学期

末，都可自主选定下学期课程，下学期上课时段，下学期任课老师。并且在新学期开始的前两周，学生还可以试听后，自由退选课，给予学生自由选择、试听体验的"特权"。

从2015年至今，近6年的教学实践，我们发现不同年级、不同专业、不同班级组成的思政班级，会更活跃、更积极。学生也更喜欢这样的自主选择模式，而不是被"安排"。教师也从这样的选课模式中，感受到了学生的信任与期望，不断提升个人教学水平，提升个人综合竞争力。于学生、于教师而言，都是改革的参与者和受益者。

（二）"五要件"教学方法

"五要件"教学法是我校2014年提出并实行的一种教学方法。它倡导"以学生为主体、以教师为主导"的教学理念，培养学生"价值、思维、技能"三维立体的教学目的，在此基础上形成"引、问、析、评、导"五要素相互衔接、立体动态的课堂教学体系[3]。

"五要件"教学法，把教学过程分为"课前5分钟""重难知识点解析""视频案例""教学互动""教师讲评"等5个部分。"课前5分钟"即导课环节，主要是基于翻转课堂的教学理念而设计。学生在学期初自由组队，老师在课前，根据课程内容设置相关主题分享，比如时政热点、案例分析、历史人物介绍、读书心得展示或者经典篇目朗诵等，旨在引导学生快速进入课程学习环节。"重难知识点解析"是课堂的重要任务。通过老师对知识点的分析解读，实现从教材体系向教学体系的转换，帮助学生学懂弄通相关重难点知识。"视频案例"，加深巩固知识学习，增强教育的实效性，充分利用"互联网+"的优势，将知识点更加形象生动地展示出来，帮助学生更好地理解知识点，从而延伸对理论本身的思考。"教学互动"是真正坚持灌输性与启发性的统一，主导性与主体性的统一的必然。小组内部、小组之间、师生之间的交流探讨，有助于进一步深化师生对理论与现实问题的认识，实现教学相长。"教师讲评"既是对课堂知识的总结，也是对学生讨论问题的回应，更是坚守"'马院'姓'马'，在'马'言'马'"立场，是理念价值的回归。

"五要件"教学法，是教学方式的创新，以"引、问、析、评、导"五环节，激发学生的热情，鼓励学生参与。在充分尊重学生个性与特点的同时，有效调动学生学习的积极性和主动性。使学生在参与中提升逻辑思维能力，辨析批判能力等。用生动活泼的形式来解读理论问题，改变了思政课和思政教师在学生心目中的错误认知，扭转了所谓思政课就是"灌输课""洗脑课"的偏见。学院老师更以具体行动，向学生们传达着做事严谨认真的态度和创新的意识。在教学过程中，小组成员间的相互配合，还有利于培养团队意识，提升团队协作能力，学会分享与付出。学生学会的不仅有理论知识，还有做人做事的道理，以便提升大学生综合素养。

（三）"八大素养"培养目标

当今社会对大学生的综合素养越来越看重，综合素养已经成为人才引进的重要衡量指标。思政课作为立德树人的关键课程，当然也关注学生综合素养的培养。2019 年 3 月 18 日，在习近平总书记主持召开的学校思想政治理论课教师座谈会上，明确提出思政课要坚持"八个统一"，明确指出"只有打好组合拳，才能讲好思政课"。近年来，我校始终围绕"立德树人"的根本任务，在培养学生树立正确的世界观、人生观、价值观，践行社会主义核心价值观的基础上，着重培养学生走向社会的持续生存和发展能力。思政课重点打造政治思想、知识拓展、逻辑思维、辨析批判、道德修养、法律意识、实践创新和团队合作等八大综合素养，实现思政课浇花浇根、育人育心，春风化雨、润物无声的效果。

自 2015 年提出"八大素养"培养目标以来，在学院统一部署下，"毛泽东思想和中国特色社会主义理论体系概论""思想道德修养和法律基础""马克思主义基本原理概论""中国近现代史纲要"4 门课程组根据各门课程的教学内容，逐步形成了具体的"八大素养"核心能力培养实施方案，细化到每门课程，每个章节，每个专题，每次课及作业等[4]。通过思政课程学习，提升道德修养、法律意识、政治素养，教导大学生如何做人做事、成人成才，肩负时代赋予的重任，担负民族复兴的大任。

"八大素养"培养目标是一个紧密联系的多元体系，涵盖了学习、工作、生活等各方面。通过思政课程的短期培养，种下学生对终身学习和持续生存发展所需能力的种子，实现自我教育、自我成才。

（四）"课程实践"全程育人

我校思政课在用好课堂教学这个主渠道的同时，也非常重视课外实践，积极鼓励并组织学生参与志愿服务活动、社会调查活动、文化考察活动、经典永传颂等活动，充分发挥第一课堂、第二课堂的作用。在课外实践中，帮助大学生树立正确的世界观、人生观、价值观。"学、思、悟、践"深入推进，培养学生综合素质和能力，引导学生在实践中保持清醒的头脑、正确的价值立场、严密的逻辑思维、辨析批判的眼光，在团队协作中学会学习、学会做事，践行实践创新。

近年来，我校立足每门思政课程的特点，形成了不同形式的、各有特色的课程课外实践项目。比如志愿义工行、传承经典畅想未来、实地调研、红色交响曲、镜头下的中国等深受学生喜欢的实践活动。通过实践活动，使思政课从知识传授、理论学习到能力提升、情感认同、价值认同，从而坚定理想信念，真正实现知—情—意目标的统一。课堂内外，知行结合，学生在实践中放飞青春的梦想，成就自己，服务他人，服务社会。

另外，我校还在全国独立学院中率先创建了马克思主义学院微信公众号，日更8篇，抢占网络阵地，让思政课从教室延伸到网络，实现线上线下相结合，充分发挥新时代网络优势，拓宽思政教学渠道，实现全程育人、全方位育人。

三、民办高校思政课改革任重道远

思政课在教学和实践的过程中教的不是条条框框的、僵化的理论，而是学习问题、分析问题、解决问题的方法。这本身就需要大量的人力物力和财力的投入。民办高校由于学校教学管理的特点，加上学校师资配备和课程任务量大等问题，思政课改革任重道远。前途是光明的，道路是曲折的，让我们携手，为提升思政课教学质量，培育新时代肩负民族复兴大任的新人，贡献出我们的一份力量。让思政课不仅仅是思想政治理论课，也是教学生做人做事、学会学习的人文素质课。愿你我一起努力，帮助大学生在做人、做事、做学问中提升素质和能力，自觉地关怀他人、关怀社会、关怀人类、关怀自然，真正成为思想水平高、政治觉悟强、道德品质优、文化素养好的德才兼备之人，实现个人的全面发展，成为担当民族复兴大任的时代新人。

参 考 文 献

[1] 中共中央办公厅、国务院办公厅印发《关于深化新时代学校思想政治理论课改革创新的若干意见》[EB/OL].（2019－08－14）[2021－03－09].

http://www.gov.cn/zhengce/2019-08/14/content_5421252.htm

[2] 教育部印发《新时代高校思想政治理论课教学工作基本要求》[EB/OL]. (2018-04-12) [2021-03-09]. http://www.moe.gov.cn/srcsite/A13/moe_772/201804/t20180424_334099.html

[3] 金涛, 范建荣. 高校思政课"五要件"教学法的创新与应用 [J]. 渭南师范学院学报, 2016 (5): 78-82.

[4] 王庆华. "五要件"教学法在高校思想政治理论课教学中的应用——以"中国近现代史纲要"为例 [J]. 集宁师范学院学报, 2016 (5): 95-97, 114.

注：本文发表于《神州》2021年第15期。

独立学院应用型人才人文素质培养模式探索

——以北京理工大学珠海学院为例

周子善　陈坤林　胡骄平

【摘要】当前独立学院教育生态存在着科学教育与人文教育、单向度的政治教育与多元文化社会环境、学校人格塑造教育内部结构的三大失衡。因此，必须明确人文素质的教育目标，尊重独立学院大学生的特点，开展全面人格教育，强化大学生的通识教育，实施人文素质教育改革和创新。北京理工大学珠海学院在应用型人才人文素质培养上，采用建构主义的教学理念，坚持知识教育、能力教育、价值观教育和人格教育的有机统一，实现以知识教育为依托，以能力教育为主要内容，落实价值观教育，以塑造全面发展的人格为目标，初步形成独立学院应用型人才人文素质培养模式。

【关键词】独立学院，应用型人才，人文素质，培养模式

当前随着经济全球化的深入发展、我国改革开放的深入推进和社会主义市场经济体制的建立，社会经济成分、组织形式、就业方式、利益关系和分配方式日益多样化，各种思想文化相互激荡，经济、社会生活中出现了许多前所未有的新情况，意识形态日益多元化。传统的以政治教育为主要内容的独立学院人文教育文化生态日益表现出对多样、多元文化环境的不适应，加强和改进独立学院人文教育，强化人文关怀，消除大学生"人文精神缺失"，塑造适应全球化和社会主义市场经济要求的全面发展人格，实现德育创新发展是刻不容缓的任务[1]。

一、全球化背景下的独立学院教育文化生态失衡

经济全球化，国际政治多极化，强势的西方文化不断扩张渗透，以及我国工业化、城镇化，社会主义市场经济体制的建立与逐步完善，经济成分多样化，组

织形式多样化，就业方式多样化，生活方式多样化，利益格局多元化……多元社会存在决定多元社会意识，我国意识形态领域已经形成多元文化相互激荡的局面。

全球化凸显了多元文化冲突。网络社会全球各个文化体系相互交流、碰撞、融合达到了前所未有的广度与深度，深刻地影响着人们的思想观念、价值取向、思维方式。"全球化是一把双刃剑"，它加快了经济增长速度、传播了新技术，也将侵犯弱势国家主权、侵蚀着国家的文化和传统，威胁着国家的经济社会稳定。

社会转型凸显了多元文化冲突。中国用30多年走过了西方社会二三百年工业化、现代化的路程，"赶超型"现代化的社会转型时期必然充满文化冲突：共时性的计划经济文化与市场经济文化、农业社会文化与工业社会文化、乡村社会文化与城镇社会文化、封闭社会文化与开放社会文化、伦理社会文化与法理社会文化的交替、博弈与冲突；历时性的前工业社会文化、工业社会文化、后工业社会文化在整个转型期的混杂、交替与冲突。

教育生态认为：独立学院教育文化系统是一个有机生态系统，对其生命力的考量，须将独立学院教育系统与教育环境作为一个整体来衡量。维系"生态平衡"是优化人文教育系统的基本要求。生态系统存在的规律是：系统与环境相互制约，相互适应，相互协调；系统内部各部分则相互竞争，交叉渗透，和谐共生，协同进化，多样统一。

面对新世纪经济全球化和当代中国社会转型，当前独立学院文化教育生态发生三大失衡：

（1）科学教育与人文教育失衡，即"做事"教育与"做人"教育的失衡，工具理性和价值理性的失衡。片面的就业率导向已导致专业技术教育比例过重、人文素质教育比例过轻，中央强调的素质教育战略位置难以落实。

（2）单向度的政治教育与多元文化社会环境的失衡。许多独立学院人文教育课程中思想政治理论类约占80%，以论证中国特色社会主义的合理性为主要宗旨的政治单向度人文教育，与全球化语境下文化多元化环境十分不适应，缺乏对多元文化的全面应对性，与学生的"问题时空"和"视阈"重合度较小。

（3）学校人格塑造教育系统内部结构的失衡。中国高等教育受两千年传统的伦理政治型人格理想塑造教育观念的影响较深，人格具有统合性、整体性，政治单向度塑造教育不利于学生人格的良性发展[2]。经济全球化和社会主义市场经济要求学生成为能独立面对社会、面对人生的具有全面发展人格的主体。

二、加强独立学院人文素质教育，实现德育创新发展的对策

面对独立学院人文素质教育生态的失衡，为适应经济全球化和社会主义市场经济发展的要求，进一步加强独立学院人文教育，实现德育创新发展，需要采取如下措施：

（一）明确大学生人文素质教育培养目标

新历史时期的人文素质教育总目标是培养"做人"为本，"做事"与"做人"统一的人才，实现"做事"教育与"做人"教育的平衡，实现工具理性和价值理性的融合统一；培养具有世界眼光，适应全球化多元文化语境的人才，实现人文教育系统与多元文化社会环境的平衡；培养具有全面发展人格，适应社会主义市场经济的人才，实现人格塑造系统的内部结构平衡。

（二）尊重"00后"大学生的思想心理特点

德育创新发展，人文素质教育教学改革，必须坚持以人为本，深刻把握"00后"大学生的思想心理特点：强烈的主体意识、实用的学习取向、平等的对话要求、强烈的表现欲望、扁平的知识结构、"点击式"的思维方式。要求德育、人文教育充分尊重大学生的学习主体地位，调动他们的学习主动性，并因势利导，在教育内容、组织方式、教学方法上改革创新。"00后"大学生主体是应用型人才的后备军，要针对大众化教育的应用型人才培养要求，在教育内容、组织方式、教学方法上把精英教育层次的德育、人文素质教育与大众化教育层次的教育区别开来。

（三）开展学生全面发展的人格教育

人文素质教育应使学生在政治人格、道德人格、心理人格、思维人格、社会人格方面得到全面发展：政治维度上，坚持推进社会主义核心价值体系建设，用马克思主义中国化最新成果武装、教育学生，用中国特色社会主义共同理想凝聚力量，要坚持正确的政治方向，坚定中国特色社会主义的共同理想，坚信中国共

产党的领导，提高大学生的思想政治素质；道德维度上，用以爱国主义为核心的民族精神和以改革创新为核心的时代精神鼓舞斗志，用社会主义荣辱观引领风尚，让大学生树立起爱国主义的民族精神和改革创新的时代精神，引导大学生践行社会主义荣辱观，巩固大学生的思想道德素质[3]；心理维度上，提升大学生的认知广度、意志强度和情感丰富程度，使其各方面都得到拓展和锻炼，塑造健康成熟的心理素质；思维维度上，让大学生具有历史厚度、反思深度、审美创新力、潜能开发力，拓宽大学生的思维视野；社会维度上，使大学生具有遵纪守法、团结协作、人际亲和的社会交往力，提升大学生的社会适应能力。

根据人格的统合性、整体性，认知、情感、意志、思维、阅历、审美、交往、主体意识等人格多向度将相互制约支撑，协同共进，多向共生，塑造全面发展的人格。

（四）强化大学生的人文社科通识教育

人文社科通识教育是人格塑造的基础。当代中国意识形态感性化、产品化的趋势，要求思想政治教育、人文素质教育、人格教育越来越与文化结合，以文化教育为主要表现方式、主要载体力量、主要教育手段。

塑造全面发展人格，是坚持马克思主义在意识形态领域的指导地位的前提下，大力开展人文社科通识教育，通过语言、文学、历史、哲学、美学、艺术、文化比较、法律、心理等多学科综合教学，实现人格的熏陶、塑造。语言教育塑造民族性人格，文学教育塑造高尚人格，历史教育塑造厚重感人格，哲学教育塑造智慧、道德人格，美学、艺术教育塑造审美人格，文化比较教育塑造跨文化交流人格，社会教育塑造社会亲和人格，法律教育塑造公民意识与法治人格，心理教育塑造学生的"自我超越"人格。

（五）把握人文素质培养模式改革的总原则

（1）坚持教育正确的政治方向性，把社会主义核心价值体系融入应用型人才人文素质教育体系中。坚持以马克思主义指导思想为灵魂，以中国特色社会主义共同理想为主题，以爱国主义为核心的民族精神和改革创新为核心的时代精神为精髓，以社会主义荣辱观为基础，通过人文素质课程的理论学习和实践体验，帮助大学生树立正确的世界观、人生观和价值观。

（2）增强教育内容的针对性，针对学生的人文缺失、人格缺失现象和学生的地域、层次特点进行教育。要针对大学生中的人文缺失现象——精神信仰危机、文化认同危机、价值认同危机、思想行为浮躁现象进行教育。要针对学生的人格缺失现象，开展全面人格教育，使学生的政治人格、道德人格、心理人格、思维人格、社会人格得到全面自由发展。大学生人文素质受地域文化生态环境的影响深远，如广东独立学院大学生都不同程度受到岭南文化的熏陶和影响。而独立学院学生与普通高校的学生相比较又存在层次上的明显区别，独立学院学生的基础相对较弱，知识能力相对不高，认知水平相对平庸，因此，他们的人文素质有着自身的不足和特点。

（3）提高教育方法的科学性，尊重"情感认同"教育的入脑机理，重视建构主义教学等新教学理论的应用。人的认识规律是从形象到抽象，从感性到理性，从个别到一般。在认知心理学中，认知、情感、意志是认知活动心理机制的有机整体，情感起着认知价值导向作用，故有"入脑"的通道是"情感认同"之说，要用十分形象、感性的方式，表达非常抽象、理性的观念。认识是以主体已有的知识和经验为基础的主动建构，要强调个体的主动性在建构认知结构过程中的关键作用。

三、北京理工大学珠海学院应用型人才人文素质培养模式初探

为探索独立学院应用型人才人文素质培养新模式，实现德育创新发展，北京理工大学珠海学院在执行国家"05方案"规定的同时，开始了独立学院应用型人才人文素质培养模式的初步探索和实践，得到了一定的好评，取得了一些阶段性成果。

（一）建设应用型人才人文社科通识骨干课程

为塑造学生全面发展人格，按照社会主义核心价值体系建设的要求，针对学校培养目标和学生特点，遵循教育教学规律，学校陆续筹备开设了人文社科通识选修系列课程：大学语文、应用文写作、中外史鉴、中西哲学入门、中西文化比较、通俗美学、艺术鉴赏、社会礼仪、私法权利概论、大学生心理健康等，并把这些课程列为通识选修课的骨干课程，学生的选修学分中必须有2个学分是从这些骨干课程当中获得。

（二）组织编写出版了《应用型人才人文社科通识丛书》

为把人文社科通识选修骨干课程落到实处，达到统一思想、统一大纲、统一教材、规范教学的目的，在杨叔子院士的大力支持和指导下，在国防工业出版社的积极扶持和组织下，北京理工大学珠海学院与若干理工科兄弟院校联合编写出版了《应用型人才人文社科通识丛书》。该丛书定位于为理工类和独立学院层次学生服务，要求把握好基础理论的系统性、厚实性的"度"，坚持深入浅出；在体裁结构上突破学科理论体系的烦琐性和完整性，以学生最关心的"话题"为经，以感性形象人物、事件为纬，以"讲"代"章"[4]；叙述方法上改革传统的单学科线性逻辑演绎分析，采用多学科多维立体综合方法。语言风格上，在注意学术语言的准确性、科学性的同时，适当注意生活化、生动化、形象化、具体化。

（三）开设应用型人才人文社科通识骨干讲座

北京理工大学珠海学院从2006年执行国家"05方案"以来，针对独立学院大学生人文社科知识薄弱的特点，在思想政治理论课的实践学分中列出2学分，计32学时，开设人文社科通识骨干讲座24讲，加强人文熏陶，作为思想政治理论课实践教学的一种新的尝试，也为思想政治理论课教学提供了更广阔的背景和知识支撑。具体做法是：一方面加强对社会思潮、社会文化的评介；另一方面针对学生的人文缺失、人格缺失开展全面人格塑造、学术讲座和专题教育。

（四）建立一支全方位的人文素质教育教师队伍

根据应用型人才人文素质培养的特点，学生人文素质的提高关键在教师。北京理工大学珠海学院针对自身实际，组建了一支涉及人文社会科学各个专业领域的全方位的人文素质全兼职教师队伍。这支队伍以思想政治理论课教师为骨干，以专业学院人文社会学科教师为补充，积极吸收相关专业的辅导员、行政人员参加到人文素质的教育教学中。全兼职结合的教师结构既有利于保证人文素质教育的方向，又有利于把人文素质教育和专业教育紧密地结合起来，互相支撑。

（五）加强独立学院人文素质教育的校园文化建设

教育过程的本质是以"文"化"人"，是人与文化的双向互动和建构。文化环境育人是培养学生人文素质的重要渠道，校园文化建设对大学生人文素质的提高是不可替代的。北京理工大学珠海学院人文素质校园文化建设系统地对校园精神文化环境、制度文化环境、行为文化环境、物质文化环境建设做了许多尝试和创新，对北京理工大学珠海学院校园文化建设起到了积极作用。目前，校训、校风、学风、路牌、宣传海报栏等精神文化和物质文化建设已经落实到位并起到了良好的效果。

（六）实施独立学院人文素质教育的社会实践

实践是人类存在和发展的根本方式，是人们正确认识世界、改造世界的根本途径。参加社会实践对于大学生品格培养具有不可替代的作用。北京理工大学珠海学院构建了大学生人文素质教育社会实践工作的领导体系、社会实践基地内容体系、社会实践工作评价体系，通过领导重视、实践基地建设和实践评价，进一步深化大学生的人文素质意识，如义务劳动实践、"三下乡"实践、扶贫帮困实践，等等，对大学生人文素质品行品格都是一个很好的锻炼。

总之，思想政治理论课"05方案"在我校实施几年以来，我们努力解决教学内容的陈旧和教学方法的落后与培养应用型人才的矛盾，解决大课堂教学组织讨论的困难与师生、生生间迫切需要思想交流的矛盾，克服理论教学与实践环节严重脱离的问题。采用建构主义的教学理念，坚持知识教育、能力教育、价值观教育和人格教育的有机统一，实现以知识教育为依托，以能力教育为主要内容，落实价值观教育，以塑造全面发展的人格为目标，强化人文社科通识选修课在思想政治理论课教学之外的思想道德教育功能以及在全面人格教育中的重要作用。通过我们的初步探索和实践，目前，我们已经初步摸索出了一条适合独立学院应用型人才人文素质培养的新路子。北京理工大学珠海学院几年来初步实践这条新路子，在兄弟院校、同行各界、特别是在独立学院的大学生中已经产生了一定效果，获得了很多的好评和认同。当然，我们的实践是初步的，我们的探索不会浅尝辄止，随着实践的不断深入，我们将不断改革和继续完善独立学院应用型人才人文素质培养模式，并将之继续付诸实践。我们相信，通过这种模式的探索、实践、再探索、再实践，将更有利于培养和塑造独立学院大学生的全面发展的人格。

参 考 文 献

[1] 中共中央关于深化文化体制改革推动社会主义文化大发展大繁荣若干重大问题的决定 [EB/OL]. (2011-10-25) [2012-02-06]. http://www.gov.cn/jrzg/2011-10/25/content_1978202.htm.

[2] 陈坤林,杨福生. 应用型人才人文素质的培养模式 [J]. 阜阳师范学院学报(社会科学版), 2009 (4): 119-122.

[3] 陈坤林. 国家"十一五"科研项目: FHID070335-B13-04, 广东独立学院应用型人才人文素质培养模式研究结题报告 [R]. 2009 (12).

[4] 陈元福,徐美玲. 应用型人才人文素质培养体系探析 [J]. 安徽理工大学学报(社会科学版), 2009 (3): 98-101.

注: 本文发表于《北京城市学院学报》2012年第6期。

论独立学院思政课教学的针对性和实效性

周子善　王庆华

【摘要】 全球化时代的多元文化语境以及市场经济环境下多元价值观的冲击，独立学院大学生的基础薄弱和自主性较差、理性思维不强、功利倾向明显，传统思想政治理论课的教学内容重复和教学方法陈旧，削弱了独立学院学生思想政治理论课教学的针对性和实效性。改变思想政治理论课单向度的教学模式，整合思想政治理论课教学的内容，改革思想政治理论课的教学方法，调动思想政治理论课教学主体的积极性，加强思想政治理论课教学中党的核心领导地位，发挥思想政治理论课教师的主导作用，是提高独立学院思想政治理论课教学针对性和实效性的主要途径。

【关键词】 独立学院，思想政治，教学，针对性，实效性

中共中央宣传部、国务院教育部《关于进一步加强和改进高等学校思想政治理论课的意见》指出：高等学校思想政治理论课承担着对大学生进行系统的马克思主义理论教育的任务，在引导大学生坚定对马克思主义的信仰、对社会主义的信念，增强对改革开放和现代化建设的信心、对党和政府的信任等方面，发挥了重要的作用[1]。当前，世界多极化和经济全球化的趋势在曲折中发展，科技革命日新月异，综合国力竞争日趋激烈。各种思想文化相互激荡，西方敌对势力加紧对我实施西化、分化的政治图谋。我国改革开放进一步深入，社会经济成分、组织形式、就业方式、利益关系和分配方式日益多样化。面对新的变化和新的情况，高等学校思想政治理论课教育教学还存在亟待解决的问题，教学的针对性和实效性不强。因此，加强思想政治理论课教学的针对性和实效性，是贯彻落实中央文件精神，搞好思想政治理论课教育教学的必然要求。

一、思想政治理论课教学针对性和实效性的内涵及其关系

思想政治理论课教学的针对性是依据思想政治理论课教学的指导思想和总体要求，针对教材内容、针对社会现实、针对学生实际、针对学校特点等方面进行思想政治理论课教学。思想政治理论课教学的实效性是指思想政治理论课教学的知识性、价值性、导向性的实现及其实现程度，即思想政治理论课教学有没有用、有多大用的问题，实质上就是思想政治理论课教学的价值、功能和效果的问题[2]。一般而言，思想政治理论课教学的针对性是实现思想政治理论课教学的实效性的前提，思想政治理论课教学的实效性是检验思想政治理论课教学针对性的结果。因此，要提高思想政治理论课教学的实效性，实现思想政治理论课教学的总体要求和根本任务，就要不断加强思想政治理论课教学的针对性，坚持用发展着的马克思主义武装大学生；坚持理论联系实际，贴近实际、贴近生活、贴近学生；坚持开拓创新，不断改进教育教学的内容、形式和方法。

二、影响独立学院思想政治理论课教学针对性和实效性的主要因素

独立学院思想政治理论课教学与普通高等学校思想政治理论课教学既有共性，也有个性，因此，影响独立学院思想政治理论课教学的因素既有社会环境方面和思想政治理论课教学内容方面的普遍共性因素，也有独立学院学生自身方面和独立学院学校方面的个性因素。

（一）从社会大环境看，当前，我们正处在经济全球化、政治多极化、改革开放、建设社会主义市场经济、中国社会深刻转型、多元文化语境的时代

社会价值观念深刻变革且多元化——先进文化、健康文化、落后文化、腐朽文化同时并存，正确思想和错误思想、主流意识形态和非主流意识形态相互交织。政治多极化、文化多元化进程加快，特别是随着互联网时代的到来，大学生呈现出获得信息的渠道增多、速度加快，获得的信息量增大，知识深度不够，受

快餐型文化影响明显等特点，在这种背景下，主流价值观受到强烈的冲击和挑战，一些大学生受国内外各种错误思潮的影响，接受并尊崇"金钱至上、娱乐至死、个人主义"，他们错误地认为"人生苦短、及时行乐""人不为己，天诛地灭""贵的就是对的""西方的就是好的""他人就是地狱"等，把这些观念视为真理、奉若神明。面对多样化的中国和世界，多元化的价值观念使正处于世界观、价值观、人生观形成关键期的大学生出现了思想迷茫、理想信念淡薄、集体观念淡漠、道德素质滑坡等现象。

（二）从思想政治理论课的教材体系和教学内容看，按照中央和教育部的部署，"05方案"的5门必修课程的教材有4门课程是由中央组织"马克思主义研究和建设工程"专家统一编写，教材的内容是由中央统一审定，教材的内容有其内部的逻辑体系，每一本教材的内容都考虑了其完整性和系统性

但4门课程教材体系的内容在很多方面也不可避免地出现了重复、反复等特点，加上我国的思想政治理论课的教育教学体系是自始至终的，学生从小学、初中、高中等的政治课教学中就已经学习了高校思想政治理论课的一些相关内容。所以，在大学生思想政治理论课的教材体系和教学内容上存在着下述重复和冲突：一是高校思想政治理论课的教材体系内部部分章节存在重复和冲突；二是大学思想政治理论课教学的内容与初中、高中政治课教学内容的重复和冲突。这两个方面的重复和冲突是造成一些大学生对思想政治理论课厌学又不得不学，逆反心理被功利性所束缚，抵触情绪被课堂、教师所压制的状况，导致思想政治理论课教学课堂出现"人在心不在""睡倒一大片""背英单词、做数学作业"等现象，也是影响大学生思想政治理论课教学效果的重要因素之一。

（三）从教育对象看，独立学院的大学生属于"三本"学生，层次不高，思想政治素质呈现复杂化、多样化的特点

一方面，他们学习基础和自主性较差，学习动力不足，理性思维不强，集体主义观念淡薄，自我意识凸显，功利倾向明显；自律性差，缺乏良好的学习和生活习惯；生活自理能力不强、有自卑感、心理问题相对突出。另一方面他们思想活跃、兴趣广泛，渴求了解各种知识，但对于现实还缺乏应有的分析问题和解决问题的能力，容易受各种社会政治思潮及经济文化环境的影响。这必然使处在人

生成长关键期的大学生的价值观和人生观受到冲击。另外，一些不良社会风气，如拜金主义、享乐主义、个人主义滋长，是非、善恶、美丑界限混淆，社会道德滑坡等都一定程度地渗透到校园，一些大学生受市场经济利益的诱惑、功利主义的影响，只要实惠不讲理想，只要个人利益不要整体利益，只讲索取不讲奉献。他们错误地认为"理想理想，有利就想""前途前途，有钱就图"，实用主义哲学甚嚣尘上。这些观念使他们对高校思想政治理论课"有什么用""对谁有用"等问题产生了不同程度的模糊认识，其结果可想而知。所有这些都增加了独立学院学生思想政治理论课教学的难度和复杂性，影响了思想政治理论课教学的针对性和实效性。

（四）从办学主体看，独立学院是由国家资源和民营资本两类不同性质的投入主体合作办学，由于双方对投入回报期望的性质不同，体制上必然形成长期困扰独立学院生存、发展的基本矛盾，即短期利益和长远利益、经济效益和社会效益、经济规律和教育规律的矛盾

只要钱不要社会主义、只讲经济效益不讲政治效益和社会效益等思想观念，还深深影响着某些独立学院的投资办学主体。在这对矛盾的影响下，再加上独立学院人才培养目标是本科应用型人才，重视对学生专业素质和应用能力的培养，就更容易忽视对学生思想政治素质和道德素质的培养。独立学院的行政管理体制是董事会领导下的院长负责制、人事管理体制实行聘任制。在这套体制下，独立学院对大学生思想政治理论课教学不同程度存在着认识不足、重视不够、管理不到位的情况，导致很多独立学院思想政治理论课教学保障体系不健全、资金落实不到位、人员配备不齐全。这些造成了独立学院思想政治理论教育教学面临着困境，严重削弱了独立学院思想政治理论课教学的主渠道和主阵地的作用，影响了思想政治理论课教学的针对性和实效性的发挥。

（五）从教学主导看，要充分发挥教师的主导作用，提高马克思主义理论的说服力和感染力

提高高等学校思想政治理论课教育教学质量和水平，关键在教师。独立学院思想政治理论课教师作为教学的主导力量，与思想政治理论课的教育教学要求和师资队伍要求仍存在着一定的差距。独立学院由于办学体制大都处于办学的初创期，生存发展压力大，导致独立学院师资力量主要来源于三个方面：本部退休的教师、公开招聘的教师、外聘教师。这样的师资来源又导致了独立学院的师资结构呈现出"两头大中间小"的特点，即老教师和年轻教师居多，中年教师不足，这一特点在思想政治理论课教师队伍中体现得尤为明显。由于师资配备不足，独立学院思想政治理论课教学不得不普遍实行大班教学；因老教师和年轻教师占大多数，老中青传帮带的教学人才繁育生态无法形成，虽然老教师有丰富的教师经验和教学资历，年轻教师有充沛的教学精力和高学历，但在互联网微博时代，一方面老教师较难和现代教学方法、手段和技术相结合，另一方面年轻教师大多是从学校到学校，较难在短期内掌握丰富的教学经验和教学法。这种师资结构和现状导致了独立学院思想政治理论课师资队伍缺乏年富力强的中坚力量或者说中坚力量严重不足，使教师在思想政治理论课教学中的主导作用无法体现或难以充分展现，这又势必影响思想政治理论课教师教学的针对性和实效性。

三、加强独立学院思想政治理论课教学的针对性和实效性的对策

基于上述影响因素，加强独立学院思想政治理论课教学的针对性和实效性，必须建构独立学院思想政治理论课教学的新模式和新理念，从改变思想政治理论课单向度的教学模式、整合思想政治理论课的教学内容、改革思想政治理论课的教学方法、调动思想政治理论课教学主体的积极性、加强党对思想政治理论课的领导地位、发挥思想政治理论课教师的主导作用入手，使独立学院思想政治理论课教学相长。

（一）针对社会大环境的变化，改变思想政治理论课单向度的政治教学模式

长期以来，传统的思想政治理论课教学是单一的、单向度的"注入式"教学模式。在独立学院思想政治理论课教学中，基本上延续了老师"教"学生"学"、老师"讲"学生"听"的这一模式，这种模式带有很强的政治性和自上而下性，即老师讲的都是对的，老师讲的必须遵循，实质上是完全以教师为主体的模式。新时期社会大环境对思想政治理论课教学特别是独立学院大学生思想政治理论课教学提出了新的挑战。首先，社会主义市场经济的发展不断强化着大学生的自我意识、利益意识、自由意识、民主意识、责任意识、成长意识；其次，

多元文化和价值观念以及全球互联网的普及使大学生获取信息的渠道越来越具有多极主体性、社会交往性、综合创新性；最后，世界经济全球化、政治多极化、文化多元化使大学生日益突破了民族国家的狭隘眼界，越来越习惯于用世界的眼光看问题，他们开始具有比较宽广的视野，不再满足于对事物仅仅从当前和局部角度进行分析或说明，而是更加习惯于从全球的或人类的视角去看问题，并且从中会得出自己的观点或结论。

针对社会大环境的变化和影响，独立学院思想政治理论课教学要有实效性，必须果断摒弃老师"教"学生"学"的空洞说教和灌输式的政治单向度的教学模式，摒弃以"以教室为环境，以教师为中心，以纸介教材为工具"的封闭式的教学模式[3]，建立起以马克思主义为指导，以课堂教学、课堂讨论、课堂辩论、网络学习、热点追踪、社会实践等为手段，以正视文化交锋和意识形态冲突为重点，积极面对、正面回应现实问题，以人文素质和全面人格教育为目标的思想政治理论课的多向度、立体化、开放式的教学模式，让学生在思想政治理论课的"教"与"学"的过程中真正成长、成熟、成人，使学生成为具有世界眼光，科学理论武装，自觉接受、信服和实践马克思主义理论的全面发展的人。

（二）针对思想政治理论课教材体系，整合思想政治理论课的教学内容

国家统编的高等学校思想政治理论课教材体系完整、内容丰富，但也存在着难以兼顾全国不同层次不同水平的大学生的学习需要，特别是对于独立学院的"三本"大学生来说，统编教材具有理论性较强、可读性较差，涵盖内容太多、条条框框明显，可谓"骨多肉少"，再加上教材之间内容重复，如《中国近现代史纲要》与《毛泽东思想与中国特色社会主义理论体系概论》部分内容的重复，虽然教材编写者认为一个讲"史"，一个讲"论"，重复不是一回事，但活生生把"史""论"分开，显然是不合适的，也是无法提高思想政治理论课教学的实际效果的。因此，整合思想政治理论课的教学内容十分重要而且必要。

针对思想政治理论课现有的教材体系，要以之为基础，把它转化为独立学院思想政治理论课的教学体系。具体方法是结合独立学院大学生的思想政治素质和道德素质及其认知水平，以社会主义核心价值体系和马克思主义中国化的理论成果毛泽东思想、邓小平理论、"三个代表"重要思想、科学发展观、习近平新时代中国特色社会主义思想为中心内容，以树立马克思主义的历史观、世界观、价值观、人生观、道德观、法制观为要求，以使学生了解和理解国史、国情及党的

路线、方针、政策为立足点，以教材体系为基础整合思想政治理论课教学内容，以避免重复为目标，以提高思想政治理论课教学针对性和实效性为目的，充实社会现实的教学内容，使思想政治理论课的教学内容"有血有肉"，完善课程设置，形成结构合理、功能互补、相对稳定的教学体系。

（三）针对教学对象的特点，改革思想政治理论课的教学方法，调动思想政治理论课教学主体的积极性

独立学院大学生学习的自主性、积极性不足，集体主义观念淡薄，但又具有强烈的主体意识、平等对话的要求、扁平型的知识结构、网络文化下的"点击"式思维方式、功利性和工具性的价值取向、实用主义的态度等特点。针对独立学院大学生的这些实际情况，要提高独立学院思想政治理论课教学的实效性必须用新的教学方法和教学理念组织教学。

在教学方法上，强调"贴近学生，贴近实际，贴近生活"[4]，不拘泥于学科理论的抽象性、系统性，而是以学生的认识实际为本，以学生实际生活感受的"话题"为"经"，以形象的人物、事件、社会热点为"纬"，以话题讨论、案例分析、师生辩论、演讲点评、视频录像、课件制作等喜闻乐见、新颖活泼的形式让学生平等参与到思想政治理论课的教学中来，活跃教学气氛，启发学生思考，使学生实现学习方式方法的转变，从被动接受走向主动思考、自主钻研和探究，增强教学效果。除了改革教学方法，在教学理念上也要有所转变。过去我们往往是站在教育者的立场上观察教育对象，研究怎样实施教学，很少站在受教育者的立场上研究怎样接受教育。要提高思想政治理论课教学的实效性，应该树立以学生为主体的教育思想和教学理念。以学生为主体的教育，就是在思想政治理论课的教育教学中，按照教学大纲的要求，通过启发、参与、引导学生，调动学生学习的自觉性、主动性、创造性，提高主体意识和主体活动能力，使之不仅了解什么是马克思主义的基本立场、观点和方法，还要自觉地、主动地、积极地塑造自己，规范自身的行为，不断提高自身的思想政治素质和道德素质。

通过改革教学方法和转变教学理念，强化了独立学院大学生的主体意识，满足了其平等对话要求，拓展了其扁平的知识结构，激活了其"点击－反应"的思维方式，调动了其学习的主动性和积极性。在这些教与学的互动活动中，塑造了其团队意识和集体精神，自然也就增强了思想政治理论课教学的实效。

（四）针对办学主体的内在矛盾，加强思想政治理论课教学中党的核心领导地位

独立学院的党委虽然在行政上没有决策权，但在学校办学方向和思想政治理论课教学中应该起到政治核心和领导作用，面对独立学院经济效益和社会效益、经济规律和教育规律的矛盾，学校党委应该高度重视、加强指导，保证独立学院办学的社会主义方向。因此，党委要把加强和改进独立学院思想政治理论课教育教学作为一项重要工作摆上议事日程，要切实负起政治责任，加强对思想政治理论课的领导，及时向思想政治理论课教师传达党和国家的有关文件和政策，监督和督促独立学院董事会落实思想政治理论课的人员编制、经费投入和教学科研条件，为思想政治理论课教师创造良好的工作环境，从而调动思想政治理论课教师的积极性，增强思想政治理论课教学科研实力，落实思想政治理论课小班教学，提高思想政治理论课教学的实际效果。

（五）针对独立学院教师队伍的结构特点，要加强教师队伍建设，发挥思想政治理论课教师的主导作用

一支结构合理、立场坚定、修养高尚、知识高深的高素质思想政治理论课教师队伍，是发挥思想政治理论课教师主导作用，提高思想政治理论课教学针对性和实效性的根本条件。针对独立学院教师队伍结构的特点，要从以下几个方面加强教师队伍建设。

（1）独立学院思想政治理论课教师队伍建设要按照专兼结合的原则，不断优化和充实。积极拓宽教师来源渠道，吸纳专业相关的辅导员兼任思想政治理论课教学工作；吸引和鼓励相关专业课的教师承担一定的思想政治理论课教学任务，促进辅导员与思想政治理论课教师、专业课教师与思想政治理论课教师之间的交流。积极挖掘本部退休教师的资源，让他们在思想政治理论课教学中成为年轻教师的导师，发挥其应有作用。创造条件、灵活多样地吸引本部在职的专任思想政治理论课中青年教师到独立学院兼任思想政治理论课的教学，聘请相关社科专家、领导开设讲座和形势政策报告，以充实和优化独立学院思想政治理论课的教师队伍，进一步发挥思想政治理论课教师在教学中的主导作用，提高独立学院思想政治理论课教学的实效性。

（2）加强独立学院思想政治理论课教师的师德师风建设。俗话说"学为人

师，行为世范"，思想政治理论课教师作为意识形态和道德的传播者，自身的表率作用非常重要，思想政治理论课教师对学生只有动之以情、晓之以理，以身教之、用心育之，以高尚的思想政治素养和道德风范影响学生，以榜样的力量感化学生，才能在思想政治理论课的教学中与学生打成一片，让学生信服，起到主导作用，发挥课程的实效性[5]。

（3）建立和完善独立学院思想政治理论课教师队伍培训体系，加强独立学院思想政治理论课教师队伍建设。独立学院思想政治理论课教师以年轻教师居多，是思想政治理论课教学的生力军。年轻教师在教学中需要不断成长，在学历、学术水平上需要不断提升，重点加强对他们的培训和培养是独立学院思想政治理论课教师队伍建设的根本。具体就是为青年教师提供脱产进修、攻读学位、名师指导、社会考察、国内外学术交流等机会，使他们尽快成长、成熟起来，成为能够担负起独立学院思想政治理论课教学任务的中坚力量。因为年轻教师具有年富力强、思维敏捷、学习力强、掌握传播新知识新技术快、与独立学院大学生有共同语言、易于沟通等特点，让他们在思想政治理论课的教学中逐步占据主导地位，才能长远提高思想政治理论课的实效性。

实践永无止境、创新永无止境，思想政治理论课教学的针对性和实效性是一项复杂而系统的工程，对不同层次、不同特点的高校和学生进行思想政治理论课教学，其实际效果也会有所差别，提高和加强独立学院思想政治理论课教学实效性，首先要在针对性上做文章，必须针对独立学院自身的特点，结合思想政治理论课教学的实际，面对社会热点、难点问题，积极实践，勇于创新，努力探索一条适合加强和提高独立学院思想政治理论课教学的针对性和实效性的有效途径，使独立学院思想政治理论课的教学质量和水平"让党放心，让学生满意"。

参 考 文 献

[1] 中共中央宣传部，国务院教育部. 关于进一步加强和改进高等学校思想政治理论课的意见 [Z]. 教社政 [2005] 5 号.

[2] 刘小新. 大力提高思想政治理论课教学的实效性 [J]. 北京联合大学学报（人文社科版），2008（1）：93-97.

[3] 柯艳霞. 提高独立学院思想政治理论课实效性的途径 [J]. 职业时空，2009（5）：182.

[4] 韩波. 独立学院思想政治理论课实效性初探 [J]. 学理论, 2009 (13): 93-96.
[5] 赵秀娟. 论提高独立学院政治理论课教学的实效性 [J]. 中国科教创新导刊, 2008 (30): 9-10.

注: 本文发表于《湖北函授大学学报》2012年第12期。

高校德育课教学改革的实践路径探讨

高红宦

【摘要】 道德是生命的需要,生命是道德的载体。"道德都是人的需要的产物,实质上是一种人际关系的调节机制和协调方式,也是一种人的自我完善和自我发展的方式,它是人类为了满足个体与群体生存和繁衍的需要,协调相互关系、求得共同发展的需要,以及自我肯定、自我完善和自我发展的需要,而确定的一种平衡机制和实现方式。"道德教育的效果备受社会的关注,当前的德育工作者承担着巨大的社会责任,同时也承受着沉重的使命压力。反思传统道德教育方式、方法,推进道德教育改革,提高道德教育效果成为德育工作者必须面对的重要课题。本文将从改革教育理念、重塑德育先行观念,明确德育目的、变知识传授为灵魂塑造,改善德育方法、变被动接受为主动需求,优化考试内容、关注道德实践等几个方面探讨高校德育课教学改革的实践路径。

【关键词】 德育教育,教学改革,实践路径

道德是生命的需要,生命是道德的载体。"道德都是人的需要的产物,实质上是一种人际关系的调节机制和协调方式,也是一种人的自我完善和自我发展的方式,它是人类为了满足个体与群体生存和繁衍的需要,协调相互关系、求得共同发展的需要,以及自我肯定、自我完善和自我发展的需要,而确定的一种平衡机制和实现方式。"从社会的角度看,只有充满着朝气蓬勃、奋发向上而又互敬互爱的生命个体的社会才可能是真正和谐的社会。

道德教育的效果备受社会的关注,当前的德育工作者承担着巨大的社会责任,同时也承受着沉重的使命压力。反思传统道德教育方式方法,推进道德教育改革,提高道德教育效果成为德育工作者必须面对的重要课题。

习近平总书记在党的二十大报告中创造性地提出"加快建设高质量教育体系"。高质量教育体系是教育强国的重要特征,具体表现为:一是适应性,更好

满足高质量经济社会发展需求;二是充分性,发展程度不断提升,学有所教;三是全面性,各级各类教育协调发展、区域和城乡教育协调发展;四是丰富性,德智体美劳全面发展;五是多样性,为所有学习者提供适合的教育;六是现代性,遵循人的成长规律和教育规律,因材施教;七是开放性,跨界融合,有机融入社会,与他国互学互鉴、合作共赢。我们不难看出教育质量的高低,首先体现在立德树人上。教育既是造就高素质劳动者、提高我国社会生产力的根本大计,又是关乎意识形态的上层建筑,是培育和践行社会主义核心价值观的主阵地。这极大提升了思想政治教育工作者的使命感和责任感。在百年未有之大变局下,国与国关系日益复杂,外来思想潮流的入侵,对道德思想产生了前所未有的冲击,也使道德教育的难度不断加大,需积极做好德育教育创新和改革。

一、改革教育理念,重塑德育先行观念

教育始终是国家立足之本,培养思想先进、正确,道德素养水平较高的人才,是学校的核心任务和职责,随着现代社会的发展,学校教育理念和方法也发生了相应的变化。在很长的一段时间里,为科学技术的发展提供服务成为教育的中心问题,升学率被提升到了前所未有的重要位置,成为现代教育当之无愧的指挥棒。因此功利主义在教育界驰骋扬威,且经久不衰。重物质轻人力、重能力轻道德、重自然轻人文等一系列现象在教育界中成为理所当然。学生人格和精神被严重忽视,被动地被各种各样的理论、知识所填充。所谓的追求教育的最大效率恰恰把今天的教育推入了功利主义的泥潭不能自拔。道德教育顺理成章地被挤到了边缘状态。此时道德教育的处境显然是极其尴尬的:一方面各级学校通过各种途径和场合表达对道德教育的重视;另一方面道德教育在现实社会中遭受实际的歧视。这样的教育理念支配下的教育实践培养出来的学生容易把在竞赛中脱颖而出成为优胜者作为自己的目标,也容易走上精致利己主义的道路。从长远看势必影响社会高质量发展。万俊人先生从伦理学的角度对道德冷漠现象做过十分精辟的分析:"道德冷漠"(moralindifference,即 athyinomral)是一个道德心理学概念,它是指一种人际道德关系上的隔膜和孤独化,以及由此引起的道德行为方式的相互冷淡、互不关心,乃至相互排斥和否定,如同存在主义哲学家萨特所描述的"他人即是地狱"。唐俐曾经在发表的文章中明确指出,道德冷漠是不良现象,是消除人们对道德的体验感和感知力,进一步遏制和弱化人们持续性思考和

行为的勇气，是一种脱离原有正常轨道关系的心理状况。道德冷漠并非单一是指情感冷漠，主要是指个体自身道德情感的缺乏，导致其道德判定存在不思考或行为方面较为麻木。道德冷漠是影响社会进步和发展的主要因素，促使陷入困境绝望状态求助的群体，被多个群体进行排外，部分群体在社会中充当"看客"，并未拥有较强的道德责任感和同情心，向他们伸出自己的援助之手。深陷困境的群体似乎是另外世界的异类，其遭遇的不幸难以调动和激发道德冷漠者的同情心和社会责任感。

从本质层面分析，为积极纠正和扭转此类不良现象，需积极从教育方面着手，不断更新和创新教学理念，从初期源头做好强化，对道德冷漠保持零容忍，回归人才教育德育先行的正确轨道。教育者必须将爱融入教育过程中，用爱和关注感染学生，要让我们的学生理解什么才是真正的成功，一个人的成功绝不是用金钱和社会地位衡量，而是看你能否幸福和谐地生活；是当我们看到不幸的时候会流泪，看到弱者的时候有悲悯；是我们接受帮助的时候会感动，有需要的时候肯付出。

二、明确德育目的，变知识传授为灵魂塑造

从目前德育教育实践现状来看，我国德育教育实际过程中仍是以知识传授为核心。德育教育的实施和开展，主要是结合当下实际状况，向学生持续性渗透和融入广泛化和客体化的道德知识，教育者需耗损较长的时间和精力，不断汇总和分析道德知识内在的逻辑关联性，将各类较为抽象、复杂的知识内涵和精神进行汲取和分析，这些内容被认为是实施生活行为的基本准则。诚然，此类知识丢失和弱化是道德教育最关键、最重要的东西，主要由于其无视人的自身情感和态度，将最具生命力的灵魂和思想进行放逐，以凸显其自身的科学性、严肃性。通过此类教育知识化，德育成为综合性、系统性的学问，处于此类道德知识中，学生无法从身边细微的事物和人中发现各类德育元素，仅是单一化、枯燥的实施教条，长此以往无法激发其学习的自信心，导致学生忽视德育教育。

由此表明，道德教育最为关键的目标并非是促使学生掌握和拥有丰富的道德知识，而是促使学生以科学、合理的方法和策略，获取多元化的理念和观念，将其视为后续自身行为实施的驱动力。道德教育需要超越知性德育，从知、情、意、行全面把握，找回道德教育本身的魅力。

二十大报告中习近平总书记提出"构建高质量教育体系",学校教育将成为终身教育的一部分,强调在教育教学观念、内容、方法和目标上要不断改革创新。教育应从以传授知识为主转向以培养学生素质为主,着重提高学生的人文素质、与人交往与合作的精神和社会责任感,这便给高校德育工作指明了改革的目标和方向。

三、改善德育方法,变被动接受为主动需求

德育教育方法是否正确、合理,直接决定后续整个德育教育实际成效,道德教育理念和方法单一化、滞后,导致德育教育起不到应有的效果。最终学生获取的道德知识缺乏系统性和综合性,无法促进学生高效化发展。教师为学生实施德育教育,学生主要处于被动状态,自身思想并未高度重视,无法实现主动化汲取和吸收,无法真正达到思想认同,也无法从行为方面进行实践,难以真正提升道德水平。形式化、单一化的德育教育方法,内容与学生自身经验脱轨、与社会脱轨,无法被学生感知和领悟,不同程度地影响于学生自身智慧的形成和道德发展。

最为理想的道德教育方法需在不断实践中进行探究,通过实践汇总相应的经验和方法,以替代原有传统化的灌输方法。道德教育跟其他教育相比更应该是解惑的过程,教师首先应该了解学生在思想道德发展过程中普遍存在的问题是什么,学生们对热点社会现象的评价和看法是什么,在这样一个了解和把握的基础上才能够因材施教达到道德教育的效果。基于这样一种思路,教师在课堂上不妨多创造机会倾听学生的心声,多与学生探讨交流,允许学生质疑和批评,使道德教育达到春风化雨、润物无声的境界。

此外,道德教育应从道德对个体的意义出发,不能单纯强调道德的利他性和社会公益性,单纯强调道德的利他性和社会公益性会形成以社会为本位的道德和以秩序为目的的道德教育。这种道德教育过度强调社会规范和社会秩序对道德的需要,强调个人对社会道德规范的遵从,而忽视了个人对道德需要的必然,无疑这使得原本是个人主动、自然地需要的道德成为个体服从社会的被动需求。安·兰德曾明确指出:道德最为关键的目标是解释与人类自身价值和利益相关联的利益;人更强调和注重自身利益,是道德生存的核心精髓;人需受益于自身道德行为。只有让学生充分认识到道德不仅在促进社会发展方面有积极的价值,而

且对于丰富和提升个体生活同样意义重大，他们才能够真正变被动接受为主动需求。

四、优化考试内容，关注道德实践

"考核是教学的指挥棒。"每门课程的考核内容及考核方式，决定着课程的授课内容及授课方式。因此，在各门课程的教学改革过程中，考核内容、方式改革都是无法回避的。经过长期教学改革的探索及实践，现行道德教育的考核逐步向合理性、科学性发展。从过去道德教育考核单纯的客观题、闭卷考试向主、客观题相结合，闭卷考试和开卷考试相结合发展。

然而，现行的德育考核方式也存在一定的弊端，是使德育课功利化的重要诱因。对教学效果起到评判作用的课程考核，到底应该考什么？是当前课程考核必须首先要搞清楚的至关重要的问题。要回答这个问题首先要搞清楚：什么样的人才是有道德的？社会对人的道德判断的标准是什么？很显然，绝不是对道德理念出口成章的背诵，也不是深刻有力的道德观点的书面论证，而是道德实践。

目前，德育课堂教学中考核内容片面侧重理论知识的掌握，考核方式单一，在这种考核模式的诱导下，道德教育容易掉进功利化的泥潭。道德教育成为教师说教课，一言堂，满堂灌，照本宣科，侧重于知识的传授和死记硬背。在这种考试模式下，把学生训练成了考试机器，忽视学生主体地位的发挥，扼杀了学生对道德行为实践的热情。

高校思想政治理论课金课建设的现实困境与实现路径

王庆华

【摘要】 高校思想政治理论课金课建设至关重要,是落实立德树人根本任务的必然选择,是推进大中小学思政课一体化建设的闭环结点,是深化思政课程和课程思政的中枢环节,是直面现实助力学生走向社会的稳推器。高校思想政治理论课普遍存在低层次、同质化、单向度、套路化、实用性、功利化、窄视野、学科化等突出问题,迫切需要解决。以"中国近现代史纲要"课为例,从高阶性、创新性、挑战度来具体建设思想政治理论课金课。

【关键词】 思想政治理论课,金课,现实困境,实现路径

一、高校思想政治理论课金课建设的必要性

(一)从教育目标来看,是落实立德树人根本任务的必然选择

高校思想政治理论课金课建设是新时代坚持马克思主义指导地位,贯彻习近平新时代中国特色社会主义思想,贯彻党的教育方针,坚持社会主义办学方向,落实立德树人根本任务的重要使命。党的十八大以来,习近平总书记对教育事业培养社会主义建设者和接班人工作高度重视,强调"高校立身之本在于立德树人"。我国是中国共产党领导下的社会主义国家,培养德智体美劳全面发展的社会主义接班人是教育的应有之意。树立共产主义的最高理想和中国特色社会主义的共同理想是社会主义接班人的基本素质要求,也是核心之德。习近平总书记强调:"我们的教育绝不能培养社会主义破坏者和掘墓人,绝不能培养出一些'长着中国脸,不是中国心,没有中国情,缺少中国味'的人!"高校思政金课是我国教育区别于其他国家和其他专业课程,彰显我国社会主义的制度属性,体现社

会主义价值理念的旗帜课程，是教育铸魂、落实立德树人根本任务的必然选择。

（二）从纵向维度来看，是推进大中小学思政课一体化建设的闭环结点

大中小学思政课一体化建设是新时代学校思政课建设的一次重大理念创新和实践探索，从纵向维度上将思政教育融会贯通，把思政课真正打造出学校全过程育人体系。2019年，习近平在学校思想政治理论课教师座谈会上的讲话中指出："要把统筹推进大中小学思政课一体化建设作为一项重要工程，坚持问题导向和目标导向相结合，坚持守正和创新相统一，推动思政课建设内涵式发展。"高校思想政治理论课金课是推进大中小学思政课一体化建设的闭环节点，直接影响着学校思政教育的最终效果。相对于小学和中学，大学生更具独立性和批判性，更易受网络等多重信息源的影响。从纵向维度上来看，思政课全程育人是在大中小学循序渐进、螺旋上升地开设思想政治理论课，而高校思想政治理论课是扎口环节。高校思想政治理论课金课能从理论深度和视野广度上为思政课一体化建设画个圆满的句号，否则会令前面中小学的思政建设成果毁于一环。

（三）从横向维度来看，是深化思政课程和课程思政的中枢环节

除了思政课在立德树人中的作用，习近平总书记还强调要"挖掘其他课程和教学方式中蕴含的思想政治教育资源，实现全员全程全方位育人"。课程思政使思想政治教育实现由思政课"单课程"向"全课程"的转变，打通了专业教育、通识教育、实践教育等在立德树人上的壁垒，是从横向维度上构建全员全过程思政教育的重要举措，是新时代学校思政课建设的又一个重大理念创新和实践探索。在以专业为基础的高校建设背景下，各专业课程地位更突出、受重视程度更高，但往往聚焦于专业领域，忽视思想政治教育，甚至与思想政治教育精神相悖，削减了思政课的育人效果。课程思政将专业课程中的思想政治因素提炼，实现其从单纯工具性到价值性的转变，服务于立德树人的根本教育任务。思政课程和课程思政相互分工，各有侧重，协同育人。在全员全程立德树人的过程中，思政课程属于显性教育，而课程思政属于隐性教育，高校思想政治理论课金课是其中的关键环节，是链接两者的中枢环节。思政金课能有效消除思政课程和课程思政的"隔阂"，打通课程壁垒，双向共进、协同发力。

（四）从现实功能来看，是直面现实助力学生走向社会的稳推器

高校是学生进行学校系统教育的终点，是连接学校和社会的分界，大学生在

高校开始半社会化的过程，现实和理论往往出现错位感，对此需要学生有正确认知。高校思想政治理论课金课就是要直面社会问题，做好从理论到现实的实践准备，同时做好从实践到理论的总结回归，在马克思主义基本原理与中国实际的综合分析中释疑解惑。高校学生处于人生观、世界观、价值观最终形成的凝结期，各种国际和国内形势突发的现实环境、纷繁复杂的社会现象、真伪难辨的巨量信息，很容易给他们"当头棒喝"，引发他们对之前所学知识和价值观的怀疑，使前面的教育功亏一篑。高校思想政治理论课金课建设，就是要主动直面社会问题，勇于亮剑，聚焦学生疑惑的核心问题，有理有据地"精准击破"。高校思想政治理论课金课以强大思想理论体系为支撑，将有助于青年学生不断深入认识和把握共产党执政规律、社会主义建设规律、人类社会发展规律，有助于学生更好地获得信心、坚定信仰。从现实功能上，变成学生直面现实、稳步走向社会的稳推器。

二、高校思想政治理论课金课建设的现实困境

（一）低层次、同质化造成的内容上的水

大中小学思政课内容上的重复性造成高校思政课容易变成水课。在没有规划和实现思政课一体化之前，大、中、小学思政课存在各自为政、互不了解的局面，出现教学目标相互割裂、教学内容重叠严重、整体设计与阶段性特征没有统筹等诸多问题。以"中国近现代史纲要"（以下简称"纲要"）课为例，通过对大中小学思政课相关课程教材的统计，我们发现，从鸦片战争到中国共产党成立，从抗日战争到新中国成立，从改革开放到中国特色社会主义进入新时代，中国近现代史的基本脉络和核心结点都有体现。特别是党中央号召党史学习教育活动以来，大中小学均发力党史学习教育，存在不同程度的内容反复和重叠。如果高校思政课没有对国情、社情、学情的精准把握，没有相应的调整变革，一味守旧地故步自封，很容易造成低层次、重复性、同质化的内容上的水，教学效果大打折扣。

（二）单向度、套路化造成形式上的水

基于大、中、小学思政课内容上重叠的前提，单向度、套路化的传统教学模式会进一步导致高校思政课教学形式上的水，教学方式陈旧生硬，教学效果不

佳。比如教师唱独角戏，师生互动性不强，学生没有参与感和主动性；教学方式单一化，教师PPT读满整堂课，学生易疲劳；教师单向输出，学生没有机会表达意见或意见被打压；教学要求宽松，学生乐得清闲，没有作业或作业很水，没有监督检查等。教学方式上的墨守成规，没有高标准新形式，再好的理论和内容都打折扣。以"纲要"课为例，中小学在近现代史和党史方面的教学形式更为多样化、丰富化，贴近学生实际。高校思政课如果没有教学形式的改善和提升，会造成学生的落差感，进而对课程产生鄙夷和不屑，丧失学习兴趣。

（三）实用性、功利化造成行为上的水

对待高校思政课，老师和学生都存在不同程度的实用性、功利化行为倾向。对高校思政课教师而言，课堂教学不是其工作的聚焦核心点。绩效考核以科研导向为主，导致学校、社会、教师等对课堂教学重视度不够。随着教育改革深入，教育评价向教学倾斜，也多局限于教学比赛获奖、获得证书等可量化、可具化的指标，与现实课堂教学有失真感。学生评教的压力，又使教师容易向"现实"低头，向学生、课堂、考试放水，存在实用性和功利化现象。对高校学生而言，专业课、实践经历对毕业后求职效用最高，思政课的被重视程度明显低于专业课，甚至低于第二课堂。教学考核单向度，考前突击复习即过的模式，很容易造成学生"平时不听、课下不看、考试突击"的功利性学习。师生双向功利化，必然导致课程质量大打折扣。

（四）窄视野、学科化造成外延上的水

高校思政课必须具有宏观视野，观照到时代、社会、其他学科，这样才鲜活、生动、有生命力，否则容易干枯局限、学科化。习近平总书记指出："思政课不仅应该在课堂上讲，也应该在社会生活中来讲。""'大思政课'我们要善用之，一定要跟现实结合起来。上思政课不能拿着文件宣读，没有生命、干巴巴的。"高校思政课视野窄、学科化表现在两个方面：一是局限于教材和理论，没有与鲜活的社会现实相结合，特别是不能联系最紧密的当下，没有将学生所感知的社会搬到课堂，从而造成课堂教学与社会的疏离。二是局限于学科范围，没有与其他专业课程相结合，对症下药。在强调课程思政和思政课程共促共进的背景下，往往是课程思政视野率先打开，而作为思政教育中枢的思政课程还没有找到与专业课相融的最佳途径。

三、高校思想政治理论课金课建设实现路径

（一）高阶性

教育部高等教育司司长吴岩提出金课建设的标准是"两性一度"，对高校思政课金课同样适用。所谓"高阶性"，就是知识、能力、素质的有机融合，是要培养学生解决复杂问题的综合能力和高级思维。在"纲要"金课中，我们主要突出培养学生的思辨能力、历史逻辑能力和合作实践能力。思辨能力，是指对历史事件的评断要有思考辨析能力，从具体的历史辩证的逻辑和角度出发，不能简单地人云亦云，或者毫无依据地标新立异。联合国教科文组织在《21 世纪的高等教育：观念与行动》的报告中就已经明确提出："高校必须培养学生能够批判性思考和分析社会问题，寻求问题解决方案。"[1]"纲要"课金课要增强和突出思辨能力，可以落实的途径主要有两个：一个是与知识拓展能力相结合，在介绍历史观点尤其是最新研究成果的时候，将学界不同甚至针锋相对的观点同时介绍，锻炼学生的分析能力。再一个就是在学生互动环节中进行充分实施，将这种针锋相对的观点丢给学生进行辩论，组成正方和反方两队学生，各持观点、彼此阐述、互相挑错，最大限度地发挥学生的思辨能力。逻辑能力，是指学生对历史脉络的系统逻辑把握能力，知道历史事件发生、变化、结束的内在逻辑体系，知其然也要知其所以然。其中包含两个层面，一个是具体历史事件的来龙去脉、内在逻辑发展，一个是相对整个历史进程的通盘把握能力。实践能力，是指将实践放在整体历史知识结构的框架中来认识，通过实践培养能力，使实践能力成为人的品质之一。实践能力包含：收集处理信息的能力、获取新知识的能力；观察事物、发现问题，汇总现象、提出问题，体验实践、分析问题；思维参与、解决问题；发展提高、交流成果。团队能力，是指学习和实践过程中的相互配合、协调沟通、角色适应认同等一系列能力。"纲要"金课教学中，我们将实践能力和团队能力统一于实践作业中。根据课程特点，盘活优质地方历史禀赋资源，以学生自由组合组队实践、参观学习、理解吸收、课堂展示等方式将地方历史遗迹等相关教学资源融入教学中，并在查阅相关历史资料的基础上，制作 PPT 进行课堂展示，提升课堂学习的厚度和深度。

（二）创新性

所谓"创新性"，是指课程内容要反映前沿性和时代性，教学形式呈现先进性和互动性，学习结果具有探究性和个性化。在"纲要"金课中，我们主要突出培养学生的知识拓展能力以及主体作用的发挥。知识拓展能力，是指"纲要"课教学不仅仅局限于教材本身的知识点，而是围绕核心知识点进行相关知识体系的有机架构。"纲要"课知识拓展主要通过两方面展开，一个是知识点的历史相关性拓展，一个是知识点的最新前沿研究性拓展。用最新科研动态进行扼要插入，抵消学生"我知道"的刻板印象，使其享有具体的"获得感"。比如以"西安事变"为例，教材为了编写需要及通盘考虑，对这一历史事件的描述是概括式的，跟中学教材叙述没有太大差异，很容易导致学生知识点的疲倦感，无法激发其兴趣点。这时候需要老师将西安事变的整个大背景，包括国民党、共产党、日本侵华等多方力量的博弈，事件中国民党方面采取的应对，事件的后续影响等进行系统深入而不冗余的介绍，而且将近10年有关西安事变的最新科研动态进行扼要插入，抵消学生"我知道"的刻板印象，使其享有具体的"获得感"。学生主体作用的发挥是现代高等教育改革的主方向之一，在"纲要"金课中不是独立个体的单向度主体作用发挥，而是置身于群体动力中。根据库尔特·卢因的"群体动力理论"，一个人的行为是个体内在需要和环境外力相互作用的结果。个人的一切行为取决于自身以及其所处环境条件的变化。对个体所在群体加以激励，可以形成良好的氛围和示范效应，提高个体参与教学的驱动力。"纲要"金课通过从不同的角度鼓励学生融入课堂中，让学生变成学习共同体，相互激励，并由外部激励内化为自身动力，形成自主学习、共同学习的良性循环。众多受教育者坐在一起，性格各异、兴趣不同，单一的某种教学方式很容易众口难调。

（三）挑战度

所谓"挑战度"，是指课程有一定难度，需要跳一跳才能够得着，对于老师备课和学生学习有较高要求，也就是金课相对于水课而言，一定要有一定的强度和震撼度。大学教学的强度是指学生在学习中所体验到的震撼程度，包括习量震撼、互动震撼和精神震撼，它反映出学生学习体验的力度[2]。思想政治理论课金课的强度和震撼度，要让学生感受到课程的紧张和压迫感，不是划划水就能躺赢拿到学分而已；要让学生体会到知识殿堂里无垠的宽阔和拾级而上的探究欲，不是想当然的"一眼就会、一看便知";要让学生领略到思想政治教育所展现的幽深、浩瀚的精神世界,以及震撼人心的精神鼓舞力、驱动力和赋予的使命感,不是思政水课给学生的寡淡、骨感和平铺直叙。"纲要"金课通过问题链教学法来提高挑战度,即通过提出问题并引领成链推动课程内容体系和逻辑演进。问题链教学法在设置问题体系时,围绕授课内容将各个问题串联成一个逻辑链条,形成相互联系、层层深化的"问题簇",问题与问题间、问题与答案间、问题内部各要素间有着清晰的内在逻辑关系[3]。学生而不是教师在问题链解答中处于主体地位,这就需要海量的课下阅读和思考,需要同学间的合作与沟通,需要师生之间的回馈与共进。"纲要"金课还通过"开脑洞"的方式提高课程挑战度,通过设置特定历史情境,让学生参与实践。比如模拟东京审判,情景设置的厚重、庄严使学生不敢怠慢、轻率和随意。海量资料的查找,具体的人物定位又需要学生情感的酝酿、培养和表达。现场的对峙与博弈,又体现学生的语言表达和应变能力。未知性、探索欲、征服感,这是思想政治理论课金课在提高挑战度上所要提供的学习氛围,是降低水分、提高含金量的关键所在。

参 考 文 献

[1] United Nations Educational, Scientific and Cultural Organization. Higher education in the twenty-first century: vision and action [EB/OL]. (2017-10-27) [2021-12-18]. http://www.unesco.org/education/educprog/wche/declaration_eng.htm.

[2] 李芒,李子运,刘洁滢."七度"教学观:大学金课的关键特征 [J]. 中国电化教育,2019 (11):4.

[3] 何秀超. 问题链教学法让思政课活起来 [N]. 人民日报,2019-05-24.

注:本文发表于《中国高校人文社会科学信息网》2022-06-08。

持续深化高校思想政治理论课教学改革面临的问题及对策研究

——以北京理工大学珠海学院思政课改革探索为例

向 纯

【摘要】 思想政治理论课改革从"奠基期"走向"嬗变期",成效显著的同时,也凸显出一些问题,如课堂教学重"表现"轻"思维",重"展示"轻"反馈",重"政治性"轻"学理性",新技术课堂融入度低,教学资源相对匮乏等。为持续深化改革,确保思政课改革行稳致远,我们需要直面以上问题,寻找解决路径,如深耕教学内容、拓展教学方式、改革考核方式、建设示范金课以"建"促"教"、鼓励学科研究以"研"促"教"、加强思政教师队伍建设等。

【关键字】 思政理论课,教学改革,问题,对策

习近平总书记在党的二十大报告中指出,"育人的根本在立德",办好人民满意的教育,要全面贯彻党的教育方针,"落实立德树人根本任务",培养德智体美劳全面发展的社会主义建设者和接班人。

思政课是高校思想政治教育工作的主渠道,也是落实"立德树人"根本任务的关键课程,一直以来受到党中央的高度重视。在全国高校思想政治工作会议、全国教育大会、全国思政课教师座谈会等重要会议上,习近平总书记多次强调了思政课的重要价值和地位,并就如何建设好思政课,提出了思政教师"六要"基本要求及思政教育"八个相统一"重要原则,教育部等部门也出台了关于加强思想政治理论建设的重要文件,明确指出在新形势下,办好思政课,要扎实推进"思路创优、师资创优、教材创优、教法创优、机制创优、环境创优"。这些改革要求和思路是一种顶层设计,也是一种宏大叙事的"大思路",为推进新时代思政课建设指明了方向,提供了指引,促进了思政课教育改革的层层推进。

习总书记的重要讲话及党中央的相关文件为思政课改革提供了方向，但是具体到思政课的教学，改革改什么？如何改？需要每位老师根据学校和学生的具体情况以及所拥有的教育教学资源进行具体设计展开，没有定式可循，因而也面临诸多问题和困境。

一、北京理工大学珠海学院思政课教学改革成果丰硕

北京理工大学珠海学院马克思主义学院思政理论课改革先行了一步，早在2015年，在坚持立德树人根本任务基础上，学院教师不断守正创新，逐步探索出一条以"八素养"培养目标为核心、"五要件"教学方法为路径的思政课改革创新之路，取得了丰硕成果，如建成了4门"一流课程"及"金课"，教师团队获得省市级教学比赛一、二、三等奖10余人次，教师获得北京理工大学珠海学院"最受学生欢迎教师""优秀教师"等各种荣誉称号10余人次等。《麦可思北京理工大学珠海学院2019届毕业生培养质量评价报告》显示，我校思政课改革的效果也获得了学生广泛认可，毕业生对思政课满意度逐年提升，从2016届的81%稳步提升到了2019届的92%。

虽然我校思政课改革成效显著，在珠海市甚至全国同类院校中走在前列，并形成了良好的社会示范效应，但随着改革的不断推进，新的问题也逐渐呈现，可以说，我校思政课教学改革已经走过"奠基期"，开始走进"嬗变期"，需要直面新的问题，继续深化改革，创生深度课堂教学。

二、思政课教学改革存在的问题

（一）重"表现"轻"思维"

在"八素养"培养目标中，逻辑思维能力作为学生学习能力的核心素养之一，是我校思政课改革对学生重点培育的一种素养。在改革"奠基期"，我校思政课广泛推行学习小组模式，通过小组任务的布置和小组展示，学生的团队合作能力、表达能力都得到了发展，有效激活了学生参与课堂的热情。但随着改革走进深水区，我们在热闹的课堂背后，仍能发现一些隐忧，如课堂问答、小组发言，基本都是同样的小部分人在参与，其他的同学则扮演着旁观者的角色；一些

课堂过于关注表面的热闹和繁荣,实则学生表现出来的思维的独立性、深度都不够,课堂看起来形式多样,学生的获得感却不高。

思维虽然需要外化为表现,但是表现是源于思维的。教学改革不能停留在表现形式的多样化,更要关注学生思维能力的提升,将多样化的表现形式与独立思维能力的训练结合,推动教学改革走向深度课堂。

(二)重"展示"轻"反馈"

学生个体展示或小组展示是激活学生学习主动性的重要方式,对激发课堂活力有着重要意义。在学生展示之后,教师通常都会进行点评,但这种点评基本都是单向度的老师说,学生听,点评效果完全取决于教师如何说以及学生是否愿意听,甚至在一些老师和学生心里,展示完成,任务就算告一段落了,点评只是为这个任务提供一个结尾。

但事实上,真正的学习提升是在展示前和展示后发生的。展示前个人及小组的思考、讨论,是他们在已有水平上的碰撞,展示后的反馈则决定着他们未来的改进方向。因此,教师和学生双方都要重视反馈环节,将教师单向度的反馈变成交互式反馈。低阶思维交流是单方面的呈现、共享,高阶思维交流需要共建、创生。而交互式反馈就是将思维交流推向高阶的有效方式,在学生展示之后,通过同学、小组成员、教师及展示者的多重互动,互为反馈源,不断将对问题的思考一步步推向深入。

(三)重"政治性"轻"学理性"

思政课的政治站位毫无疑问是摆在第一位的,关系到"为谁培养人"这一根本问题。但与此同时,思政课的"学理性"同样重要,因为由政治引领和意识形态传播支撑起来的"政治性",离不开"学理性"的精准阐释和系统教育宣传,两者需要并重,避免走进只讲"是什么",不讲"为什么",经不起追问的误区。这两者之难,尤其是"学理性"之难,是所有教师都认同的。如中国人民大学刘建军教授曾总结过思政课教学难的五大缘由,在讲到"学理性"的时候,他以指导思想马克思主义理论为例指出,马克思主义理论本身博大精深,教师要系统完整、透彻地掌握,本身难度就非常大,尤其是对青年教师而言,社会阅历不够,对理论的理解也会受限,对学生而言,系统性的理论学习非常难,而更难的是,理论与现实的对接。在困难之下,一些老师选择回避"学理性",理论的东西点到为止，但这样做对课程效果是有损害的。马克思在《〈黑格尔法哲学批判〉导言》里曾指出，"理论只要能说服人，就能掌握群众；而理论只要彻底，就能说服人"。只有将思政课的学理性讲透，通过严密、深入的理论逻辑分析才能真正做到以理服人，"让学生在明白机理、学理和道理的基础上消化吸收"，并最终增强思政课的感召力。

（四）新技术课堂融入度低，教学资源相对匮乏

每一次科技的进步都会对教育产生深远的影响。当今社会，伴随着 VR、AI、全息影像等技术的发展，尤其是 5G 网络的逐步普及，思政课堂教学也面临着前所未有的挑战和机遇。相比北京科技大学马院推出的"精准扶贫 VR 课堂"、江西理工大学成立的"VR＋红色教育"教学研究基地，以及许多高校数字马院的建设和研究，我校在思政课数字化教学资源的研究、开发、应用等方面相对比较落后，应用新技术推动课堂互动智能化、教学方式多样化，将新技术融入思政课堂教学的能力相对欠缺。

此外，随着时代的变化，课程考核方式也应根据新的形势不断修正、创新，教师的专业素养和教学素养也应获得与时代同步的持续提升，而这些方面，也是目前我校思政课教学改革相对薄弱的环节。

三、持续深化思政课改革的对策与路径

思政课改革进入嬗变期，我们需要直面以上问题，持续深化改革，确保思政课改革笃定前行、行稳致远。

（一）深耕教学内容，在"深挖""做实""出新"上下功夫，不断守正创新

思政课教学改革中，首先要处理好的一对关系就是内容与形式的关系。任何事物都是内容与形式的辩证统一，而事物的演进也是内容与形式的共同推进所导致的，但是两者之中，内容是"本"，起决定性作用，形式虽能反作用于内容，但最终由内容所决定，并为内容而服务。明确了内容与形式的关系，我们就能避免走入形式改革红红火火、热热闹闹，内容陈旧重复、乏善可陈的改革误区。

思政课改革以内容为本，就必须深耕教学内容，在兼顾政治性的基础上，重

视学理性，不断增强思政课的思想深度，进而增强思政理论课的"磁性"。思政课的魅力和力量所在正是其思想性、理论性以及科学性，充分挖掘思政理论课的理论和思想魅力，才能真正吸引人、感染人、说服人。

"深挖"，是指教学要突破教材文字、学生已有水平，以历史的、现实的、国际的视野，将问题讲深讲透，给学生提供深刻的，更具思想性、价值性的内容。"做实"是指教学要避免口号化、空洞化，将教学内容与生动的历史真实和鲜活的客观现实结合起来，用科学的理论回应学生的真实关切，精准地把书本理论脉动和学生思想变动联系起来，增强学生的获得感。"出新"是指教学要避免为讲授而讲授，应围绕百年未有之大变局中的新变化、新特点和新问题，做好内容更新和创新，用先进的理论、丰富的时代事例回答学生的现实困惑、指引学生前进的方向。

（二）拓展教学方式，让学生通过"动脑、动眼、动耳、动口、动手"，使思政理论课"入脑、入心、入行"

教学，是"教"与"学"的有机融合。成功的思政理论课教学改革不能只着力"教"的单侧改革，更应关注学生的建构、吸收与应用。当代大学生成长于祖国繁荣、人民安定的新时代，他们享受着国家发展的成果，有自信平视世界；他们乐于表达、善于发问、思想活跃；他们被称为"网生代"，在碎片化阅读中长大。面对这样的大学生，思政理论课教学方式单一、不能跟随时代演进，是不可能抓住学生注意力、有好的教学效果的。因此，在教学方式改革上，思政理论课教学必须走向多样化，用学生喜闻乐见的话语方式，通过案例式、探究式、体验式等方式方法，利用现代信息技术，如多媒体、AI技术、VR技术、全息投影技术等，实现思政课教学与新媒体、新平台、新技术、新手段深度融合，实现教学内容的精准供给、教学过程的精准把控、教学效果的精准反馈。在这样的课堂中，学生会愿意发现和思考问题，想听到老师的深度讲解，能看到丰富的视频，能获得沉浸式体验、能畅所欲言地表达辩论。在课堂中"活"起来的学生，能通过"动脑、动眼、动耳、动口、动手"，使思政理论课真实"入脑、入心、入行"。

（三）改革考核方式，激发学生高质量参与思政理论课的学习动能

考核被誉为是教学改革的"牛鼻子"，它不仅对教学效果有检验功能，也对

教学有导向功能。思政课的考核方式改革，就是要充分发挥考核的反馈、评价、激励等功能，激发学生高质量参与思政理论课的学习动能。

（1）评价主体多元化。改变传统的由任课教师给出考核成绩，将自我评价、团队评价、学生间互评、任课教师评价及课程组教师团队评价结合起来，避免学生功利地靠近任课教师，而是将注意力放在学习本身。评价主体的多元化也能很好地避免评价主体单一、主观性强等问题。

（2）过程性评价与结果性评价相结合。将期末考试成绩与学生课堂表现、团队表现、期末成果展示、教师评分、组间互评等相结合，对学生学习过程进行适度的介入和指导，促进学生个体之间、个体与小组、小组与小组、小组与班级的多边互动，从而最大限度调动学生学习过程中的积极性，激发学生高质量地参与思政理论课的学习动能。

（四）建设思政理论示范金课，以"建"促"教"

"金课"是相对于"水课"而言的，其标准是"两性一度"，即"高阶性、创新性、挑战度"。建设思政理论"金课"，需要将知识、能力、素质有机融合，培养学生解决复杂问题的综合能力和高级思维；课程内容要具有前沿性和时代性，教学形式具有先进性，教学过程中师生具有互动性，学习结果具有探究性和个性化；课程要具有一定的难度和强度，需要经过探索和思考才能够完成，而不是轻而易举就完成的。金课的打造，需要教师发挥主动性、创造性及团队精神，大到教学内容创新、教学方式和考核方式转变，小到语言精准表达、课件精良制作等，都要进行精心打磨，以期用"精湛的工艺""新颖的配方""时尚的包装"激发学生兴趣，变"要我学"为"我要学"，使思政理论课成为真正能触动学生内心、学生真心喜爱、终身受益、毕生难忘的"金课"。"金课"打造的过程，也必然是教师能力水平提升的过程，通过团队研讨、观摩、实践，在精准用力备好课、凝心聚力上好课、持续用力评好课的过程中，促使教师教学发生质的飞跃。

（五）鼓励思政理论学科研究，以"研"促"教"

思政理论学科研究与课程建设是互相支撑的，思政理论课教育教学促进思政理论学科建设，思政理论学科建设为思政理论课教育教学提供学理支撑。但现在思政理论学科研究重点更多地聚焦在大项目申请、重要奖项评比、重要期刊论文发表等方面。要加强思政理论课程建设，切实推进思政理论课教育教学改革，需要将教师的学科研究重点引导到如何推进思政课建设、如何改进思政理论课教学、如何形成高水平教学成果上来，通过促进深入的学科研究与思政理论课教学的有机统一，形成一批高水平的研究成果，从而为思政理论教学高质量发展提供更好的学理支持，同时有效推动教师研究及教育教学水平提升。

（六）加强思政教师队伍建设，建立人才培养机制

教学改革的关键是教师。推动思政理论课教学改革的主要依靠和有力支撑，是要有一支信仰坚定、理论功底深厚、教学水平高超的教师队伍。打造这样一支师资队伍，需要做好以下几个方面：

（1）做好顶层设计，加强思政教师队伍培训，提升教师理论素养、教学素养，增强信息能力、综合素质。

（2）建立人才培养机制，着眼于学科带头人、学术带头人、教学名师等的培养，发挥好榜样的引领示范作用，同时加大教学骨干培养力度，在业务培训、实践研修、科研立项等方面有计划有步骤分层次地加强支持力度。

（3）扎实做好学院教研学习常态化工作，扩大对外学术交流，支持教师参加各种学术研讨、社会实践考察活动，拓宽教师视野，提高教师教育教学水平。

遵循、原则、路径：新时代高校思想政治理论课教学改革创新的三维探析

——以北京理工大学珠海学院为例

陈 巧

【摘要】 高校思想政治理论课（以下简称"思政课"）是落实立德树人根本任务的关键课程。新时代守立德树人初心，担铸魂育人使命，理直气壮讲好高校思政课，推进高校思政课教学改革创新是时代的要求。本文结合近年来北京理工大学珠海学院思政课教学改革实践及毛泽东思想和中国特色社会主义理论体系概论（以下简称"概论"）课程特点，从根本遵循、基本原则、实现路径等三个方面，探讨新时代高校思政课教学改革创新，助力培养德智体美劳全面发展的时代新人。

【关键词】 思政课，改革创新，立德树人，根本遵循，基本原则，实现路径

教育、科技、人才是全面建设社会主义现代化国家的基础性、战略性支撑[1]。坚持为党育人、为国育才，办好人民满意的教育是新时代对教育的要求。立德树人是新时代教育的根本任务，高校思政课是落实这一根本任务的关键课程。新时代10年来，以习近平同志为核心的党中央从培养全面发展的社会主义建设者和接班人的高度，关注和重视高校思政课教育教学及改革，做出系列重大决策部署，提出若干深化课程改革创新的意见，不断推进高校思政课教育教学改革的进程。新时代的发展对高校思政课建设提出了更高的要求。思政课建设如何在改进中加强，在创新中提高是每一位思政工作者必须要去思考和回答的新课题。

一、新时代高校思想政治理论课教学改革创新的根本遵循

世界正经历百年未有之大变局，中华民族伟大复兴正处在关键时期。如何办

好新时代人民满意的教育,办好新时代的思政课,这是时代发展的要求,也是师生共同的期待。《关于深化新时代学校思想政治理论课改革创新的若干意见》指出:"办好思政课,要放在世界百年未有之大变局、党和国家事业发展全局中来看待,要从坚持和发展中国特色社会主义、建设社会主义现代化强国、实现中华民族伟大复兴的高度来对待。"[2]

教育是国之大计、党之大计,它担负着为党育人,为国育才的重任和使命。人才的素质和能力又直接关系到国家和民族的未来,关乎着伟大梦想的实现,关乎着社会主义现代化强国目标的实现。教育的根本是育人,育人的根本是立德。高校思政课作为落实立德树人根本任务的关键课程,有着重要的责任和使命。2019年3月18日,习近平总书记在北京主持召开学校思想政治理论课教师座谈会并发表重要讲话(下文简称"3·18"讲话)。他指出:"办好思政课,最根本的是要全面贯彻党的教育方针,解决好培养什么人、怎样培养人、为谁培养人这个根本问题。"[3] "3·18"讲话为推进新时代的思政课教学改革创新指明了根本方向,是新时代推进思政课教学改革创新必须坚持的根和魂。在讲话中总书记还表达了对思政课改革创新的殷切希望。新时代以新思想铸魂育人,在思政课教育教学中培养全面发展的人,培养实现中华民族伟大复兴的追梦人和圆梦人。"3·18"讲话为新时代思政课教育教学改革创新吹响了冲锋号,成为思政课改革创新的根本指南。其中对思政课教师素养的"六要"要求和对思政课改革创新"八个相统一"的规定等,为新时代思政课教师和思政课教学工作改革创新提供了根本遵循。

"概论"课程是当代大学生必修的思政课之一,是高校思政课程体系中的核心课程。它系统阐述了马克思主义中国化两大理论成果的形成过程、主要内容、精神实质、历史地位和指导意义,充分体现了"两个结合"的历史进程和基本经验,全面把握中国特色社会主义进入新时代,系统阐释了习近平新时代中国特色社会主义思想,充分反映了实现中华民族伟大复兴的战略部署[4]。

二、新时代高校思想政治理论课教学改革创新的基本原则

新时代孕育新思想,新思想是中国化时代化的马克思主义。新时代"实现了马克思主义中国化时代化新的飞跃,坚持不懈用这一创新理论武装头脑、指导实

践、推动工作，为新时代党和国家事业发展提供了根本遵循"[5]。新思想是"概论"课的重要内容，新时代理直气壮办好思政课，推进高校思政课教学改革创新既要体现社会主义性质和方向，又要适应新时代的发展要求。紧紧围绕"立德树人"这一根本任务，按照习近平总书记对办好高校思政课提出的要求，用"八个相统一"深化新时代高校思政课教学改革创新。牢牢把握好新时代高校思政课教学改革创新的政治性、理论性、针对性和实践性等基本原则，努力做到新时代高校思政课教学改革创新既有政治高度、又有理论深度和实践温度。

（一）守正创新：高校思政课教学改革创新要有政治高度

坚持守正创新是习近平新时代中国特色社会主义思想的世界观和方法论。"守正才能不迷失方向、不犯颠覆性错误，创新才能把握时代、引领时代。"[6]高校思政课作为立德树人的关键课程，肩负着培养时代新人的责任和使命。无论进行怎样的教学改革创新，都要毫不动摇地坚持政治性原则。政治引导是高校思政课的基本功能，新时代高校思政课教学改革创新必须要始终坚持政治性，改革创新要有政治高度。正如习近平总书记在"3·18"讲话中所说，"无论是通过讲故事、讲历史还是讲理论的方式讲思政课，都要体现思政课的政治引导功能"[7]。当然并不是说思政课就是简单的政治宣传。在思政课教学中，要坚持政治性和学理性的统一，以透彻的学理分析讲清理论的历史逻辑、现实逻辑和实践逻辑。结合"两个大局"去回答学生们的疑问和关切，去说服和引导学生，帮助学生树立正确的世界观、人生观和价值观。思政课教师必须提高政治站位，坚持正确的政治立场和政治方向，从实现伟大梦想的战略高度去讲好思政课，去落实立德树人的使命担当。做到在大是大非面前保持清醒的政治认识和判断，始终坚持马克思主义指导思想，筑牢意识形态阵地，培育和践行社会主义核心价值观，用社会主义核心价值观引导人、教育人，坚守中华文化立场，讲好新时代中国故事，传播好中国声音。

（二）理论彻底：高校思政课教学改革创新要有理论深度

马克思曾说："理论只要彻底，就能说服人。"新时代高校思政课教学改革创新必须坚持理论性原则，改革创新要有理论深度。只有"理论彻底"才能"彻底说服"。立德树人、铸魂育人离不开正确的价值引领，而价值引领需要有透彻的理论。只有全面准确地把握理论，讲清讲深讲透理论，才能真正地吸引人、打动人、感染人、鼓舞人。只有以深刻的思想，彻底的理论去说服人、教育人、影响人，才能真正实现价值引领，使其树立坚定的理想信仰和价值追求，把思想和行动统一起来，把个人追求和社会追求联系起来，为实现国家梦、民族梦、个人梦不懈奋斗。

以"概论"课为例，它具有理论性、历史性以及与时俱进的时政性等课程特点。在教学改革中应充分体现出课程特点，结合章节内容，注重历史逻辑、理论逻辑和实践逻辑的统一，实现理论与实践、历史和现实的结合，把理论深度、现实温度和历史厚度统一起来，深刻理解和阐释理论成果之间的内在联系。从系统性、整体性的高度去把握理论成果，讲清讲深讲透理论，从而真正做到用彻底的理论去说服人教育人。

结合"概论"课程的内容和特点，一方面是从整体的角度，去讲深讲透马克思主义中国化理论成果之间的内在坚持、继承、发展和创新的关系。比如可以从以下几个视角：一是从马克思主义中国化时代化历史进程的视角，去探讨理论成果内在的一脉相承和与时俱进的关系；这些理论成果是马克思主义中国化时代化的产物，是时代的精华，是对实践经验的高度总结概括，是中国共产党人集体智慧的结晶，指导着中国革命、建设和改革。二是从党的百年奋斗的视角，深刻理解不同历史时期，党带领人民进行革命、建设、改革取得的"四个伟大成就"和实现的"四次伟大飞跃"。三是从实现中华民族伟大复兴中国梦的视角，去认识和理解实现伟大梦想的历史进程。实现伟大梦想在不同的历史时期，面临着不同的矛盾和任务。不同时期的理论成果正是从中国实际出发，围绕解决不同时期的矛盾和任务，实现马克思主义中国化时代化，指导中国革命、建设、改革。不同时期的奋斗和成就，为实现伟大梦想打下了坚实基础，提供了制度前提和物质保障等。寻梦、追梦、圆梦，我们一直在路上。四是从"两个相结合"的视角，去理解和推进马克思主义中国化时代化。"两个相结合"是马克思主义中国化时代化不断演进的内在逻辑。在"概论"课程教学中，可设置相关专题，从理论和实践的维度、历史和现实的维度，去认识和理解马克思主义中国化进程及其理论成果，深刻理解党的实践创新和理论创新的内在统一。

另一方面，从理论成果回答的时代课题、主要内容和历史地位等具体知识点的角度去认识理论成果间的继承和发展关系。比如不同时期理论成果对于"党的领导和建设"的理论阐释，对于"人民至上"价值理念的追求，对于"坚持走中国道路"的执着与坚定，对于"践行初心，担当使命"的始终坚守，对于

"开拓创新"的勇气和"敢于斗争"的精气神等。通过这些具体的知识点,去深入挖掘不同时期,不同理论成果在价值追求和理论内容上的内在统一。

(三) 与时俱进:高校思政课教学改革创新要有实践温度

新时代高校思政课教学改革创新必须有针对性地去开展具体教学工作,做到理论和实践相统一。既要守好思想政治理论教育的"责任田",筑牢思政课教育教学主阵地,又要根据青年大学生的特点和需要,结合时代的发展、科技的进步去推动思政课程改革创新,从而激发高校思政课堂的活力,增强课程的吸引力,用理论的深度和实践的温度去影响人、教育人,使高校思政课教学改革创新具有实践温度。

"思政课的本质是讲道理。"[8]如何讲好道理,以怎样的方式讲道理,怎样讲道理学生才愿意听,怎样讲道理才更有说服力,怎样才能讲深、讲透、讲活道理,这些都是高校思政课教学改革创新过程中必然要思考和回答的问题。新时代的高校思政课只有走进青年大学生们的生活,了解他们的困惑、需要、想法、感受等,有针对性地开展教育教学活动,创新教育教学理念,改革教育教学方法,丰富教育教学内容,更新教育教学形式,锤炼教育教学语言,回应学生关切需要,才能切实增强思政课的感染力、影响力,提高其针对性和有效性,讲活道理。因此,在高校思政课教学改革过程中,应在充分研究和尊重教育教学规律的基础上,分析学校、班级、学生的实际情况,有针对性地推进高校思政课教学改革创新。坚持问题导向,增强问题意识,针对学生关注的热点难点问题,聚焦现实问题,结合学生的兴趣、学科背景等,有针对性地开展教育教学方式改革创新,真正做到为青年学生答疑解惑、保驾护航。坚持理论联系实际的原则,把理论与实践、历史与现实结合起来,在对课程内容系统整体把握的基础上,将学生从理论认识引向实践思考,结合中国共产党百年奋斗的历史,结合世情、国情、党情的变化,结合新时代的需要和学校学生实际情况,用大学生们喜欢的方式和语言去阐释理论、讲透道理,用思政课特有的理论深度和实践温度去感染人、影响人、教育人,既可增强学生的参与感、获得感和思政课的亲和力,又可增强思政课教学的针对性、实效性和实践性。

三、新时代高校思想政治理论课教学改革创新的实现路径

新时代高校思政课教学改革创新应紧紧围绕人才培养目标,按照"六要"

和"八个相统一"的规定，遵循思政课教学改革的政治性、理论性、实践性等基本原则，从理念到方法，从内容到形式全面推进思政课教学改革创新。

（一）重视队伍建设，抓好关键力量

教育大计，教师为本。习近平总书记在学校思政课教师座谈会中强调，"办好思政课关键在教师，关键在发挥教师的积极性、主动性、创造性"。在推进思政课教学改革创新过程中，首先就要重视教师队伍建设，提高教师素质能力，发挥教师的积极性、主动性和创造性，这本身就是思政课教育教学改革创新的一项重要内容，且事关思政课教育教学改革成效。新时代的高校思政课教师，必须有高度的政治自觉，不断提高政治觉悟，坚定理想信念，夯实理论基础，深化为党育人、为国育才的思想认识，在"马"言"马"，信"马"追"马"，做坚定的马克思主义者。有信仰的人讲信仰，才有感染力和影响力，才能真正做到理直气壮讲好思政课。教师队伍建设方面，应紧紧围绕习近平总书记对思政课教师的"六要"要求，打造一支立场坚定、情怀深厚、思维敏捷、视野开阔、严格自律、本领高强的思政教育铁军，实现"经师"与"人师"的统一。重视和加强高校思政课教师队伍建设和能力培养，抓好思政课教师队伍这一关键力量，是推动和深化新时代高校思政课教学改革的重要一环，教师是讲道理的主力军。

（二）更新教学内容，紧跟时代步伐

高校思政课是新时代新思想进教材、进课堂、进头脑的主渠道。推进高校思政课教学改革创新，应及时更新教学内容，把最新的实践经验和理论成果等融入思政课教育教学中，及时关注时政热点，紧跟时代步伐，实现教学内容的与时俱进。把理论和实际结合起来，从课程整体的角度，从各章节具体内容联系的角度，不断探索实践如何融入及怎样更好融入等问题。只有与时俱进，才能真正做到用最新的理论成果鼓舞人、感召人、影响人，达到铸魂育人的效果。"概论"课作为一门内容涵盖范围广、理论更新速度快的思政课程，更应关注时政热点，把党的会议精神和最新的理论成果带到课堂。通过理论讲授和课堂讨论等，使新思想新成果进教材、进课堂、进头脑。始终坚持思政课教学内容的与时俱进，是讲道理的重要抓手。

（三）创新教学方法，提高教学质量

新时代高校虽有统一的思政课教材，但各高校实际情况大有不同，学生的数量和质量也有差异。因此在推进高校思政课教学改革中应坚持问题导向，理论联系实际，有针对性地进行教学实践探索，找到适合各校实际情况的教学模式和方法，提升教学质量和水平，增强教学实效性。

北京理工大学珠海学院作为珠海特区的高校，始终坚持立德树人根本任务，秉承敢闯、敢试、敢为天下先的特区精神，积极开展思政课教育教学研究，不断探索和创新思政课教育教学方法，改革思政课教学模式，以课前、课中、课后等环节为抓手，形成课前"四个自主"的选课模式、课中"五要件"的教学方法和"八素养"目标培养相结合、"课后实践"全程育人的教育教学模式[9]。"五要件"教学法倡导"以学生为主体、以教师为主导"的教学理念，培养学生"价值、思维、技能"三维立体的教学目的，在此基础上形成"引、问、析、评、导"五要素相互衔接、立体动态的课堂教学体系[10]。高校思政课教学模式方法创新有利于了解青年大学生所思所想，调动青年大学生的积极性主动性，充分发挥学生的主体性作用，真正做到教师主导性和学生主体性相统一。在"五要件"教学过程中，逐步引导学生发现问题、分析问题、思考问题、解决问题，避免填鸭式硬灌输，使学生在愉快学习中不断受到启发，得出结论，获得知识及形成价值观，使思政教育起到润物细无声的效果，真正实现灌输性与启发性相统一、显性教育与隐形教育相统一。创新思政课教学方法，不仅关系到教学质量的提高，也是讲道理的重要方式。

（四）关注目标导向，提升综合素养

思政课的教育对象是人，立德树人、铸魂育人既是推进高校思政课教学改革创新的根本要求，也是评价标准。讲道理的最终目标还是育人，思政课教学改革归根到底是要关注人的培养和成长成才。随着时代的发展，对大学生的综合素养要求越来越高，综合素养已成为衡量新时代人才的重要指标。思政课教育改革创新必然要关注和重视学生的综合素养提升。近几年来我校在教学改革实践中，重点打造学生的政治认同、知识拓展、辨析批判、逻辑思维、道德修养、法律意识、实践创新和团队合作等八大综合素养。以"八素养"培养目标作为思政课教学改革的目标导向，结合各门思政课程内容和特点，形成具体的"八素养"核心能力培养实施方案，以学生综合素养提升去推进高校思政课教学改革，培养全面发展的时代新人。

(五)坚持实践育人,实现全面发展

思政课是立德树人的关键课程,思政课堂是立德树人、铸魂育人的主渠道。在推进高校思政课教育改革创新的过程中,应充分体现马克思主义的实践性,坚持理论性和实践性的统一,坚持从思政小课堂中来,到社会大课堂中去。协调好思政小课堂和社会大课堂的关系,充分发挥第一课堂和第二课堂的作用,让青年学生在学、思、悟、践中去感悟思政课的魅力。近年来,我校在"五要件""八素养"第一课堂改革的同时,也进行着第二课堂的改革创新,形成了以"课后实践"全程育人的教育教学模式。以理论滋养人,以实践感召人,实现理论和实践双重育人,促进人的全面发展。每学期各课程组会通过志愿服务、社会调研、镜头下的中国、三下乡社会实践、理论宣讲、传承经典畅想未来、红色交响曲等系列实践活动,引导青年学生关注家国天下事,立足当下远眺未来,在美好的新时代去追梦圆梦,让青春在不懈奋斗中绽放绚丽之花。

作为新时代的高校思想政治教育工作者,我们应牢记立德树人、铸魂育人的初心使命,不断深化为党育人、为国育才的思想认识,坚持历史与现实、理论与实践、内容与形式相结合,以思政课教师"六要"要求及思政课"八个相统一"的规定,去深化和推进新时代高校思政课教学改革创新,进一步推动思政课建设内涵式发展,增强思政课的吸引力和说服力,提升青年大学生综合素养,实现知、情、意、行的统一,培养德智体美劳全面发展的时代新人。

参考文献

[1][5][6] 习近平. 高举中国特色社会主义伟大旗帜 为全面建设社会主义现代化国家而团结奋斗——在中国共产党第二十次全国代表大会上的报告[N]. 人民日报,2022-10-26.

[2] 中共中央办公厅、国务院办公厅印发《关于深化新时代学校思想政治理论课改革创新的若干意见》[EB/OL]. (2019-08-14)[2022-12-18]. http://www.gov.cn/zhengce/2019-08/14/content_5421252.htm

[3][7] 习近平主持召开学校思想政治理论课教师座谈会强调:用新时代中国特色社会主义思想铸魂育人 贯彻党的教育方针落实立德树人根本任务[N]. 人民日报,2019-03-19.

[4] 本书编写组. 毛泽东思想和中国特色社会主义理论体系概论 [M]. 北京: 高等教育出版社, 2021.

[8] 习近平在中国人民大学考察时强调: 坚持党的领导传承红色基因扎根中国大地走出一条建设中国特色世界一流大学新路 [EB/OL]. (2022-04-25) [2022-12-1]. http://www.xinhuanet.com/2022-04/25/c_1128595417.htm

[9] 陈巧. 新时代民办高校思政课教学改革思考与实践——以北京理工大学珠海学院为例 [J]. 神州, 2021 (5): 240-241.

[10] 金涛, 范建荣. 高校思政课"五要件"教学法的创新与应用 [J]. 渭南师范学院学报, 2016 (5): 78-82.

全媒体时代思想政治教育话语转换的四重维度

姚 红

【摘要】 传统思想政治教育话语表现出单向灌输、理论说教、枯燥乏味的特点，以至话语失衡、课堂沉闷、影响力低下。全媒体时代，信息技术的飞速发展，迫切要求高校思想政治教育话语体系重新建构，因事而化，因时而进，因势而新。坚持马克思主义的指导坚定思想政治教育话语转换方向，适应新时代发展要求培养新型话语转换主体，拓展话语空间丰富思想政治教育话语转换内容，优化话语环境创新思想政治教育话语转换载体，从理论、主体、空间和实践四个维度探析切实提高思想政治教育话语的实效性，实现培养德智体美劳全面发展的社会主义建设者和接班人的崇高使命和任务。

【关键词】 全媒体，高校思想政治教育，话语转换，建构

传统思想政治教育话语表现出单向灌输、理论说教、枯燥乏味的特点，以至话语失衡、课堂沉闷、影响力低下。全媒体时代，信息技术的飞速发展，迫切要求高校思想政治教育话语体系重新建构，因事而化、因时而进、因势而新，切实提高思想政治教育话语的实效性，达到立德树人的目的。

一、理论维度：坚持马克思主义指导 坚定思想政治教育话语转换方向

党的十八大以来中国特色社会主义进入新时代，高校思想政治教育也迈入新征程，应因事而化、因时而进、因势而新。立德树人是新时代高校思想政治教育的根本任务，高校思想政治教育话语体系作为思想政治教育的载体承载着如何立德树人的时代使命。党的二十大报告中指出："马克思主义是我们立党立国、兴党兴国的根本指导思想。""习近平新时代中国特色社会主义思想，实现了马克

思主义中国化时代化新的飞跃，为新时代党和国家事业发展提供了根本遵循。"[1]因此，新时代高校思想政治教育话语体系建构必须坚持马克思主义的指导，坚持习近平新时代中国特色社会主义思想的指引。

（一）以马克思主义价值观为指引

习近平总书记指出："马克思主义就是我们党和人民事业不断发展的参天大树之根本，就是我们党和人民不断奋进的万里长河之泉源。"[2]马克思主义唯物史观认为，人民群众是真正的英雄，是历史的创造者。二十大报告强调："人民性是马克思主义的本质属性，党的理论是来自人民、为了人民、造福人民的理论，人民的创造性实践是理论创新的不竭源泉。"[3]中国特色话语体系是在马克思主义指导下建构的，围绕"为谁说""说什么"，强调以尊重人民主体地位为价值追求。习近平总书记指出，牢记和践行为中国人民谋幸福、为中华民族谋复兴的初心使命，是贯穿我们党百年奋斗史的一条红线。新时代中国共产党的奋斗目标就是满足人民对美好生活的向往。中国话语本质上是"'为人民说话'，这有别于资本逻辑主导下的新自由主义话语"[4]。中国特色话语体系以科学的世界观和历史的、现实的实践为基础建构，体现尊重人民主体地位的价值追求，体现人类命运共同体的理念，彰显真理的现实性和力量。

中国话语表达中华民族的价值追求。中华民族苦难深重，中国人民在无产阶级政党的领导下实现了从站起来到富起来的飞跃，新时代努力让中国强起来满足人们对美好生活向往。不同时期形成了革命话语、解放话语、共同富裕话语、美好生活话语，表达着中国人民对存在方式变革的历史诉求和深层渴望，每一种话语表达都寄予着人民对美好生活的追求，每一时期的话语都是人的自由全面发展的话语基础。

中国话语生成于实践，作用于实践；生成于中国，放眼于世界，为实现人的全面发展的话语提供现实基础和实践路径。

（二）以马克思主义方法论为遵循

恩格斯指出："马克思的整个世界观不是教义，而是方法。它提供的不是现成的教条，而是进一步研究的出发点和供这种研究使用的方法。"[5]坚持学习掌握唯物辩证法的根本方法，可以不断增强辩证思维能力，提高驾驭复杂局面、处理复杂问题的本领。如何认识中国社会的矛盾和问题？如何认识中国与世界的关系?怎样表述?马克思主义方法论为中国特色话语体系建构提供了路径遵循,标明了底线,廓清了界线。

"语言是一种实践的、既为别人存在并仅仅因此也为我自己存在的、现实的意识。"[6]语言不仅在实践中产生,也要在实践中发展,信息技术的高速发展把人类推向了全媒体时代,话语内容和表达形式都发生了深刻变化。处于意识形态斗争前沿的媒体阵地,对于开辟话语传播便捷路径、提供技术支撑、拓展话语交往空间有着独特作用,同时它还是话语体系建构的重要阵地。高校思想政治教育话语体系应适应这种变化,坚持马克思主义方法论,把握意识形态主导权,以立德树人为根本任务,及时准确传播党的理论、路线、方针、政策,及时应对社会热点问题,及时回应人民群众的利益关切,及时回击网络意识形态霸权,打牢新媒体阵地。要始终为"真正革命的阶级"发声,维护最广大人民群众的利益,以站稳人民立场为前提,拓展话语的内涵和外延,推进"五位一体"总体布局和"四个全面"战略布局,培育和践行社会主义核心价值观,树立人类命运共同体理念。同时加强网络监管,及时消除不健康话语,净化网络空间,化危为机,变不利因素为有利因素,发挥思想政治教育在时代发展中的最大化效用,培育有理想、有本领、有担当、有作为的时代新人。

二、主体维度:适应新时代发展要求 培养新型话语转换主体

"思想政治教育话语主体是思想政治教育话语实践中有能动作用的人,既包括思想政治教育者也包括思想政治教育对象。"[7]话语主体是思想政治教育话语体系建构中最活跃、最关键的因素,全媒体时代思想政治教育话语主体的培养是最必要的条件和最为关键的环节之一。

(一)施教者应适应发展要求全面提升自身素养

思想政治教育话语主体既包括施教者也包括受教育者,但施教者无疑占据主导地位,也是思想政治教育话语体系的主要建构者,话语体系的质量和效能很大程度上受施教者的素养高低影响,因此全媒体时代培养施教者基本素养成为提升话语水平的关键因素。

首先,政治素养要强。习近平总书记强调:"要让有信仰的人讲信仰。对马

克思主义的信仰,对社会主义和共产主义的信念,只有首先在思政课教师心中扎下根,才能在学生心中开花结果。思政课教师只有自己信仰坚定,对所讲内容高度认同,做学习和实践马克思主义的典范,才能讲得有底气,讲深讲透,才能有效引导学生真学、真懂、真信、真用。要善于从政治上看问题,自觉用新时代中国特色社会主义思想武装头脑,在大是大非面前保持政治清醒。教师是释疑解惑的,自己都疑惑重重,讲出来的东西不会是充分坚定、富有感染力的。"[8]对于高校思想政治教育者,无论是思政课教师,党、工、团工作人员,还是班级辅导员,政治素养都是最核心的素养。一要有坚定的政治立场,坚定中国共产党的领导,坚定人民立场,在大是大非面前立场坚定,旗帜鲜明;二要有坚定的理想信念,坚定共产主义信念,坚定马克思主义信仰;三要有极强的政治敏感性,海量的互联网信息往往鱼龙混杂,思想政治教育工作者要有辨别是非的能力,对照理论标准、对照价值标准、对照政策标准做出正确判断。

其次,理论水平要高。马克思说:"理论只要彻底,就能说服人。"[9]理论内容是话语体系的客体,话语是理论的外化,理论水平内在地决定了话语体系的成效。施教者所讲的理论、观点、结论要经得起学生各种"为什么"的追问,要以透彻的学理分析回应学生,以彻底的思想理论说服学生,用真理的强大力量引导学生。要具备直面矛盾问题的能力和理论水平,练就不怕问、怕不问、见问则喜的真本领,有的放矢,做到"精准滴灌",为青年学生答疑释惑。

最后,媒介素养要强。改革创新是时代精神,青少年是最活跃的群体,思想政治教育话语转换要向改革创新要活力。工欲善其事,必先利其器。全媒体时代,大数据为社会的建设提供了强有力的支撑,数字经济、数字生活都已经进入了人民的生活,数字教育也就应该成为支撑数字生活的重要内容。这对于施教者来说既是机遇也是挑战。面对伴随网络成长的"00后",一方面,思想政治教育者在思政课上积极采用案例式教学、探究式教学、体验式教学、互动式教学、专题式教学、分众式教学,运用现代信息技术等手段建设智慧课堂等,取得了积极成效。另一方面,思想政治教育者队伍年龄跨度大,应用新媒体、新技术的能力很难赶上新媒体发展速度和应对大学生多变的需求。因此,要求新时代思想政治教育者要打破传统观念,充分认识到媒介素养对自身发展和工作实践的重要性,自觉学习和掌握新媒体技术,发挥其在获取信息、教育教学、和学生交流方面的独特作用,成为主动、成熟、理性的新媒体应用者,拓展思政教育的广度和宽度,提升思政教育的温度。

（二）营造施教者和受教者之间新型主体关系

长期以来，施教者和受教者之间被理所当然地认为是主客体关系，施教者倾向于单向灌输，采用"填鸭式"的教育模式，拥有绝对话语权，把控课堂所有空间，受教育者只是被动接受，其积极性、主动性受到抑制。学生沉默，课堂沉闷，课堂成为施教者独自表演的舞台，"独角戏"式授课方式让施教者的话语传递效果大打折扣，受教者的潜能被抑制，课堂效果一言难尽。全媒体时代，信息技术的发展为受教育者参与教学活动创造了条件，也对转变传统错误观念提出了必然要求。习近平总书记指出："思政课教学离不开教师的主导，同时要坚持以学生为中心，加大对学生的认知规律和接受特点的研究，发挥学生主体性作用。"[10]

"网络技术赋予的本质特征与人的主体性特征，使传统意义的教育者与受教育者之间的地位发生了根本性的变化，教育者不再完全地占有与支配受教育者，受教育者拥有与教育者同等的话语权，二者通过点击鼠标或者敲击键盘来畅所欲言，或对话交流，或对抗交锋，实现了思想政治教育话语主体之间的相对平等关系。"[11]因此，必须正确认识全媒体时代施教者与受教育之间互为主体关系，改变旧有的思想政治教育模式。

全媒体时代施教者与受教育之间新型主体关系要坚持主导性和主体性相统一。既要发挥施教者的主导作用，同时又要坚持以学生为中心，施教者要在把握学生认知规律和接受特点基础上，激发学生学习的积极性和主动性，发挥主体性作用。施教者可以在思政课堂运用小组研学、情景展示、课题研讨、课堂辩论等方式教学，让学生开口讲，调动学生参与课堂活动的热情，这既有利于发挥学生主体性作用，也有利于施教者了解学生思想动态，及时发现问题。施教者可以通过点评等方式加强引导和总结提炼，指出重点，让学生正确理解经典著作，正确认识党和国家的政策，掌握马克思主义精髓，感知中华文化魅力，避免教条主义、本本主义，避免一知半解误读马克思主义。

全媒体时代，互联网为施教者和受教者之间交流提供了便利的交流平台，班级QQ群、微信群的建立，极大程度上给予了两者平等交流的机会，网络鼓励、刺激、启发了人的表现欲、表达欲、展示欲，满足受教育者对言说权的追求，将思想政治工作变成多方参与、多种意见融合、多种角度分析、强化思想政治教育工作或活动的民主化、人本化。"学习通""智慧职教云""蓝墨云班课""智慧树"等教学软件都可以实现课堂上的交流互动,以科技手段进行选人、抢答,可以随时发起课堂讨论、投票,进行直播等互动环节,激活学生思维的主体性,让课堂上的他们"身体"和"思维"同时"在场",使他们的思维神经得以触动、思考能力得到培养、思想境界得以升华,真正形成施教者用心讲好思政课、受教者积极学好思政课的良好氛围。教师主导功能的发挥与学生主体作用的彰显相互结合,而不是偏废其一,实现师生思想的交流互动、碰撞升华,以达到教学相长、相得益彰的育人效果。

三、空间维度:拓展话语空间 丰富思想政治教育话语转换内容

全媒体不断发展,出现了全程媒体、全息媒体、全员媒体、全效媒体,信息无处不在、无所不及、无人不用,舆论生态、媒体格局、传播方式都发生了深刻变化。全媒体时代为我们的思政教育提供了很好的教育契机和广阔的教育平台。媒体的即时性克服了高校思想政治教育时间、空间的有限性,加速了话语多样化转变。利用好网络教育,利用好数字媒体形式,让更多的榜样人物深入人心,让更多的中国奇迹震撼心灵,为我们的学生讲好中国故事,传承好中国文化,树立好中国自信,让学生在数字时代下,通过数字化的手段,树立正确的人生观、价值观念,树立好为祖国、为人民服务和奉献的高尚精神。

(一)丰富中国特色社会主义理论话语

新时代高校思想政治教育话语体系是具有现实解答力的理论话语体系,话语体系的内容首要的是马克思主义理论特别是中国特色社会主义理论话语,"马克思主义,尤其是中国化的马克思主义,不仅是思想政治教育的根本内容,而且是思想政治教育学的根本指导思想和理论基础"[12]。习近平总书记在建党100周年庆祝大会上指出:"马克思主义是我们立党立国的根本指导思想,是我们党的灵魂和旗帜。新的征程上,我们必须坚持马克思列宁主义、毛泽东思想、邓小平理论、'三个代表'重要思想、科学发展观,全面贯彻新时代中国特色社会主义思想,坚持把马克思主义基本原理同中国具体实际相结合、同中华优秀传统文化相结合,用马克思主义观察时代、把握时代、引领时代,继续发展当代中国马克思主义、21世纪马克思主义!"[13]

党的二十大报告强调，要"牢牢掌握党对意识形态工作领导权，全面落实意识形态工作责任制，巩固壮大奋进新时代的主流思想舆论。健全用党的创新理论武装全党、教育人民、指导实践工作体系"。施教者要结合教材内容，密切关注中国发展，关注时政热点，紧紧围绕党中央和国家重大部署、重大方针政策、重大任务、重大历史事件，比如在纪念改革开放 40 周年、中华人民共和国成立 70 周年、中国共产党成立 100 周年、辛亥革命 110 周年，全国抗击新冠肺炎疫情表彰大会，全面建成小康社会、脱贫攻坚收官等重要节点，通过理论和实践紧密结合的思政课教学，全面解读，正确引导，利用主流媒体的权威性和即时性，弥补教材的相对滞后性，让学生第一时间了解中国特色社会主义的最新实践、最新成就和马克思主义中国化的创新理论成果，彰显马克思主义理论的魅力，增强思政课的说服力。

在教学工作中综合运用教育学、心理学等多学科知识，尽可能避免互联网的负面影响，树立问题意识，引导受教育者关注社会问题，提高对媒体信息的研判、分析能力。坚持浇花浇根、育人育心，帮助学生正确认识人生应该在哪用力、对谁用情、如何用心、做什么样的人，激励青年学生坚定理想信念、厚植爱国主义情怀、担当历史重任，不负青春、不负韶华、不负时代。

（二）用好红色资源，培育社会主义核心价值观，积极转化中华优秀传统文化话语

古为今用，从传统文化中汲取理论营养，用好红色资源、赓续红色血脉，推动优秀传统文化和革命文化的创造性转化，以打牢思想政治教育话语的文化根基。习近平总书记指出："中华优秀传统文化是中华民族的精神命脉，是涵养社会主义核心价值观的重要源泉，也是我们在世界文化激荡中站稳脚跟的坚实根基。"[14]如果没有中华 5 000 年文明，哪里有什么中国特色？如果不是中国特色，哪有我们今天这么成功的中国特色社会主义道路？我们要特别重视挖掘中华 5 000 年文明中的精华，弘扬优秀传统文化，把其中的精华同马克思主义立场观点方法结合起来，坚定不移走中国特色社会主义道路。

红色资源是我们党艰辛而辉煌奋斗历程的见证，是最宝贵的精神财富。红色是中国共产党、中华人民共和国最鲜亮的底色，在我国 960 多万平方千米的广袤大地上红色资源星罗棋布，在我们党团结带领中国人民进行百年奋斗的伟大历程中红色血脉代代相传。每一个历史事件、每一位革命英雄、每一种革命精神、每

一件革命文物，都代表着我们党走过的光辉历程、取得的重大成就，展现了我们党的梦想和追求、情怀和担当、牺牲和奉献，汇聚成我们党的红色血脉。红色血脉是中国共产党政治本色的集中体现，是新时代中国共产党人的精神力量源泉。

习近平指出："广大青年要把正确的道德认知、自觉的道德养成、积极的道德实践紧密结合起来，自觉树立和践行社会主义核心价值观，带头倡导良好社会风气。"[15]党的十八大报告凝练出的24字社会主义核心价值观，经过主流媒体全方位、多角度、生动化、生活化的诠释已深入人心，成为新时代多元文化的引领者。

党的二十大报告指出："弘扬以伟大建党精神为源头的中国共产党人精神谱系，用好红色资源，深入开展社会主义核心价值观宣传教育，深化爱国主义、集体主义、社会主义教育，着力培养担当民族复兴大任的时代新人。"全媒体时代思想政治教育话语转换就是要大力宣传中华优秀传统文化，赓续红色文化血脉，培育社会主义核心价值观，培养面对复杂的世界大变局能明辨是非、恪守正道，不人云亦云、盲目跟风。面对外部诱惑，能保持定力、严守规矩，用勤劳的双手和诚实的劳动创造美好生活，拒绝投机取巧、远离自作聪明。面对美好岁月，能有饮水思源、懂得回报的感恩之心，感恩党和国家，感恩社会和人民。要以中华优秀传统文化、红色革命文化和社会主义核心价值观滋养思想政治教育话语。

四、实践维度：优化话语环境创新思想政治教育话语转换载体

推进新时代高校思想政治话语体系构建是在年青一代中筑牢思想防火墙的重要举措，必须渗透于年青一代学习成长发展的全方位全过程。这既需要体系本身具有科学的核心要义与缜密的内在逻辑，同时也必然要依靠外在的话语形式以传播、推广、深入人心。思想政治教育话语的传播和推广，有赖于多样的话语载体以及丰富的话语表达。

（一）丰富思想政治教育话语载体

话语是人与人交流交往的前提，亦是思想政治教育顺利开展的基本途径，而话语载体是联通话语内容和话语表达的桥梁。"媒介技术的每一次进步，都浸透

着人类突破自身交流困境的渴望。"[16] 丰富话语载体，创新话语表达方式，有利于推陈出新，为思想政治教育保驾护航。全媒体具有超强的信息搭载能力、传播能力、资源整合能力，立体化地提升了思想政治教育话语客体的内涵和外延，使新时代的思想政治教育整体性、系统性更强，思想政治教育话语更富有张力。如今，全媒体将传统媒体与新媒体有效融合，形成了更全面、更广泛的媒体形式，提供了更多元、更便捷的话语载体，应用全媒体创新思想政治教育话语载体已成为可能。

一是实现理论的大众化、时代化表达。运用新媒体带来的新形式积极传播思想政治教育话语内容，确保话语影响的广度和深度，提升学生学习兴趣，保障思想政治教育内容入脑入心。对不断创新发展的理论进行多维解读，用大众化方式向受教者进行传播和阐释；运用新媒体快速、便捷、精简的特性及时传播思想政治教育话语内容，确保受众第一时间接收到党和国家的方针政策，保障思想政治教育话语的时效性。充分利用短视频、微电影、网络平台等进行理论宣讲，使创新理论在现代语境下更好地释放真理的力量。传统视觉型载体和新型视觉型载体相互配合，发挥各自优势，相得益彰。

二是深化拓展青年关注的主题实践，增强思想政治工作的感染力和吸引力。适应人民群众思想上、精神上的需求特点，深化、拓展和创新群众性主题实践，升华人们的价值认知、情感体验，感受思想政治工作的魅力。充分利用重要传统节日、重大节庆日、纪念日，发挥礼仪制度的教化作用，丰富道德实践活动，推动形成适应新时代要求的思想观念、文明风尚、行为规范。

三是发挥先进典型的示范引领作用。用群众身边的人和事教育群众，全方位、立体化宣传学习时代楷模、道德模范、最美人物等先进典型的感人事迹，积极挖掘、宣传全社会弘扬正能量、践行社会主义核心价值观的典型人物和先进事迹，讲好不同时期英雄模范的感人故事，建立和完善发挥先进模范作用的长效机制，把榜样力量转化为亿万群众的生动实践。

（二）延展话语长度

历史是最好的教科书。中国共产党为什么能？马克思主义为什么行？中国特色社会主义为什么好？一系列根本问题的认识需要按照历史逻辑寻根溯源。要在历史对比与中外比较中，把新时代的中国置于5 000年中华文明史、180多年近代中国人民斗争史、100年中国共产党奋斗史、70多年新中国发展史、40多年改革开放史以及现代化建设新征程中进行思考，阐释中国特色社会主义道路的鲜明特点和独特优势。全媒体可以立体、直观的方式全景、全程展现中国发展的历史和现状，在整合历史资源方面具有无可比拟的独特优势。近年来拍摄的多部反映中华儿女的智慧与创造、中国共产党的成长壮大、中国特色社会主义的探索与发展、马克思主义的传播与创新等纪录片、影视片，如《国家记忆》《国宝档案》《觉醒年代》《跨过鸭绿江》《记住乡愁》《经典咏流传》《典籍里的中国》《中国诗词大会》《朗读者》《战狼2》《红海行动》《中国机长》《狙击手》《长津湖》《长津湖之水门桥》《万里归途》等让历史情景再现，描绘未来蓝图，延展了思想政治教育话语的时间长度，也增强了新时代思想政治教育的魅力。全媒体把苦难辉煌的过去、日新月异的现在、光明宏大的未来贯通起来，激发了青年为实现中华民族伟大复兴而奋斗的信心和动力，强化了思想政治教育话语的解释能力。

（三）拓宽话语广度

习近平强调，要坚持理论性和实践性相统一。马克思主义是在实践中形成并不断发展的，要高度重视思政课的实践性，在理论和实践的结合中，教育引导学生把人生抱负落实到脚踏实地的实际行动中来，把学习奋斗的具体目标同民族复兴的伟大目标结合起来，立鸿鹄志，做奋斗者。习近平总书记在二十大报告中强调："广大青年要坚定不移听党话、跟党走，怀抱梦想又脚踏实地，敢想敢为又善作善成，立志做有理想、敢担当、能吃苦、肯奋斗的新时代好青年，让青春在全面建设社会主义现代化国家的火热实践中绽放绚丽之花。"

全媒体时代，运用新技术可以拓宽思想政治教育学科的覆盖范围和涉及领域。传统的思想政治教育教学方法相对单一，通常被冠以理论说教的帽子，空洞乏味，难以激发学生学习的积极性、主动性，继而影响了思想政治教育效果。全媒体促进了思想政治教育理论与实践的结合，大量的数字、图片、视频展示着社会发展的成果、存在的问题，海量的网络信息提供了大量的教育资源，学生从各个途径了解社会现实问题、社会热点问题，以各种方式接受思想教育、政治教育、社会主义核心价值观教育、道德教育、法治教育，使思想政治教育不再囿于书本教材，言说主体的增加、话语资源的多样性弥补了教材内容的不足，解决了时空有限性和知识无限性之间的矛盾，生动形象的多媒体教学也在一定程度上促进了思想政治教育供给侧改革，实现了思想政治教育教材内外融通、课堂内外融通、校园内外融通，极大地拓展了教育领域和途径。

参考文献

[1][3] 习近平. 高举中国特色社会主义伟大旗帜，为全面建设社会主义现代化国家而团结奋斗——在中国共产党第二十次全国代表大会上的报告[N]. 人民日报，2022-10-26.

[2] 习近平. 习近平谈治国理政（第二卷）[M]. 北京：外文出版社，2017：66.

[4] 陈曙光. 中国话语与话语中国[J]. 教学与研究，2015（10）：23-30.

[5] 马克思，恩格斯. 马克思恩格斯选集（第4卷）[M]. 北京：人民出版社，2012：664.

[6] 马克思，恩格斯. 马克思恩格斯文集（第1卷）[M]. 北京：人民出版社，2009：533.

[7][11][16] 梁庆婷. 新媒体语境下思想政治教育话语体系建构研究[M]. 徐州：中国矿业大学出版社，2017：176，49-50，130.

[8] 习近平. 思政课是落实立德树人根本任务的关键课程[M]. 北京：人民出版社，2020：12.

[9] 习近平. 习近平重要讲话单行本（2020年合订本）[M]. 北京：人民出版社，2021：288.

[10] 习近平. 思政课是落实立德树人根本任务的关键课程[M]. 北京：人民出版社，2020：21.

[12] 陈万柏，张耀灿. 思想政治教育学原理[M]. 3版. 北京：高等教育出版社，2015：26.

[13] 习近平. 在庆祝中国共产党成立100周年大会上的讲话[M]. 北京：人民出版社，2021：30.

[14] 十八大以来重要文献选编（中）[M]. 北京：中央文献出版社，2016：135-136.

[15] 习近平. 习近平谈治国理政（第一卷）[M]. 2版. 北京：外文出版社，2018：52.

高校思政课堂的教学与思考

徐 娟

【摘要】 教育在于培养身心健康、能赢得社会大考和人生大考的栋梁之材。高校思政课堂有必要明确新的教育教学目标，致力于建立互爱互学型师生关系，营造互帮互竞型同学关系，在继续深入实践"五要件"教学手段、"八素养"教学目过程中达到更好的育人目的，让大学生在接受思想政治理论和实践课程的教育过程中成为身心和谐、服务社会的有用人才。

【关键词】 高校，思政课堂，教学，思考

教育，即教书育人。大学教育的目的，从学生角度讲，是让学生通过接受大学教育能过上更好的生活。从社会角度讲，大学教育是为社会培养有用的人才。高等教育应该致力于培养学生"成人"（manhood），不仅要培养学生学会"做事"（to do），更重要的是要使学生学会"做人"（to be）。当前教育存在的问题，不仅是专业教育和职业技能教育的质量和效果问题，更重要的是"育人"问题。一位每年大学毕业季都要为单位培养新入职员工的朋友说："我们希望高校培养的大学生不要只是对老师负责（会考试）而不对社会负责。"言外之意，即现在的学生大多只在乎能考多少分，而不在乎学了什么，不在乎毕业进入社会后能否很好地适应社会，为社会做些什么。2019年9月被授予"人民教育家"荣誉称号的特级教师于漪，长期躬耕于中学语文教学事业，坚持教书育人，2007年接受《深度105》采访时，坦露自己对于教育的看法：教育是为了什么？育人。但有时教育淡化了人，强化了分。育人的方针异化为育分，而分是不能代表人的，考核一个人的综合素质很难，最简单的方法就是量化。但人能量化吗？不能！单一化的育分教育对孩子的伤害自不言而喻[1]。于漪老师曾说："我的学生不一定是最优秀的，但他们都是家庭的宝贝、国家的宝贝，我当教师，要把他们当宝贝一样来教育。不求他们能显赫，但一定要成为社会的好公民，服务国家，服务人

民。"[2] 作为高校思政课教师,更深刻地感知到肩上之责任在于如何在教书的过程中达到更好育人的目的。

新时代新形势下,社会对教育提出了更新更高的要求,教育工作的重心不再是单向要求教给学生固有知识,而是转向塑造学习者新型的人格。思政课教师的根本任务更在于使学习者学会如何做人,学会如何工作,学会如何合作,学会如何生存。近年来,习近平总书记先后在全国高校思想政治工作会议、全国教育大会、学校思想政治理论课教师座谈会等会议上就思政课建设发表重要讲话。他强调:"高校思想政治工作关系高校培养什么样的人、如何培养人以及为谁培养人这个根本问题。要坚持把立德树人作为中心环节,把思想政治工作贯穿教育教学全过程,实现全程育人、全方位育人,努力开创我国高等教育事业发展新局面。"[3] "思政课是落实立德树人根本任务的关键课程,思政课作用不可替代,思政课教师队伍责任重大。"[4] 2022 年 10 月 16 日习近平总书记在党的二十大报告中进一步强调:"我们要办好人民满意的教育,全面贯彻党的教育方针,落实立德树人根本任务,培养德智体美劳全面发展的社会主义建设者和接班人,加快建设高质量教育体系,发展素质教育,促进教育公平。"报告为新时代中国教育发展指明了根本方向、提供了根本遵循。从"人民满意""立德树人""德智体美劳全面发展"等关键词中不难看出新时代对人才的德育期望值、能力期望值等进一步提高。为此,思政课教育尤其是大学思想政治理论课的教育在高等教育人才的培养过程中也需要做相应的思考和调整。

一、明确新的教育教学目标

(一)了解学生特点,培养身心健康、能赢得社会大考和人生大考的人才

新的教育目标要重视以人为本和追求人的全面发展。以人为本的理念要求老师重视学生、理解学生、尊重学生、爱护学生,要求老师对学生的精神关注与教育教学的全过程相结合,培养学生的和谐人格。据近几年教学观察,刚入大学校门的大学生中有的像空心人一样,带着浓浓的塑料和电子产品的味道,整个节奏都被网络控制,情绪敏感,自我价值感缺失。在竞争焦虑的氛围中,很难找到自身存在的真实意义,目前阶段存在或多或少心理问题的大学生比例越来越高。究其原因,与学生成长的环境有着撇不开的关系。以互联网为代表的新媒体环境要

求学生成长得更快，会的东西更多，能力要更强，它在强迫大学生不停地学习和接受新事物，强迫学生要掌握更多技能，有更高的眼界，但同时也给他们带来了更为严重的焦虑感和盲从感。互联网新媒体正以润物无声的姿态潜移默化地影响着人们尤其是年青一代的生活方式、学习方式、娱乐方式，甚至是语言习惯。功能强大的互联网正用它独有的方便快捷、经济省时、宽松自由等特点迅速俘获新时代大学生的心，以其用之不竭、无可替代的魅力吸引着最易接受新生事物的大学生群体。与此同时，这些新时代的产物对大学生人生观、价值观与世界观的影响越来越深，在学生身心不完全成熟、抗干扰能力不强的情况下，难免会对他们产生些许甚至是很严重的负面影响。作为大学思政课教师在教育教学过程中要全方位地了解学生身心健康情况，加强对学生的"三观"引领，要在全面发展的理念下切实关注学生发展的完整性和全面性，以促进每一个学生在德智体美劳等方面的和谐发展。新的教育目标要求我们的教育由单纯的专业型教育转向专业教育与人文素养教育相结合，使我们培养的人才从知识型人才转变为能力型、身心和谐型人才。教育过程中注重学生实践能力的锻炼，要让学生知晓能力与素质比知识更重要。恰如爱因斯坦所说："用专业知识教育人是不够的。通过专业教育，他可以成为一种有用的机器，却不一定能成为一个和谐发展的人。我们的教育一定要使学生对美和道德上的善有鲜明的辨别力。否则，他连同他的专业知识就更像一只受过很好训练的狗，而不像一个和谐发展的人。"

（二）新的教育目标要求培养创造型人才

创造型人才的培养要求我们的教育教学要从创造性、个性化、开放性、多样化理念、生态和谐性理念和系统性理念出发。

创造性理念认为人的创造力潜能是最具有价值的不竭资源，我们在教学过程中要充分挖掘和培养学生的创造性，加强创新教育，以培养创新型人才为目标；个性化理念认为丰富的个性发展是创造精神与创新能力的源泉，要在教育实践中创设和营造个性化的教育环境和氛围，为每一位学生提供个性展示与发展的机会和条件，因材施教。比如我们在思政课堂上就专门设置了以小组为单位或单个学生自我展示的环节，把课堂交给学生，让学生不拘于特定主题但在脱离课程内容的情况下展示自我，给予学生锻炼其团队协作、语言表达及思考和思辨的能力。

开放性理念是在信息网络化程度越来越高，科技日新月异、教学手段越来越多、教学条件越来越便捷的大背景下提出的，它包括教育理念、教育方式、教育过程的开放性、教育目标和资源的开放性，等等。开放性理念认为，民族教育要广泛吸取世界一切优秀的教育思想、理论和方法为我所用，要打破单一的文本考试的教育评价模式，建立多元化评价体系。

多样化理念要求教育呈现需求多样化、标准多样化、目标多样化等；生态和谐理念和系统性理念是需要全社会共同参与形成的教育体系，比如学生的志愿活动，一方面在服务社会的过程中学生自己得到了很好的锻炼，提高了自身的实践能力，同时他们的无私付出也得到了社会民众的广泛认可和好评。这些教育理念虽然角度不同，相互不冲突，作为教师需要深层次地进行理解，从中提取出适合自己和学生的方式方法，并应用于教学实践中，在不断积累经验、改正方法的过程中理解新理念、达成新目标。

二、建立互爱互学型师生关系

教师应以真诚、关爱、平等的方式以及相互学习尤其向学生虚心学习的态度对待学生。苏联著名教育家苏霍姆林斯基曾经做出这样精辟的论述："教育者最可贵的品质之一就是人性，对孩子的深沉的爱，兼有父母的亲昵温存和睿智的严厉与严格要求相结合的那种爱。"传统教育讲求尊师重道，教学被认为是教师对学生的传道授业解惑，但现代教育理念认为，信息化时代条件下教学过程由教师、学生、媒体三个基本要素构成，学生因由自身特点对于新型媒体、新型事物的喜爱与接受度更优于老师，对新型媒体的运用也更快于老师，学生的课内外知识储备不容小觑。作为与学生代沟较大的老教师，应虚心向学生学习，多多和学生沟通，了解他们所学、所知、所想、所爱。在教学过程中更要有目的地发挥学生主动性，鼓励学生主动参与课堂，用他们的知识特长反过来教会同学、教会老师。也就是说，现在的教学应该是老师的传道授业解惑和学生的教和老师的学的双向活动，这样在教学中可以更好地实现师与生相互学习、共同成长的双赢态势。

"亲其师"才能"信其道"。教师对学生真诚的爱是影响学生成长过程中众多因素里最积极、最活跃的因素。当学生从教师那里感受到真诚的关怀和挚爱，感受到热烈而积极的期望时，就会有一种受到信赖、鼓舞与激励的内心情感体验，往往能激起学生对学习的信心和乐趣。除了真诚地关爱学生，还应尊重并听取学生的意见。有的学生自我认同感低，很容易感到自卑，对于这样的学生，老师需要发现他的长处，给予他更多的机会让他勇敢地展示自我，培养他的自信与自尊。作为老师要学会欣赏学生，师生共同努力挖掘学生潜力。学生没有硬性的好中差之分，每个学生都会有优点，我们要有伯乐的眼光，发现学生的优点和长处，不要对学生产生否定情绪，在心理上排斥他们，否则会让学生产生消极的情感体验。作为教师看到每个学生的优点是至关重要的，只有看到学生的优点才能真正尊重他们。事实证明，一个教师如果能看到全班每个学生的优点，师生沟通一定会很顺利，随之而产生的教育教学效果也一定会很好。良好的师生关系是教育过程中学生成长成才的根本，而教师在这一过程中更是起着决定性的作用。

一个教师成功与否不是在于他的职称，而在于他培养了多少能赢得人生大考和社会大考的学生，在于他培养了多少能推动国家和社会发展的栋梁之材，他使多少学生实现了自身的价值和人生的追求。教书易为，育人难为，我们都要试着放开心胸，用爱与责任接纳和投入这份工作。

三、营造互帮互竞型同学关系

为适应全新教学导向，打造团结活泼型课堂，在课堂教学过程中可以推行小组团队型同伴（朋辈）教育，营造互帮互竞型同学关系，这样有利于更好地构建优质高效课堂。授课时以问题模式主导教学过程，把教学班级划分为若干个小组，小组成员领取课程学习任务，分工负责、相互帮助，自行思考、讨论直至完成课程任务。小组之间同台竞说、相互竞争。小组内部成员之间，小组与小组之间的同伴教育可以充分发挥学生的伙伴作用，因为同伴之间有着相同或相近的价值观、生活方式和人生经历，自然性鸿沟小，互动性高，对于问题的解决有着事半功倍的效果。小组之间的相互竞争式的学习也可以更好地培养学生的团队合作意识。

四、继续深入实践"五要件""八素养"教学改革

为解决传统大学思政课的思想性、理论性不够，吸引力、针对性不强，学生获得感不足等问题，我们坚持"以学生为中心"的教学出发点和立足点，从激发课堂的生动性与知识性相结合出发，在授课过程中坚持采用"五要件"，即学生课前5分钟、重难知识点解析、视频案例、教学互动、教师讲评等教学手段。把"立德树人""培养德智体美劳全面发展的社会主义建设者和接班人"作为核心能力培养目标，具体细化为"八素养"目标的价值体系，即重点提升学生的政治认同、知识拓展、逻辑思维、辨析批判、道德修养、法律意识、实践创新和团队合作八种素养。各课程根据课程内容不同对学生的能力素养培养各有侧重。

"五要件""八素养"教学法在"思想道德与法治"课中的应用举例：

"思想道德与法治"（第二章）课程教学设计方案

教学内容		追求远大理想，坚定崇高信念
教学重难点	重点	1. 理想信念的重要性：理想信念是人的精神世界的核心，是人的精神之"钙"； 2. 把实现理想的道路建立在脚踏实地的奋斗上，才能放飞青春梦想，实现人生理想
	难点	1. 正确理解理想与实践之间的关系； 2. 做到在实现中国梦的实践中放飞青春梦想
学时安排		6
教学目标：通过学习认识到理想的重要性，力争做到个人理想与社会理想的统一；知晓只有把实现理想的道路建立在脚踏实地的奋斗上，才能放飞青春梦想，实现人生理想		1. 知识层面：理解并实践以下几点： ①理想信念的内涵 ②理想信念的关系 ③中国梦的内涵
		2. 综合素养层面：通过课前时事热点播报及课堂讨论引导学生加强对理想及中国梦的认知，培养学生的政治认同、逻辑思维、道德修养、辨析批判、实践创新、团队合作等综合素养
教学方法		学生课前5分钟参与、重难知识点解析、视频案例、教学互动、教师讲评

续表

"五要件"教学法模块设计			
教学方法	内容	如何实施	对应完成的"综合素养"
课前5分钟	学生自定主题、自找素材	小组成员课前收集当前社会的时事热点,制作PPT,课前播报与评论	政治认同 逻辑思维 知识拓展 辨析批判 团队合作
重难知识点解析	理想很重要 信念来支撑 实践来实现	视频案例和设问方式贯穿课程相关知识点的理论讲解	逻辑思维 知识拓展 辨析批判
视频案例	许三多的成功之路 开学第一课	视频与课程内容紧密贴合,视频问题设置,引发学生思考与共鸣	逻辑思维 辨析批判
教学互动	什么样的人最快乐? 钙之于人的作用是什么?	学生思考、辨析与讨论	逻辑思维 辨析批判 团队合作
教师讲评	结合本章课程内容归纳、点评学生观点	提炼总结,回归课程内容	逻辑思维 辨析批判

五、"五要件""八素养"的拓展:建立走出去引进来的教学模式

不同于高中专心致力于书本知识的学习,学生在大学期间应该更多地为将来步入社会做好准备。大学是学生走向社会的一个跳板,只有充分的准备才能在这个社会激起一朵美丽的水花。从社会各界对当前大学毕业生的总体评价来看,学生就业竞争力不仅在于在专业知识和职业技能(做事),更体现在工作过程中的多元化要求,比如沟通能力、团队凝聚力、积极性等。为了让学生有更直观的感受,有面对真实问题的机会,在条件允许的情况下,我们的课程可制订相应的"教师和学生走出去、校外职场人士请进来"的教学计划。具体实施可以采用课堂视频连线方式,请职场人士参与到课堂现身说法,让学生直接了解职场对毕业生的相关评价和要求,做到先知先行。同时我们的老师和学生也可以利用假期创造更多的机会直接参与社会实践,以达到课程对学生更直接有效的教育功能。

另外,基于部分学生对思想政治课的影响力主观认知不强,老师可以做有心人,持续跟进与学生的联系,收集学生尤其是毕业生在日常学习、工作和生活中对曾经在思政课堂上学习到的相关知识的感悟,再适时引入课堂,以此更好引发学生对课程的认同感。

总之,大学思政课的学不是为了学而学,而是以全面发展为目标的学,大学思政课的教,也要是有针对性地为了学生全面发展、更好赢得人生大考为目标的教。让大学生在接受思想政治理论和实践课程的教育过程中真正成为身心和谐、服务社会的有用之才。

参 考 文 献

[1] 特级教师于漪:育人不等于育分,人不能量化 [EB/OL]. (2021-09-10) [2023-02-06]. htps://baijiahao. baidu. com/s? id = 1710482998337766238&wfr = spider&for = pc.

[2] 人民教育家先进事迹——于漪 [EB/OL]. (2022-12-03) [2023-02-06]. https://cm. sues. edu. cn/_t245/99/4e/c 12879a235854/page. htm.

[3] 黄超,丁雅诵.《人民日报》头版聚焦高校思想政治工作:培养担当民族复兴大任的时代新人 [EB/OL]. (2021-12-10) [2023-02-06]. https://baijiahao. baidu. com/s? id = 17187421043646 54106&wfr = spider&for = pc.

[4] 习近平. 思政课是落实立德树人根本任务的关键课程 [EB/OL]. (2020-09-01) [2023-02-06]. https://baijiahao. baidu. com/s? id = 1676614073894081533&wfr = spider&for = pc.

对"五要件""八素养"思政课教学改革的思考

彭立群

【摘要】 北京理工大学珠海学院马克思主义学院的"五要件""八素养"思政课教学改革在教育理念和教学方法上都进行了可贵的创新,取得了显著成效。在教育理念上,"五要件""八素养"教学改革的创新是从课堂思政转为新时代的大思政,从知识性体系到智慧性体系,从教师单极世界到师生共同体世界;在教学方法上的创新则是教师从讲解者转化为平台组织者,从提高到课率到提高抬头率和点头率,从结果考核到全过程考核和全员考核。同时这项改革还在进一步深化和升级。

【关键词】 "五要件","八素养",创新,教育理念,教学方法

2015年,在院长范建荣教授的带领下,北京理工大学珠海学院马克思主义学院全体教师开始了"五要件""八素养"的思政课教学改革。"八素养"是思政课教学的8个核心目标,即在思政课教学中提升学生的能力与素养,包括政治思想、知识拓展、逻辑思维、辨析批判、道德修养、法律意识、实践创新和团队合作。"五要件"就是思政课教学的5个必备环节,包括课前5分钟、重难知识点解析、视频案例、教学互动、教师讲评。几年来,这一教学改革结出了丰硕的成果,根据《麦可思北京理工大学珠海学院2019届毕业生培养质量评价报告》,毕业生对思政课满意程度逐年提升,由2016届的81%逐步上升至2019届的92%。北理珠马院的这一教学改革也不断吸引着各大新闻媒体的注意力,经常登上各类报纸、杂志的重要版面。

2019年3月18日,中共中央总书记、国家主席、中央军委主席习近平在北京主持召开学校思想政治理论课教师座谈会并发表重要讲话。习近平指出,推动思想政治理论课改革创新,要不断增强思政课的思想性、理论性和亲和力、针对

性，要坚持"八个统一"。即坚持政治性和学理性相统一，价值性和知识性相统一，建设性和批判性相统一，理论性和实践性相统一，统一性和多样性相统一，主导性和主体性相统一，灌输性和启发性相统一。习近平在座谈会上还提出了思政教师的"六要"：政治要强，情怀要深，思维要新，视野要广，自律要严，人格要正。无独有偶，"五要件""八素养"教学改革完全符合"八个统一"和"六要"的精神要旨，说明北理珠的思政课改革具有很强的思想前瞻性，对教育教学规律也有深刻的把握。我们要充分重视该项教学改革的重要意义，深入挖掘其理论意义和实践价值，总结其在教育理念和教学方法上的成功之处，以便把这项改革引向深入，并不断取得更好的成效。

一、"五要件""八素养"教学法在教育理念上的创新

总的来说，"五要件""八素养"教学改革在教育理念上有三个突出的转变：即从课堂思政到新时代的大思政，从知识型体系到智慧型体系，从教师单极世界到师生共同体世界。

（一）从课堂思政到新时代的大思政

新时代是承前启后、继往开来、在新的历史条件下继续夺取中国特色社会主义伟大胜利的时代。在这样一个时代，大思政要追求大情怀，立足大环境，解决大问题。而过往的思政很多时候往往"言者谆谆，听者藐藐""考考考老师的法宝，分分分学生的命根"，思政教育始于课堂、终于课堂。针对这种情况，北理珠的思政课改革首先是联系当代社会，贴近学生的接受习惯，引导学生培养对马克思主义、中国共产党、中华民族和人类的认同情怀。通过包括网络媒体在内的各种手段，教师引导学生"穿越"回马克思、恩格斯、毛泽东等导师的生命状态，回到他们对弱势群体的深深同情和对人类命运的关切，从而激发学生对马克思主义、中国共产党、中华民族和人类命运的深度理解，明白马克思主义和中国共产党的初心就是为了人民的自由和解放，这是我们这个国家和民族的存在之本。

立足大环境就是从中国和世界面临的共同问题出发，探究各类世界性热点、痛点和堵点问题，比如引导学生分析全球疫情、气候危机、部分地区动荡的局势等，增强学生的担当精神和责任意识。

解决大问题就是引导学生讨论"我是谁""世界怎么了""人类向何处去"等时代问题，引导学生把准时代脉搏，尝试回答这些难题，从而在各种风浪中站稳立场，不迷失自己，不失去本心。

同时，"五要件""八素养"的教学改革还打通课上与课下，把社会实践与课堂结合起来，营造道德修养和守法意识自然生发的情境，构造出了思政课大课堂。同学们广泛参加社会调研和各类公益活动，很多同学开始换位思考，体会到民生不易，对社会和他人产生很强的同理心和感恩心，从而在道德意识和守法意识上都有一个很大的提升。其他实践活动还包括组织各种读书会，让学生深度理解马克思主义经典、中国优秀传统文化和中国特色社会主义的神韵与精髓，等等。

通过追求大情怀、立足大环境和解决大问题，学生的政治思想、道德修养和法律意识都得到了潜移默化的提升，思政课成了对大学生进行系统马克思主义理论教育的主渠道和"铸魂"的主阵地，让学生坚定了对中国特色社会主义的"四个自信"，增强了"四个意识"，做到了"两个维护"。

（二）从知识型体系到智慧型体系

众所周知，改革开放以来我国思政课先后经历了"85方案""98方案"和"05方案"三次大的改革，2018年、2021年又对高校思政课教材进行了全面修订。即便如此，思政课教材还是相对注重梳理百科全书式的知识体系，注重学生对知识体系的熟悉，对学生的领悟和创新能力强调得不够。针对这一点，"五要件""八素养"的教学改革着重培养学生的领悟能力、批判思维能力和创新能力，从强调金子到强调点金之指，从强调知识转为强调能力和智慧。

首先是对学生的疑点和难点问题迎难而上，培养学生的领悟能力。很多学生对为什么当今时代依然需要马克思，社会主义相较于资本主义的优越性等问题存在疑问，教师则引导学生回到人类社会的本体来思考问题，既然生产劳动是人类社会存在的基础，为什么在西方世界很多从事生产劳动的人依然无法获得人应有的待遇？人怎样才能过上人该有的生活（自由自觉的生活）？学生给出的答案就是唤醒人民，争取全人类的自我解放、自我提升，促进人民更广泛、更有效地联合。而这正是马克思主义的题中应有之义，是社会主义的力量源泉，也是当今资本主义国家力所不逮甚至极力回避之处。

其次，通过专题演讲和辩论赛培养学生的批判思维能力和逻辑表达能力。批判能力并不是一味批评别人,而是对问题有很好的反思意识,知道问题的来龙去脉和限度,不仅不会人云亦云,对问题的理解和解答还具有新颖的角度和清晰的表达。教师会联系当前热点问题引导学生更加理性和全面地看待和解答问题。这样做的目的不是培养学生做知识的搬运工,而是让学生具有随时进入一个新领域的强大学习能力和融汇能力,而这都离不开批判思维能力和逻辑思维能力。

最后,培养学生的融汇和创新能力。跨界时下是一个很新潮的词,有人甚至说跨界能力是稀缺资源,要培养学生对不同领域的融会贯通能力,就要为学生创造进入一个新领域的机会,让学生具备穿透核心概念区的能力。学生不仅能理解、应用、评估和融汇所学的知识,还能力所能及地创新知识。当然这一点不会一蹴而就,需要我们持续对学生施加影响力。

从知识型体系到智慧型体系的转换中,学生的知识拓展、逻辑思维、辨析批判能力都得到了训练,这将为其成功打下坚实的基础。

(三) 从教师单极世界到师生命运共同体世界

人类命运共同体是习近平总书记大力倡导的新型文明观和国家关系观,旨在追求本国利益时兼顾他国合理关切,在谋求本国发展中促进各国共同发展。"五要件""八素养"教学改革把共同体思维的精髓也运用在师生关系的构造上。在以往的教学实践中,教师做好一个演讲者就可以了,教师教学的目的就是有效灌输和完成教学任务。而在北理珠的教学改革者们看来,要从教师单极世界走向师生共同体世界,就要师生产生共同关切、共同研读和讲授、共同实践和共同成长的共同体世界。

首先,师生共同的关切就是学生现在的成长和未来的成功。学生的成长表现在八种素养的养成与提高。八素养与教育史上的"要素主义"从字面上有些许相同之处,但二者的旨归是不同的,要素主义教育思想是对强调"适应生活"和"学生中心"的"进步教育"进行批评,而突出教师主导性和文化遗产中的"共同要素",非常强调学科规范,具有精英主义的意味[1]。"八素养"的提出,是为了改变思政课灌输式的教学方式,也是为了明确师生存在的价值,即二者是你中有我、我中有你的"命运共同体"关系。教师的意义在于通过主导教学过程帮助学生成为主体,学生的价值则是在参与教学的过程中,成为教学的中心和主体。

其次,借鉴翻转教学模式,师生共同探讨与讲解,共同构造出一个互动的、有生命力的世界。米德认为，在互动中有意义的符号建立起来，并对互动双方起着至关重要的作用[2]。师生要一起构建共同的意义世界，并在其中扮演各自的角色。教师要多鼓励学生，帮助他们树立自信心。学生多半怕犯错，怕别人嘲笑，教师应该多肯定学生，让它们知道自己可以做得很好。要善于发现他们的闪光点，善于发现他们自己都没注意到的优点。在同学互动、师生互动的过程中，学生不仅学会与人沟通、合作的能力，也懂得了如何维持一个共同的世界与秩序。

最后，师生共同实践，共同纠错，共同成长。教师也会犯错误，学生或许在某些方面会有独到的见解。在共同实践中，师生共同构建"学思悟信"一体的平台、共同服务社会的舞台、共同成长的亭台。学生一般需要通过小组协作完成教学过程的各个环节，这会让他们养成尊重他人、相互配合、互鉴互学的意识和习惯，开始适应未来职场的要求。这真正体现了教学相长的本义。

在共同体中，不仅学生成长和成功成为师生共同的目标，学生的团队合作能力和为人处世能力也得到了很大的提高。总之，教育思想上的创新是"五要件""八素养"教学改革的灵魂，深刻的教学理念还需要教育方法上的跟进与创新。

二、"五要件""八素养"教学法在教学方法上的创新

长期以来，学生到课率低、课堂参与程度低、难以实时控制课堂教学进程等问题，成为思政课大课堂教学的痛点。北理珠马克思主义学院的"五要件""八素养"教学法改革在教学方法上也进行了有益的尝试，课前5分钟、重难知识点解析、视频案例、教学互动、教师讲评等环节，就是要让思政课实现从单调到复调、从独唱到合奏的转变，从而为8个素养的稳步落地做有力支持。在教学方法上的创新具体表现为：在课堂组织方式上，教师从讲解者到平台组织者；在课堂目标上，从提高到课率到提高抬头率和点头率；在考核方式上，从结果考核到全过程考核和全员考核。

（一）从教材讲解者到平台组织者和参与者

在改革之前，老师们往往从头讲到尾，负责任的老师还会不断提高讲解水平，绝大多数老师的讲解可能会被淹没在冗长的PPT中，使学生感到越来越乏

味。从效果上说，学生对思政课感兴趣是不常见的。为改变这种情况，教师把小组演讲、画报、辩论、经典诵读、演讲等活动安排为一个有机的平台。老师不是满足于讲解清楚，而是合理构架和指挥平台的运作。老师要做的是线上资料的准备、设立平台运行规则，让各种活动和互动有序开展，同时借助超星、智慧树、大学慕课等平台，甚至优质的外国网课来服务莘莘学子。聚光灯不必在我，但指挥运作必定有我。教师从主演变成了导演，因此就要求教师提前准备好剧本，并在线下与线上的运作过程中不断调整。可以说，教师对平台的搭建与运作能力成为"五要件""八素养"教学改革的关键一笔。

（二）从注重到课率到提升抬头率和点头率

为保证到课率，点名甚至监控都可能成为可采取的手段，但这样的济济一堂是机械和没有生命力的。改革的思路是从学生感兴趣的东西入手，进一步延伸出对知识的渴求。一般来说，我们学生的兴趣点始终是被封闭和被压制的，他们有限的兴趣点可能只是历史、电游、化妆品、人生迷惑，等等，如果能因势利导，则很可能激发出学生的兴趣。教师往往从学生易感兴趣的地方入手，或者也可以让他们自己自由发挥主题，从而觅得良机，这就是课前 5 分钟的作用，同时也能调动同学们的状态。"五要件"的要求其实是在提示教师，教学设计要由浅到深，有效引起学生的参与热情。教师的各项工作无非是增加教育的投入，其目的是引起学生加大投入，从而使能力和素质得到锻炼和提升。

另外，北理珠的教学改革还从章节授课改为专题授课，每个专题都有对应的素养要求。但改革的目的不止于此，我们还要充分吸引学生参与得到精心设计的讨论，让学生有获得感，不仅提升抬头率，还提升点头率。这一点对老师的要求会越来越高，不仅要有趣，还要有用和有惊喜。

（三）从结果考核到全过程考核和全员考核

原先基本上是期末考试定乾坤，"五要件""八素养"的教学改革则要求优化考核环节，每个教学环节都有相应的考核，有同学的互相评价，有老师对同学的评价，有班长对组长的考评，有组长对同学的考评，也有同学对小组长和班长的考评，还有同学对老师的考评，可以说人人考核人人。学生对考勤、小组演讲、小组协作、辩论、经典诵读、画报展示等各个环节都要全身心投入，不然就会影响最后的成绩。

通过构造师生命运共同体，从引起学生的兴趣，到提高学生的抬头率和点头率，通过全过程考核，"八素养"得到了有效的落实。

三、结束语

马克思主义中国化表现为合理、简洁和平实的汉语表达，"五要件""八素养"改革也表现出这样的特质，即思想深刻，要求清晰，易于上手。这种化复杂为简单的智慧应该引起我们的高度重视，但这并不是说这项改革已然完美无缺。

对照中央要求和兄弟院校的有益尝试，"五要件""八素养"思政课教学改革还有着很大的发展潜力和提升空间：第一，与学界和兄弟院校的沟通切磋还要加强；第二，硬件和软件的教育投入还要进一步加大，如此才更能促进学生的积极性；第三，要引导学生从事思政类创新或创业项目，如引导学生研究解决学生中普遍存在的无目标、无动力甚至忧郁等问题，引导学生研究大湾区建设中亟待解决的问题，引导学生参加全国性的社会实践课题或项目等；第四，教师们还要进一步增强服务学生的本领，要从研究经典、研究现实、研究学生、研究自己入手，把为教学而教学转为研究性教学。

"八素养"培养目标是一个完整的体系，基本涵盖了学习、工作、生活的各个方面，通过思政课的短期培养，种下学生对终身学习和持续生存发展所需能力的种子，真正实现自我塑造、自我成才。"五要件"则是方法，是过河之舟。我们要通过云推动云，通过心感染心，通过倾心的投入来引起和增加学生的更大投入。同时我们还要防止僵化和形式化，这方面依然任重而道远。

参 考 文 献

[1] 单中惠. 西方教育思想史［M］. 北京：中国人民大学出版社，2017：443-446.

[2] 于海. 西方社会思想史［M］. 上海：复旦大学出版社，1993：368.

实现大时代中人的全面发展

——关于新时期高校思政课教学的若干探索与思考

高兵强

【摘要】 思政课教学改革创新，须随着时代的发展而发展。当代中国处于新时代、大时代，当代中国思政教育要体现大格局，高校思政课应体现"大学之大"，作为大先生的思政教师要有"大认识"，课堂设计应体现"大容量"，讲好中国的"大故事"。思政教育以实现人的全面发展为终极目标。

【关键词】 思想政治教育，马克思主义，人的全面发展

习近平总书记在党的二十大报告中指出："全党要把青年工作作为战略性工作来抓，用党的科学理论武装青年，用党的初心使命感召青年，做青年朋友的知心人、青年工作的热心人、青年群众的引路人。"高校思想政治理论教育工作是新时代党的青年工作的重要组成部分。党的十八大以来，习近平总书记多次对思想政治教育工作提出新指导、新要求。近年来，全国高校陆续对思政课教学创新进行了理论、实践、内容、形式等多个层面上的探索。北京理工大学珠海学院马克思主义学院自2015年开始，在思政课教学中尝试探索新理念、新方法、新格局，多年以来形成了以"五要件""八素养"为基本要旨的思政课新型教学模式，改变了传统思政课教学的灌输模式，取得了明显的效果。

所谓"五要件"，指的是课堂过程中的5个要素，包括引起意向的课前5分钟、重难知识点解析、视频案例、教学互动、教师点评；所谓"八素养"，指的是提升学生的政治思想、知识拓展、逻辑思维、辩证批判、道德修养、法律意识、实践创新以及团队合作8种素养。随着多媒体等技术的进步，如今的课堂教学形式已有了更多更新的实现手段；而随着时代的发展，社会对人的素养也提出了诸多新要求。"五要件""八素养"教学理念与方法的具体内涵也须随着实践的发展而不断与时俱进、自我更新。马克思主义体系本身是开放的、发展的。相

应地，我们对思政课教学改革创新的基本态度，也应是开放的、发展的。从这个意义上说，"五要件""八素养"既是包含了某些具体元素的具体教学方法，同时又是某种抽象、开放的教学精神与教学理念，这里的"五""八"，都并非指僵化不变的具体数目，而是指全面、多样、不拘一格。它不是教条，而是可以因应时代和社会命题之发展，根据教育规律、教学目标更新之动态需要，调整其具体内涵与表现方法，以服务于思政教育改革创新，服务于立德树人，服务于中国式现代化，服务于中华民族伟大复兴。本文就笔者过去两年所担授的马克思主义基本原理课教学中所尝试的一些探索，谈谈自己的认识与思考。

一、新时代是"大时代"，思政教育要体现"大格局"

党的二十大报告指出："青年强，则国家强。当代中国青年生逢其时，施展才干的舞台无比广阔，实现梦想的前景无比光明。"二十大报告为我们擘画出新时代中国面向未来全面发展、实现中国式现代化的伟大愿景，以及当代中国青年在这一历史进程中可堪大任、可为大事的广阔舞台。新时代是"大时代"。

新时代以来的思想政治教育教学工作，基本取向是要求教师（尤其是党员教师）成为青年学生的"引路人"。教师引导，是传统课堂形式中一直存在的基本样态。新时代思政课教学所强调的"引导"，在理念与方法上与此前又有所不同。如果说旧思政教学中的所谓"引导"是"看得见的手"，是先知先行者（教师）带动后知后进者（学生）去适应社会存在之客观要求，那么新思政教育理念所强调的"引导"就属于"看不见的手"，是师生偕行，更加强调人之主体能动性，"社会由我造"。旧思政课是"耳提面命"，而新理念之下的思政课，追求的是"春风化雨润新人"。从这个意义上说，不像思政课的思政课，才是更加适应新时代的真正的思政课。这种新思政教育理念，需要新时代教师对思政教育之本质有新的理解：思政的本义不是低级地追求简单的"思想统一"，而是寻求对人、社会、历史、人类的全面理解，让人成为人，立德树人，取义从仁。

不唯教师一端，新时代对"学生"一端也有新的定义与定位。"学生"的基本意思指"在学校学习的人"；但其更高含义是指"接受他人教导并帮助传播和实行的人"。这一高级含义突出了"学生"这一社会角色与广阔社会存在之间的直接联系。就此意义而言，思政教育中理想的师生关系应是社会中的偕行者，是"同心同德同路人"。"学生"不是校园存在，而是社会存在，是历史发展动力的突出承载者，是"未来的主人翁"。正如党的二十大报告对当代中国青年所期许的——"怀抱梦想又脚踏实地，敢想敢为又善作善成，立志做有理想、敢担当、能吃苦、肯奋斗的新时代好青年，让青春在全面建设社会主义现代化国家的火热实践中绽放绚丽之花"，这是新时代对包括学生在内的当代中国青年的新定义。

总之，新时代是"大时代"，教育工作者对思政教育本质、教师功能角色、学生社会身份等问题的理解，也都应具有与"大时代"相适应的"大格局"。

二、高校思政教育要体现"大学之大"

习近平总书记曾讲，思政教育要从过去的"小思政"变为"大思政"（意谓走出教室和校园，走向广阔的社会生活）。与"大思政"要求相适应，思政教师也须提升自身努力成为"大先生"。对大学而言，也应同样在制度设计、教学运行中体现出与新时代"大思政""大先生"相匹配的某种"大学之大"。

笔者所在的学校目前一些运行机制，在一定程度上体现了"大学之大"的意味。全面学分制，以及与其相配套的高度自由的选课制度，就是比较好的例子。全面学分制下，学生可在一定范围内跨学科修学分，并且3年内修够全部学分即可毕业，由此，学校与学生均获得了更高程度上的"自由、解放、全面发展"。而实现人的自由、解放、全面发展，正是马克思主义、社会主义者改造世界的最终目的所在。

全面学分制下，学生被赋予了较高程度的自由选课权利。只有给予学生充分的选课自由，全面学分制才能真正落地。笔者对选课自由特别看重。这是因为马克思主义追求人的全面发展，而知识的全面性是人之全面发展的重要实现路径与体现形态。马克思主义作为知识体系，也包含了自然科学、社会哲学等诸多知识部门。马克思本人的知识结构也是文理贯通、多学科融汇的。在大学教育中，选课自由正是体现和实现人之全面发展的机制之一。在笔者看来，这或许是"大学之大"的核心表现之一。

与选课伴随发生的是对老师的选择。这也是"大学之大"的体现。本校学生选课，有两个星期的"试听期"。每学期开学之初的第一周和第二周，学生可自由选择加入或退出某班某课程。此机制有利有弊，利大于弊。一方面，此机制有利于学生统筹决策自己本学期到底选哪些课；另一方面，对于同一门课而言，由于授课教师不止一位，此机制也有助于学生通过试听来选择最适合自己的教师。每个学生都有自己的个性，每个教师也都有自己的风格。相互适合的师生共度一学期的时光，师生之间才容易形成良好合作关系，教学相长，师生双赢；相反，则可能双方都不得自由。对思政课来说，这一点显得尤为重要。为此，笔者在最初上课时会着力做三件事：一是尽量充分显现自己的教学风格，并交代清楚后续教学安排和要求，让学生去考虑"这个老师适合我吗"。二是会对学生泛泛地进行一到两次的"劝退"，目的是对学生进行选择（"如果我的风格与教学安排不适合你，建议你去选其他老师的课，选择最适合你的老师"），必要时还会对个别特别不认真的学生进行"精准劝退"，而经"劝退"后仍留下来的，可能就是"真爱粉"，往往预后师生合作会较愉快。三是笔者会建议学生在选课结束前，多去不同教师的课堂上试听，比如原理课是三小节连上，但笔者会建议学生可在本班只听一节（45分钟）或两节，不必听足三节，即可转场去"隔壁教室"其他教师原理课上试听，这种做法表面上看似随意，或也不符教务规定，但却真正体现了选课制度的根本意义，是对学生学习的真正负责，同时也体现了教师端的自信，总体上实现了"大学之大"。实践表明，以上做法有助于教学资源的优化组合，有助于构造优质师生合作关系，有助于学生真正获得最大学习价值。上述这些具有鲜明个人风格的做法，对于"有心"的学生（对自己负责，有积极学习意愿的学生）来说，是很有价值的。以上种种看似与思政课具体内容无甚关联，但其实体现出了一定的马克思主义者精神风貌。

三、大先生要有"大认识"

曾几何时，思政课教学以及思政课教师对自己的工作往往普遍缺乏自信。原因很简单：以前我国社会主义建设尚未结出硕果，与西方社会对比之下，我们对自己缺乏自信。世易时移，今天中国特色社会主义建设已成就显著，而西方世界各种问题层出不穷。社会存在决定社会意识。如今我们在实践与理论层面上均已建立起全面自信。思政教育的自信，也不再是问题。

以前的思政课教学中，我们需要花大力气去"讲道理"。新时代的思政课教学，我们已不必过多单纯"讲道理"，有时候只"摆事实"已足够。实践检验真理。实践赋予我们更大的认识格局。一些以前曾被视作难点问题甚至是所谓"敏感"问题，如今都轻而易举可得到合情合理、合乎逻辑的解答。例如，笔者在给学生播放、讲解习近平总书记在纪念马克思诞辰200周年大会上讲话时，学生并未主动提出什么难点问题，但笔者主动抛出如下问题给学生：讲话中谈到"现在我们应学习马克思主义哪些方面"时，以九个段落铺陈了要重点学习的九条（如人民立场、辩证唯物方法论、生产力生产关系原理，等等），马克思主义的主要原理皆在其中，但唯独未提在马克思主义中占据重要地位的"革命"问题。原因何在？我们党从革命党变为执政党了，所以我们在刻意回避革命议题吗？作为思政课教师，主动在课堂上提出这一看似敏感的问题，引发学生讨论，是需要一点"大认识"的。经过适当的"头脑风暴"讨论后，最后对学生给出如下解答：虽然该讲话中并未重点提及革命问题，但在党的其他重要文件、文献、讲话中，却经常反复论及"革命"议题，只不过我们党已主动将"革命"问题转换为"自我革命"问题，突出强调自我批评、自我警醒、自我革命，以此消解了来自他者的"革命"问题。由此便破解了这一问题。在党的二十大报告中，"自我革命"已成为极其显要的命题，被视为针对"黄炎培之问"（"共产党人如何走出治乱兴衰王朝更替的历史周期律"），我们党在"人民监督"之后所给出的"第二个答案"。从"革命"到"自我革命"，从敏感"问题"到光明磊落的"答案"，此间变换，令人豁然开朗。诸如此类的"难点重点"教学问题还有很多，作为思政课教师，在教学中都不妨大胆主动提出来，"让最阴暗的问题散在阳光之下"，自然激浊扬清，而无须任何回避或模糊处理。

■ 四、讲好中国的"大故事"

人生中有道理，也有故事。而道理往往寓于故事之中。经由故事而显现的道理，往往令人感受更为真切。人生如此，社会亦如此。社会的大道理，往往隐匿于社会的大故事之中。马克思主义原理是大道理。但其来源是广阔的社会历史生活实践，来自社会历史的大故事，并指导人类故事向上向善展开。中国故事亦是如此。习近平总书记曾说："我们有能力做好中国的事情，难道没能力讲好中国的故事？"实践就是最生动的大故事。思政课教学，可以通过讲故事的方法传达真理。

所有理论都是抽象甚至枯燥的，"原理"更是如此。学生在中学阶段大多已对马克思主义基本原理有所学习。高中生缺乏的是广阔的社会生活实践。而实践是马克思主义所有原理的来源与归宿。对原理课来说，缺乏实践维度的纯理论学习，是伪学习。抽象的原理对青年学生而言是有距离感的；生动的实践对学生来说是易亲近的。讲好原理课的重要方法，是讲出原理背后的活生生的实践故事。

由于年龄、经历所限，学生本身获取活生生的实践故事相对较难，让学生以亲身经历来讲故事就更难。因而，有故事的教师对原理课教学来说就显得难能可贵。而笔者正巧是一个经历比较丰富、有点故事的人。笔者曾在人民日报社和中共中央党校研究生院工作学习多年，跑过很多地方的基层部门，见到过若干与国家发展、社会主义建设有关的人和事，积累了一些能体现马克思主义原理的实践故事。例如以脱贫攻坚为例，讲马克思主义要求共产党人通过"实践"去"改造世界"、致力于实现"人民共同富裕"的基本道理时，笔者讲了自己在陕西柞水县金米村现场走访的故事：2020年4月，习近平总书记考察了金米村产业脱贫问题，提出了"小木耳大产业"；暑假中，笔者来到金米村，与该村老支书聊天，老支书对本村各家各户情况了如指掌，各家电话他脱口而出；当日恰逢央视新闻频道在金米村现场直播乡村产业振兴模范案例，笔者也由此获得了生动的故事素材。把这些真实生动的故事带到课堂讲给学生，远比纯课本式的或只用网上新闻故事去讲解更有说服力。这类故事还有很多。如安徽凤阳小岗村的"岗人治岗"、山西大寨的新旧农业转型、福建平潭岛上京台高速公路"最后一公里"（通达台湾岛的最后一段跨海桥梁）、云南麻栗坡县老山前线烈士陵园里的守护人等等，都与思政课教学直接相关，可有效提升课堂效果。

还有些故事素材不是亲身带回来的，但可"引进来"。例如可适当将视频平台的某些直播互动引入课堂教学。如驻村书记直播带货，县长直播促销农产品，皆可适当引入课堂上合理使用，甚至可尝试让学生参与直播间互动（如对驻村书记进行访问），让学生体会活生生的中国故事。民间直播之外，还有官方直播可用。笔者在教学中，只要上课时段赶上央视现场直播国家大事（如二十大开幕会、人大政协会议、中宣部或国新办某些重要发布会、烈士纪念日天安门广场纪念活动等），就一定在课堂上让学生实时同步观看。个人与国家、时代同步，可增强学生见证历史、参与历史的家国情怀。

五、课堂设计应体现"大容量"

思政课不厌创新，务必创新。这是中央的要求与期待，也是全国上下都在努力做的事情。但据笔者观察，越是基层教育工作者，有时越不敢创新。然而，从中央的精神与要求来说，只要是出于建设性的态度，以人民的立场为出发点和归宿，思政教学创新在一定范围内允许"试错"。位于特区的高校，就更是如此，更应具有不凡的创新意识。目前思政教育改革存在的问题不是创新过度，而是创新不足。思政教育创新的较高目标，是在教学实践中实现对马克思主义基本原理的新发展；较低目标，是对课堂教学形式创新，让课堂生动起来。内容创新教难，形式创新较易。兹就后者略谈下经验体会。

当前思政课堂教学的普遍共识，是努力让学生成为课堂过程的主角。本校马克思主义学院也探索出了以"五要件""八素养"为主要概括的课堂过程创新框架。笔者在此基础之上，进一步尝试了若干新做法，主要表现为"学生小组主持一堂课"。

所谓"主持一堂课"，是让学生自由分组，以小组为单位充分准备，在课堂上为全部学生上一堂课。学生主讲，讲给学生听。笔者作为教师也在课堂上听，非必要不干预（如纠错、拓展、评价、总结等），大胆放权给学生。小组具体讲什么内容，具体以什么形式来呈现其内容，均完全由各小组自行决定。不论以何种形式呈现，都必须讲出尽可能多的马克思主义基本原理内容。

为防止学生讲得过于松散、游离于教学目标，笔者为学生提供了一个分析问题的参考框架，包含5个层面（也可称之为另一种"五要件"），具体如下：①教材中是怎样讲该问题的；②教材之外，持马克思主义理念的中国主流学术文章或书籍是怎样进一步论述该问题的；③非马克思主义（如西方政治经济学）有关文章或书籍是怎样论述该问题的；④新闻或身边经验中，有何事例可辅助我们理解该理论问题；⑤若期末考试围绕该知识点出题，可出怎样的题目（可自编或从网上拣选代表性题目进行讲解）。

上述分析问题的"五要件"中，前三步是锻炼学生基于阅读的学术分析能力，目的是让学生的思考"飞起来"；第四步是用生活案例辅助理解原理；第五步是对教材的回归，是"飞起来"之后的再次"落地"。以上5部分，由教材始，然后超越教材，最后又回归教材。整个链条既体现了一定的拔高、锻炼，同时又坚持以教材为根本，符合思政教学基本要求。

以上实践不仅锻炼了学生的学术能力，同时也锻炼了学生的口头表达能力。因为把一个问题按照上述5个步骤讲下来，需要的时间比较长，一般需要一堂课（45分钟）甚至一个小时的时间。"主持一堂课"的名称也由此而来。这种课堂过程，相对于过去以教师宣讲为主的传统课堂，形成了巨大翻转，学生的参与性与主体性得到了凸显。

以上课堂设计赋予学生很高的自由度：自由组团，自己商议本小组要讲的主题，自己决定何时上场；各小组自行设计用何种形式呈现内容（可以是传统演讲，也可是沙龙座谈、模拟记者会、辩论，甚至可以是自编一套试卷，在课堂上让全班作答，然后讲解）。赋予学生自由度的同时，也设定了若干约束：后上场的小组不得重复先上场小组已讲过的主题；各小组须做到"讲者自己有锻炼、有成长，听众有收获、有提高"。具体效果如何，以全班打分论高低，得分作为该小组成员平时成绩的主要构成。在实践中，各小组表现不一。有些小组可非常高质量地流畅"主持一堂课"，并得到高分；有些小组讲解质量较低，达不到教学目的，一般会由笔者随时干预、引申，努力帮助小组提高其讲解质量，尽最大可能使听众收获更多。高质量的小组往往不希望教师中途干预、影响其表达的自主性和完整性。有鉴于此，笔者往往会在任一小组演讲之前，首先征求其意见"是否介意老师或听众随时打断"，尊重当事小组的意见。

学生"主持一堂课"的探索实践，有收获也有不足。最普遍的问题是，学生一般都无自信将自己视作与教师平等的主体，去有模有样地主持一堂课。大多数学生只能以学生姿态去表达，这一点未达到笔者设计这一课堂形式的初心。另一问题是，虽然名为"主持"一堂课，且反复鼓励大家自行创新表达形式，但实际上大多数学生还是以演讲或报告的形式进行表达，沙龙、角色扮演、模拟记者会、模拟研讨会等形式很少出现，"主持"的色彩很淡。笔者设计"主持一堂课"的目的，是让校园内的"课堂过程"与校园外的"社会过程"尽可能地衔接，让学生尽可能通过"课堂体验"而达至"社会体验"，从而获得面向广阔社会存在的成熟成长。从截至目前的实践看，有收获，亦有不足。

六、对高校思政课安排的两点思考

（一）关于"老四门"与"新四门"的关系

高校思政课一直处于动态发展过程中。思政教学科目也在不断动态调整中。党的十八大以来，思政课的重要性得到了前所未有的提升。教学科目数量也从以前的4门变成了8门，即在"老四门"（"思想道德基础与法律修养""中国近现代史纲要""马克思主义基本原理概论""毛泽东思想和中国特色社会主义理论体系概论")的基础上,增加了"新四门"("形势与政策""使命与担当""四史""习近平新时代中国特色社会主义思想")。相对而言,"老四门"是比较基础的科目,而"新四门"则与时代、实践具有更为紧密的关联。在一定意义上可以说,前者是思政教育的出发点,而后者是落脚点。因而从某种角度上说,"新四门"比"老四门"更加鲜活,更加贴近实践,也更加重要。但在目前的教学安排中,"老四门"更受重视,"新四门"则有点被轻视,或许这种"本末倒置"的情况,今后需要改变。

(二) 关于设置思政教学实验班

思政课有教无类。但客观、辩证地看,学生个体间存在禀赋不同、志趣不同也是事实。过去的思政课堂,往往是人数动辄过百甚至几百的群体大课。实践已证明其教学效果甚微。为改变这一问题,近年来国家已强制要求提高思政课师生数量比,推动思政课教学小班化。方向是好的,但实际中由于各种原因仍难实现真正的小班教学。基于以上现实,笔者建议可尝试搞一定数量的"思政课教学实验班"。例如每学期给每个思政课教师设置一个实验班,只收对思政课真正有热情、对思政课改革创新真正有兴趣、真正愿意与教师通力合作的学生入实验班。实验班的目的不是对学生进行"三六九等"划分,而是实事求是,尊重个体差异,"抓事物的主要矛盾",解决思政课普泛教学效果不佳、人才不易涌现的问题。思政课改革创新需要教师端的努力,更需要学生端的呼应与配合。思政教学实验班,不妨可作为一种新的尝试。

■ 结语:创新最终是回归本源

思政教育的本源是什么?说来说去,不过"全面发展"四字,即德智体美劳五位一体,全面发展。"立德树人"的要求,已包含于全面发展之中。担当民族复兴大任的时代新人,说到底也就是德智体美劳全面发展之人。马克思主义、社会主义对世界进行改造的最终目的,就是实现人的自由、解放、全面发展。所以,"全面发展"虽是我们日常惯见的平淡之语,但却是马克思主义中、思政教育中一个关乎人之终极目的的高端概念。人之所以成为人,就是因为"全面发展"。德智体美劳五位一体,可能是截至目前我们所能给出的对"全面发展"最到位的注解。

　　思政教育教学或许并不需要过度追求什么冥思苦想的创新。并且思政教育也没有自己的"狭隘领地"。凡是关乎德智体美劳发展的，都属于思政教育的范畴。从这个意义上说，大学中所有教育科目都属于思政教育内容，因为各种专业、门类的教育加在一起，才最趋近于人的全面发展。但人的全面发展，最终是在广阔的社会历史进程中才能实现的，学校里的教育，只是一个起点。这一事业，尚任重而道远。功不唐捐。

高等院校实践育人体系研究

——基于"五要件""八素养"改革的思考

陈先兵

【摘要】"五要件""八素养"是北理工珠海学院思政课的特色项目，目前已经取得良好成效。根据国家关于思政课改革的要求，在总结以往改革经验基础上，从学校层面统筹推动实践育人体系建设，将课程教学与实践育人相结合，将成为今后学校思政课改革的重点。

【关键词】高等院校，实践育人体系，"五要件"，"八素养"

一、研究背景

思想政治工作是党一切工作的生命线，是新时代高等院校培养中国特色社会主义合格建设者和可靠接班人的工作遵循和核心抓手。2017年2月，中共中央国务院印发《关于加强和改进新形势下高校思想政治工作的意见》，提出要"坚持全员全过程全方位育人"的要求，把"实践育人"和"教书育人""科研育人""管理育人""服务于人""文化育人""组织育人"等育人形式作为打造高等院校全过程全方位育人体系的重要内容。2021年7月，在中国共产党成立100年之际，中共中央国务院印发《关于新时代加强和改进思想政治工作的意见》，进一步明确了思想政治工作在党和国家改革发展中的重要作用，为型构新时代"大思政"格局，推动高等院校实践育人体系建设奠定了坚实的基础。

二、问题意识

习近平总书记在党的二十大报告中提出"健全学校家庭社会育人机制"的重要要求，为实践育人体系建设指明了方向。实践育人是重要的人才培养途径，是高等院校在党的领导下,坚持马克思主义立场、观点、方法,以公益活动、社会调查、社区服务、志愿服务、专业实习、社团活动等为主要载体,以提高广大师生综合素养和综合能力为主要目标的人才培养形式。

十八大以来,以习近平同志为核心的党中央对高等院校思想政治工作特别是人才培养工作提出了新的更高的要求。在教育行政部门的主导下,各高等院校按照中央要求积极推动教育教学改革,为推动新时代中国高等教育事业的发展做出了许多有益探索。总体来看,高等院校的教育教学改革,除了加强思想政治工作,提高学科建设水平、课程教学质量和科学研究能力外,实践育人工作逐渐成为高等院校教育教学改革的重要内容。

从最近几年公开发表的成果来看,以志愿服务、专业实习、社区服务、社团活动等为主要内容的实践育人形式逐步受到重视,并且把中央关于思想政治教育的育人诉求融入其中,取得了较好的成效。从实践育人的整体布局来看,实践基地不断增加,育人理念更加科学,价值引导不断规范,领导机制不断健全,全方位实践育人体系基本形成。

在看到成绩的同时,我们也要清醒认识到目前高等院校实践育人方面存在的问题。这突出表现在以下三个方面:

第一,实践育人工作缺乏整体设计,各自为政现象突出。实践育人是一项系统工程,需要在学校党委的统一领导下,整合相关职能部门和专业学院的资源和力量,做好顶层设计,分工负责、统筹推进。

第二,实践育人工作机制有待完善,影响师生的积极性。完善的工作机制、畅通的沟通渠道是推动实践育人工作纵深发展的有力保障。如果标准不一、政出多门,统筹协调不力,会严重影响学生的实践体验和实践育人目标的实现。

第三,实践育人组织保障体系滞后,影响实践育人效果。和其他工作类似,实践育人需要制定集组织实施、过程指导、质量监控、效果评价和资源支持于一体的组织保障体系,这样才能最大可能发挥实践育人的功能,保障人才培养效果。

有鉴于此,在"大思政"的背景下,按照中央相关要求进一步完善高等院校实践育人体系迫在眉睫。

三、重要价值

高等院校承担着人才培养、科学研究、社会服务、文化传承创新和国际交流合作的重要性使命，在新的时代背景下，打造高等院校实践育人体系具有十分重要的价值：

第一，打造实践育人体系是践行马克思主义实践观的重要体现。

马克思主义认为，实践是认识的源泉，也是检验真理的标准。高等院校广大师生通过课程教学和科学研究取得的观点、方法和成果必须通过实践才能转化为现实的生产力，变成推动中华民族伟大复兴的动力。同时，通过参与实践可以有效提升广大师生对中国社会的认识，增加其感恩奋进、励志成才的精神动力。

第二，打造实践育人体系是提高高校人才培养质量的重要保障。

古人云，"纸上得来终觉浅"。大学生和青年教师作为新时代建设中国特色社会主义的有生力量，必须通过理论和实践的双重历练不断提高自身素质，不断增加能力和本领，如此才能真正扛起民族复兴伟大事业的历史重任。通过打造实践育人体系，可以有效连通理论学习和社会实践，避免出现理论学习和实践能力两张皮，发展不均衡的问题。

第三，打造实践育人体系是高校人才培养模式创新的重要探索。

课程教学和实践育人互为表里，共同构成高等院校人才培养的重要途径。当前，中国社会快速发展，世界形势风起云涌。青年是祖国的未来和民族的希望，只有培养出德才兼备的有志青年才能为中国特色社会主义事业补充新鲜血液，推动中华民族伟大复兴的历史进程。高等院校作为人才培养的重要载体，必须高度重视广大青年群体综合素质的提升。从这个角度来看，打造实践育人体系是我国高等院校人才培养模式的重要创新。

第四，打造实践育人体系是新时代培养知行合一、学以致用高素质人才的重要途径。

坚持马克思主义的立场、方法和观点，不断推动马克思主义中国化的历史进程，是党带领全国人民取得革命、建设和改革事业不断取得重大成就的政治基础。马克思主义人才培养理论是指导新时代我国人才培养工作的基本遵循。在"大思政"的历史背景下，推动高等院校实践育人体系建设是落实马克思主义人才培养理论的重要举措，也是通过教育教学改革有效拓展和发展马克思主义人才培养理论的重要途径。

第五，打造实践育人体系有助于建构双向互动协同育人新模式。

相对于其他社会组织，高等院校俗称"象牙塔"，具有相对独立的特性。这种特性容易导致高等院校在人才培养方面偏离社会需求，或者知识结构滞后于社会发展形势。因此，推动社会和高等院校的双向互动，建立协同育人机制不仅可以保障人才培养质量，也可以推动广大教职工根据社会发展形势及时更新知识结构，提高教育教学质量。

四、实施路径

习近平总书记在 2019 年 3 月 18 日主持召开的学校思想政治理论课教师座谈会上，明确提出思政课要坚持"八个统一"，明确指出"只有打好组合拳，才能讲好思政课"。

近年来，北京理工大学珠海学院马克思主义学院聚焦立德树人的根本任务，始终坚持正确政治方向，始终坚守思政课教学的价值追求，遵循教育规律、思政工作运行规律、学生成长成才规律，明确"以学生为中心"的教学出发点和立足点，把"立德树人""培养德智体美劳全面发展的社会主义建设者和接班人"作为核心抓手，通过"五要件"深化课堂教学改革，提升思政课教学过程中的趣味性、参与性和互动性，不断提高课堂教学实效。

通过建构"八素养"人才培养体系，全面提升思政课育人的实效性。即重点提升学生政治认同、知识拓展、逻辑思维、辨析批判、道德修养、法律意识、实践创新和团队合作 8 种素质，使学生具有终身学习和持续生存发展的根本能力，实现思政课浇花浇根、育人育心、春风化雨、润物无声的效果。

经过几年的艰辛探索，"五要件""八素养"教学改革取得良好成效，获得了广大师生和国内其他高校同行的高度赞誉和普遍关注。"五要件"的核心是课程教学，"八素养"的关键是多维育人，这两者缺一不可。就目前实际情况看，"五要件"改革已经全面融入思政课教学实践，成为广大思政课教师教学的基本方法。相比较而言，"八素养"育人体系建设稍显滞后。

相对于"五要件"而言，"八素养"虽然已经明确了不同课程的人才培养目标，但是没有将实践育人这个重要环节纳入其中，或者说实践育人的重要作用没有得到足够重视。目前，我们正面临着千年未有之大变局，世情、国情、党情相较于以往正在发生重大变化。如何从理论和实践相结合的角度，进一步深化"五要件""八素养"育人改革，需要结合当前实际，进一步做深、做细、做实各个环节。

第一，进一步细化"八素养"的育人指标，切实把实践育人纳入其中，充分发挥各种教育元素的综合育人作用。

相对于课程教学，实践育人体系建设需要整合教学单位、机关部处等多方面资源，协同做好顶层设计，通过项目化方式设计实践内容，通过学分考核引导学生参与其中，不断提升实践育人的规范化、体系化水平。就目前情况来看，学校有包含学生会、志愿者协会、社团联合会等名目繁多的学生组织，不同学生组织承担不同的职能。但是，我们尚未结合"八素养"培养目标的要求对不同类别学生组织开展的社会实践活动进行有效整合和梳理论证。

前期调查得知，目前学生组织的活动，除了学校和二级学院共青团、学生管理部门根据工作计划和相关要求组织的活动之外，其他学生组织的活动基本处于放任自流状态，没有进行系统的设计，缺乏明确的针对性。很多学生走出校园开展的社会实践活动虽然具有明显的公益属性，但是普遍缺乏项目化运作的指导，导致实践活动的实效性大打折扣。

另一方面，思政课课程实践学分的设计仅仅局限于暑期，没有涵盖广大学生日常社会实践。暑期社会实践的形式多为社会调查、志愿服务或者少数公益服务项目，学生应付和敷衍的现象较为普遍。因此有必要从全校实践育人体系建设的角度，根据"八素养"培养体系目标，通过学分考核的方式，延展社会实践的时空范围，把校内相关单位、学生组织和职能部门纳入其中，打造具有北理珠特色的实践育人体系。

第二，以学分考核为基础，以项目化管理为依托，做好顶层设计，建构系统完善的实践育人体系。

学分考核是推动实践育人工作常态化、制度化的重要手段，也是学生积极参与社会实践的重要动力。目前，需要在"五要件""八素养"改革的基础上，深入研究实践育人工作。要充分整合现有社会实践学分，提高政治站位，从学校人才培养的角度做好顶层设计。

部门联动是推动实践育人工作顺利开展的重要保障。要打破部门思维、提升政治站位，充分调动全校各部门的积极性，在充分论证、优化整合的基础上，认真研究实践项目的包装设计工作，按照"八素养"关于提高学生综合素质的要求，充分发挥各部门的育人载体作用。

延展实践育人考核工作的空间是提高实践育人工作实效的核心。要结合高等教育人才培养工作的规律，延展暑期社会实践的实施和考核链条，把实践育人工作落实到不同时间点和不同实践项目，根据学生表现设计考核指标和考核条件，把实践育人工作真正做成学生自愿参与、考核指标科学的常态化工作。

不断细化"八素养"的培养目标是推动实践育人工作的重要抓手。要认真研究学生成长成才的具体需求，建构从学生入学到课程学习，从感悟反思到综合素质提升的全链条实践育人体系。在实践项目设计方面，要做到学生随时可以选、教师随时可以评、效果随时可以测、结果随时可以查，不断提高项目的针对性和有效性。

第三，走出去和引进来相结合，打通学校和社会的壁垒，把实践育人融入区域经济社会发展的历史进程。

在实践中育人体系建设过程中，要避免"关门主义"的做法。结合"八素养"的要求，在做好相关顶层设计的基础上，要充分挖掘珠海市乃至大湾区各种红色资源和育人资源，打造立足北理工、辐射珠海市、面向大湾区的实践育人新格局。

要做好走出去和引进来的双向互动工作。根据以往学生活动的内容、形式和学生的兴趣，充分利用社区锻炼、志愿服务、公益项目、岗位锻炼，把优质学生实践资源带入周边社区、政府机关、企事业单位等。同时，广泛动员社会力量参与实践育人工作，遴选高素质党政领导干部、社区工作人员和有志于指导学生实践的企事业单位负责同志，参与实践育人工作，提高实践育人的专业化程度。

实践是最好的老师，学生经过课程学习以后，必须通过实践才能提高自我反思能力，把书面知识转变成综合素质，才能在目前激烈的社会竞争当中取得相对优势。要进一步加大实践项目和实践岗位的开发力度，按照项目化的形式，引导学生有序参与到不同类型、不同岗位的社会实践当中来，通过前期实践育人方案的设计和过程监控、指导，及时把握学生在实践当中存在的困难和问题，不断提高实践育人的针对性。

要充分结合学生参加社会实践的兴趣和倾向，有针对性地做好实践项目的设计、组织、培训等工作。建议成立实践育人办公室，负责统筹全校学生的社会实践工作。同时，负责和校内外相关部门沟通协调，不断完善实践育人实施方案，提高学生的综合素质和实践能力，全面提升学校实践育人工作的有效性。

在"大思政"背景下，实践育人体系建设是进一步推动"五要件""八素养"教育教学改革的重要支撑，也是打造具有北理珠特色育人格局的重要内容。只有将课程教学改革的"五要件"和实践育人改革的"八素养"通过实践育人体系建设进行有效对接，才能从根本上保障教育教学改革的成果，提升北京理工大学珠海学院思政课乃至人才培养体系的影响力。要充分结合大湾区和珠海经济特区对高质量人才的需求，通过系统施策、久久为功的举措，切实打通课程教学和社会实践两个环节，才能提高政治站位和人才培养的质量，才能不断调整人才培养方案，提高人才培养质量，为国家重大发展战略和民族复兴工作做出应有的贡献。

发展学生自主学习能力的"线上线下"混合教学模式研究

邱继伟　姚　红　陈　巧

【摘要】 数字化、智能化、网络化的全面渗透,诞生了多种知识传播方式,严重影响了教育生态发展,大大推进了教学模式的改革与创新。线上线下混合教学模式巧妙整合了线上线下的双重优势,充分激发了学生学习的主观能动性,提高了教学质量。鉴于此,本文对发展学生自主学习能力的线上线下混合教学模式进行了深入的研究,提供了相应的教学策略。

【关键词】 线上线下,混合教学,自主学习

线上线下混合教学模式既为师生的教学领域提供了丰富的教学资源,也为众多教育工作者带来了前所未有的挑战。如何更好地发展,将其实际效用发挥出来是当前的教育难题。

一、发展学生自学能力的"线上线下"混合教学模式的设计概述

(一)课程资源与交流平台建设

教师开课前,根据教学内容选择适合的课程资源,并自己动手录制、制作短小精悍的微课。此外,相配套的PPT课件、视频、音乐、电子教案、随机测验等教学资源上传到教学平台。同时,利用时下最通用的社交软件微信,建立班级微信群,辅助教学,便于师生及时交流。

(二)线上自学

教师将教学资源发到平台并制作自学任务书,自学任务书的设计要脉络清

晰、循序渐进，让学生层层递进地深入学习，提高学生的自学效果。一般自主学习任务书的设计主要有三部分：一是自学指南。教师给出自学建议，学生参考自学。二是自学任务。自学任务书的核心部分，教师依据教学内容、教学目标设计出自学任务，任务难度阶梯递增，让学生通过自学感受文章内容后发散思维，难度系数也不要过大，让学生持自信的学习态度完成整体自学内容。三是疑惑和建议。学生整理疑惑提问，教师答疑解惑。自学任务书的指导，有助于学生充分利用学习平台资源，逐步完成自学任务，并将自己的疑惑反馈给教师，教师则根据任务书反馈内容，适当调整教学内容[1]。

（三）线下课堂

线下教学分为4个阶段。第一阶段，学生自学成果展示。班级学生平均分成若干小组，小组选派代表进行成果展示，展示方式包括自主制作视频、PPT、讲稿等，其他组员随时补充。第二阶段，教师依据学生自学展示内容，进行评价性答疑。第三阶段，教师布置训练任务开展拓展学习。教师要留给学生充足的时间，让学生能够分组协作，共同完成。第四阶段，教师总结。学生课前已自学，内容已大致了解，教师点评需要对教学重点予以总结，指导学生学习，激发学生的学习兴趣。

（四）线上作业

课程结束后，教师在平台下发专项训练题、测验、试卷等课后作业，及时检查作业，全面掌握学生的学习情况，并开展针对性的辅导。线上资源可以辅助学生进行期末复习。学生通过复习发现问题、提出问题，教师及时解决困惑疑难。

（五）教学评价设计

学习效果的评价，主要由过程性评价和总结性评价两部分组成。依据学科特点，教师可以灵活调整比例。评价主体形式有学生自评、教师评价、同学互评。过程性评价主要对学生自学过程、作业的完成情况、小组内部的表现、课上的展示情况等过程进行动态跟踪，全面监控学生的学习行为。总结性评价主要通过期末考试线下答卷方式，对学生整体学习情况和思维拓展能力进行大概判定[2]。

二、发展学生自学能力的"线上线下"混合教学模式的设计

大学生已经具备一定的自学能力,发展学生自学能力的线上线下混合教学模式迎合了大学生的特点,互联网时代各种优质的信息资源,为线上线下混合教学模式提供了丰富的教学资源。

(一)教学内容为核心,科学设计线上线下教学内容

马克思主义学院的教学优化和创新点就要立足于教学内容进行,通过剖析教学要求,依托教材内容,大胆创新,积极迎合大学生的心理特质,开展适合的马克思主义教育。网络教育资源极为丰富且与日俱增,教师在利用时要善于辨别。"概论"课程多以理论为主,学习起来较为枯燥乏味,要注重营造出良好的教学氛围,让学生通过氛围的渲染自觉主动地学习。

(二)整合教育资源,扩大教育范围

网络教育资源,为马克思主义教育注入了活力,教师可以高效整合网络资源,将生涩难懂的理论变得更加有趣易懂。教师在授课时,可将优质的网络资源呈现于学生眼前,通过视觉、听觉等多重感官的刺激,让学生更加专注、深入地学习相关知识。教师可以设置专题,让各小组抽签选择,讨论总结,引导学生实时跟踪当下热点,表达自己的想法。也可以组织辩论赛,观点对立的每两个小组同学,课下搜索各种资料,分析各种观点,系统讨论,畅所欲言,为自己的观点提供丰富的论据支撑,进而锻炼学生的自主学习能力,提高学生的专业水平,同时也能显著锻炼学生的综合素质[3]。

三、发展学生自学能力的"线上线下"混合教学模式的注意点

(一)资源形式避免单一

"线上线下"混合教学模式带来丰富的教学资源,但是教师也应该在保障资

源有趣的同时，紧密同教学内容相契合，提高学生的学习兴趣，达到教学目标。自学任务书的设计既要言简意赅，直接表明主旨内容，避免过于复杂，引起学生厌烦情绪；又要合乎情理，避免过于简单，形式主义。自学指导建议内容要有针对性，根据不同教学内容剖开细化，便于学生操作。

（二）强化自学指导

线上线下混合教学，要注重学生自学成果的展示环节，与一般的课堂提问大不相同，它能够帮助学生梳理教学内容、巩固所学知识，锻炼学生的口头表达、随机应变、逻辑思维、组织领导等能力。课后评价不仅教师要评价，学生也要剖析、反思，得以进步。

（三）把控小组合作节奏

小组合作探究教学模式是能够提高学生创新能力、培养学生合作精神的重要方式，是学生内化知识的有效手段。因此，教师在开展小组讨论时，要精准控制时间，合理推进各环节，维持讨论秩序。通过设置小组评价表，将小组成员的参与度、积极度、实际贡献、代表发言等因素都涵盖，在评价表的监督下，学生能够自觉遵守秩序，明确努力方向，提高小组合作效率，全方位发展自身能力。

（四）保持记录学习资料

同传统教学模式不同，线上线下混合教学模式能够为学生提供更自由的学习时间，教师指导学习方向，学生自主决定学习内容。该教学模式虽然更加适合大学生的学习特点，但是学习时间和学习内容过于分散，极易导致课上学习热闹非凡，课后头脑一片空白，期末难以开展复习的情况。因此，在开展"线上线下"混合教学时，教师要注意督促学生保存学习资料，对课上的重点内容进行记录，以便于后期的复习巩固[4]。

结语：

发展学生自主学习能力的"线上线下"混合教学模式是当前时代的发展主流，教师要重点关注，在保障资源丰富的同时，紧密同教学内容相契合，提高学生的学习兴趣，达到教学目标。教师在利用线上资源时要善于辨别，依据课程的教材纲要和基本要求，深入地拓展系统知识，健全教学模式。自学任务设计时，应言简意赅，直接表明主旨内容，且合乎情理，避免过于简单，避免过于复杂。

参 考 文 献

[1] 李东霞,郑敏,高志国. 发展学生自主学习能力的"线上线下"混合教学模式研究 [J]. 现代职业教育,2021,229 (3): 54-55.

[2] 李艳丽. 混合式教学模式下学生自主学习能力发展策略研究 [J]. 科教文汇(上旬刊),2020,493 (5): 57-58.

[3] 张敏. "线上+线下"混合式教学模式中高职学生英语自主学习能力综合培养的实证研究 [J]. 作家天地,2019,523 (13): 31-32.

[4] 冯静梅. "线上线下"混合式教学模式在高中英语教学中的应用 [C]. 2020年课堂教学教育改革专题研讨会,2020.

注:本文发表于《警戒线》2021年第16期。

红色资源融入高校思政教育的理论与实践探索

蒋文新

【摘要】 思想政治教育是高等教育中的重要板块，对于优化课程设置、培养综合人才等方面都有着重要的发展意义。而红色资源在思政教育中发挥着独特的作用，将红色文化资源融入高校思政教学能够完善高校思政教育体系，强化红色精神的时代价值。本文从红色资源与高校思政教育的结合现状出发，深究创新思政教学模式，以期为高校思政教学提供参考。

【关键词】 红色资源，高校思政课堂，教学策略

红色资源作为重要的思政教育资源，具有育人价值和教育意义。目前围绕红色资源融入高校思政教育的研究越来越多，大学生作为承担中华民族伟大复兴任务的主力军，其思想水平高低将对国家未来发展产生重要影响，由于目前大部分教师对红色资源的研究不深入，高校思政教育与人才培养目标之间还存在很大差距，出现了教学资源单一、教学目标不明、缺乏教学实践等情况。本文基于此背景，从学生、教师、课程设置三个方面探究高校思政教育的创新教学策略，切实实现红色资源的创新融合，有效发挥其教化育人作用，增强思想政治教育的实用性，最终使立德树人的总目标落地。

一、红色资源与高校思政教育的结合现状

（一）教学资源单一，思政教育缺乏多样性

在信息化教育背景下，互联网提供了海量的教学资源和教学工具。但在如今的高校思政教学中，一成不变的教学方式、重复的说教以及严肃的课堂氛围让学生逐渐失去对思想政治学习的兴趣，大学生们并不是讨厌思想政治学习，而是希

望能在轻松愉悦的氛围下通过多变、有趣的课堂活动开展课堂学习。目前部分高校的思政教学与红色资源的融合仅停留在表面，仅仅给学生展示红色历史的图片、视频，缺乏相关红色文化解释，红色资源的输入不够，自然会导致学生不重视红色资源与思政教学的融合。

（二）教学目标不明，思政教育缺乏针对性

教学目标是思政课程设置、教学任务安排、学生开展学习、教师进行教学总结的重要依据，目前只有部分高校明确地将传承红色文化写进了人才培养目标中，导致学生忽视红色文化内容的学习，也不知道如何将红色资源融入专业学习中，缺乏具体的学习目标，导致学生的学习动机不强，对红色文化疏于关注。教师很少探究红色资源对思政教学的意义，红色文化仅仅是在课堂上一笔带过，导致红色教学资源与思政教学严重脱节，大大削弱了红色资源在思政教学中的育人作用。

二、红色资源融入高校思政教育的教学策略

（一）加强师资队伍建设，促进教学方式变革

为应对要求红色资源和思政教学高度融合的现状，近年来，我国对于高校教师的思政素质培养越来越重视，教师在学生的发展中起着至关重要的作用。由于教学工作事务繁杂，教师也无法及时地学习，导致高校思想政治教学始终落后于信息化时代发展，教学氛围沉闷枯燥，使学生丧失了学习的兴趣。因此教师的教学理念需要随着时代发展变化而更新，在开展教学之前，尽可能地了解教材中的红色文化。国内许多高校在教师培训阶段开设了特色思政课程，要求教师能够运用红色教学资源，根据不同课程选择适切的红色文化内容，开发适合于思政课程的红色文化教育模式[1]。

（二）重视地方红色资源，构建特色思政教育

高校思政教育需要充分发挥地方红色文化的价值，传播其背后深厚的历史积淀和红色精神，例如井冈山大学就以井冈山精神为基础，开展特色思政教学，构建井冈山红色文化课程思政，还通过第二课堂活动传播井冈山精神，让学生在课

内课外深入了解伟大的革命精神，重温革命历史；思政课堂是爱国主义教育的重要阵地，教师可以引导学生了解红色文化，让一段段历史重新活起来，自然激发学生对中华民族的热爱之情，例如延安大学充分发挥红色文化特色优势，将校史教育与思政课堂结合起来，深入了解延安革命历史，让学生体会革命时代的不易，珍惜当下的美好生活[2]。

（三）关注红色课堂建设，提升思政教学质量

高等院校要利用课堂教学这个思政教育主阵地，优化教学内容，积极开展课程改革，将红色文化和当代生活紧密地联系在一起，让红色精神在现实生活中重新焕发出时代光彩，例如部分高校思政教育开设了"治国理政的理论与实践"课程，该课程详细讲述了中国共产党的发展历程，结合时政挖掘思政教育的红色基因。同时，教师应该依托于信息技术开展思政教学，教师可以把相关的红色文化资源上传至网络平台，根据学生不同的个性特点，利用大数据技术推荐相关红色教学内容，实现线上线下教学的无缝连接。面对复杂的思想政治教学体系，培养综合化的应用型人才的要求，教师要必须把握好课堂知识教学，有效引导学生形成核心价值观[3]。

（四）开展红色实践教育，增强学生实践能力

思想政治教育的融入让教育回归到人本身、生活本身，在开展思想政治教学中，注重的是教学内容的实际价值，即在当今时代学习思想政治的价值和意义。高校必须顺应时代发展需要和学生认知发展水平，组织学生开展特色社会实践，如果缺乏实践活动，那么红色文化的教学只能停留在理论层面，无法使学生深刻理解红色资源的教学意义。因此高校需要开展多样化的实践教育，例如可以举办红色故事演讲比赛，从历史中汲取精神力量；设置红色歌曲合唱比赛，让学生在歌声中感受革命精神；还可以组织学生定期参观革命纪念馆、红色文化博物馆等红色教育基地，让学生在实践活动中感受到红色文化的意义和价值，体现政治教育的重要性，落实立德树人的教育理念[4]。

三、结语

将红色文化融入高校思政课堂是思政教育的必然趋势，如何发挥红色教学资

源的育人作用成为各高校面临的新挑战，思想政治教育和红色文化的有机结合必将助力于大学生核心素养培养，落实新时代下高校立德树人的总目标。本文以新时代背景为基础，探讨了高校思想政治课程的发展现状，发现目前思想政治教学领域还存在着一些问题，目前高校必须加强思想政治教育和红色教学资源的创新融合，双向协调，最终达到培养综合型人才的目标。

参 考 文 献

[1] 许健柏，赖平. 红色资源融入高校思想政治理论课教育教学探索［J］. 时代教育，2016（21）：1.

[2] 余维样. 红色资源融入高校思政课育人教学实践探索［J］. 黄冈职业技术学院学报，2017，19（5）：3.

[3] 肖发生，张泰城. 红色文化资源创新高校思想政治教育的理论与实践述评［J］. 红色文化资源研究，2018（1）：10.

[4] 彭国柱. 红色资源融入高校思想政治理论课实践教学的有效途径探究［J］. 湖北函授大学学报，2017，30（17）：3.

注：本文发表于《仓储管理与技术》2021 年第 30 期。

论新时期高校思政课教师教学能力提升的新路径

蒋文新

【摘要】 新时期高校思政教师是新时代的育人者，是新时代教育的主要力量。本文从思政课教师教学能力提升的现实意义着手，分析思政课教师教学能力提升存在的问题，提出新时期思政教师教学能力提升的新路径，最后的结论是：思政课教师应将教学能力作为一项需要长期投入的常态化工作来抓好、抓紧、抓实，提升五素养，从而实现思政课教师从"教"向"育"的有效转变，全力落实立德树人根本任务。

【关键词】 高校，思政教师，教学能力，新路径

新时期高校思政课教师是新时代的育人者，是新时代教育的主要力量。古云"善之本在教，教之本在师""师者，传道、授业、解惑也"。崇善之根本在教育，在教学；教书育人是教师的本分。高校思政课教师就是以高校为阵地，大力宣传党中央的教育方针，引导大学生爱国爱党爱社会主义，树立正确世界观、人生观、价值观[1]。因此，思政课教师作为向大学生近距离传播思想的引导者，其教学能力最能体现其价值，直接或间接影响到大学生"三观"的培养和形成。因此，思政课教师在政治上必须站位更高，必须与时俱进，多方面提升立体化教学能力，以自身影响推进新时期人才培养的向前发展。

一、思政课教师教学能力提升的现实意义

思政课是落实"立德树人"根本任务的必修课程。作为思政课教师的首要任务归纳起来是"一要三保证一体现"：要深刻把握思政课的重要意义，保证高校正确的办学方向，保证落实为国培才，保证党的千秋伟业，体现铸魂育人的教育伟大工程。其重要性体现为"四个加强"：一是加强教学改革力度。在新时代

背景下，要着重加强高校教育教学创新。二是通过思政教育与专业课程的密切融合，加强高校教育教学工作的全面发展。三是加强对学生专业技能及综合素养的共同培养，进一步推进高校学生跨越式发展[2]。四是加强高校思政教育工作总体协调发展，推动思政课内涵式发展。因此，总体上说教师是发展的关键，是教育的灵魂。因为教师是引导者，是教育帮扶者，是大学生立德修身树立远大理想、为社会发展塑造人才的政治导师。对新时期思政课教师的教学能力的要求主要体现在两个方面：一是教师政治站位要高。不但有博大胸怀，不忘初心，而且要深刻认识到自己肩负培养民族复兴大任的时代新人之重任。二是重在落实。在课堂主阵地上，从宏观到微观，从课堂到课外，归根到底的两个字就是"落实"——认真细致落实教育任务。

二、思政课教师教学能力提升存在的问题

党和国家对大学生思想教育要求越来越高。在此背景下，教育部门对思政课教师的要求也相应提高。为提升教学能力，胜任课程教学工作，思政课教师素质需持之以恒地通过继续教育提升，从而变成终身学习。目前部分教师和管理人员的教育教学思想观念还比较落后，在创新意识方面有待加强提升，诸如：专业建设的基础发展不平衡，有些学科专业基础比较薄弱，在国内影响度低；教师的职称结构、年龄结构还不够合理；教学条件和教学投入方面仍显不足，图书馆、体育场地、实验室、教室等资源依然比较紧张；教风学风建设需要加大力度；考研率、四六级英语通过率与国内名牌院校比较还有一定差距；少数教师教学责任心不强；等等。以上出现的问题，严重影响了高校教学工作的质量和水平。

（一）知识更新与客观需求存在问题

一般而言，知识是随着现实需要而更新的，陈旧的知识将不适应课程的教学。对于思政课来说，要以中央精神为准，课程内容要配合时代的主旋律，教师需将知识更新作为当务之急，多方面多维度深入学习，汲取中外有价值的知识，更新储备空间。现实中，教师们年纪不一、学习能力不一，对社会需要的反应速度也不一，导致知识更新与客观需要存在一定差距。

（二）理论阐释与实践需求存在问题

教师对课本的理论阐释主要分三部分：一是作业解读。如小组新闻播报课后

由学生合力分工完成。问题是学生接到通知后,会遇到如下问题:8 个人如何分工?因为一般工作 4 个人可以完成。如何选出组长并进行合理的分工?新闻内容采集与后期制作恰好无人选如何处理?等等一系列问题由于事先教师未加以说明或进行合理阐释,将导致工作延期完成。二是对中央精神的阐释。这个要把握好要点,有高度、有广度、有深度地研究才能阐释清楚。三是引导学生进行社会实践。比如暑假社会实践遇到疫情期,那么开展外出调研和网上调研都具有相对的局限性,这时出现的问题就是:理论与实践如何结合?如何沟通才能让学生清楚明了,才能更好地落实学校的要求?

(三)传统教学与内在变革需求存在问题

传统教学是教师运用简单的教具在课堂上说、学生听的教学过程。但随着新时期对思政教育的深度和广度要求的提高,学生对网络信息来源的困惑和迷茫及新知识的需求等,迫使课堂教学要进行内在变革,以适应新时代学生对知识的需求。课堂教学进行内在变革的主要措施:一是加强多媒体教学和"互联网+";二是教师及时运用马克思主义原理帮助学生识别杂乱的网络信息,树立正确网络信息安全观。推动教学从外需向内需变革如图所示:

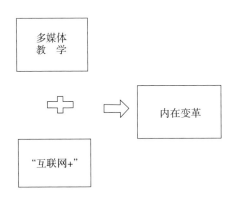

(四)课堂宣讲与课堂互动存在问题

现阶段,如果教师单以个人在课堂上宣讲知识,是不能满足教学要求的。提升课堂教学效果最重要的是展开课堂互动。教师根据教学大纲,制作授课 PPT 时,应适当设置情景,体现生动、有趣的特点,提高吸引力,提高听课有效性。

据大数据统计分析:在课堂上开展有意义的师生互动,能较好地提高师生信息的交流，增进师生间的感情，有利于塑造学生健康的人格。有效的互动，能加快学生对新知识的消化，加快技能转化，利于思维开拓与创新，尤其对展现个性和开发新思维、新领域具有重要的作用。

三、新时期思政教师教学能力提升的新路径

新时期思政教师教学能力提升需要在坚定正确的政治立场、坚持敬业精神、提高授课质量、激活课堂氛围、培育人才、提升教学水平、提高"五素养"等方面下功夫，以推动思政教育更好更快地发展，最终提升学生专业能力与综合素养。

（一）坚定党的政治立场，践行初心

一个合格的思政课教师的首要前提是以德为先，具备良好的政治素养，只有坚持党的教育方针，坚定正确的政治立场，践行初心，才能将先进的、前沿的教育教学道德理念传递给学生，才能促进学生形成正确的价值观。其次是运用好塑造灵魂、塑造生命、塑造人的教育引导法，让教育思想深入学生灵魂。虽然由于目前网络的普遍使用，教师的权威性和专业性受到一定程度的冲击，但是无论何时教师都要过两关：一是思想政治关；二是素质关。广大思政课教师要以新时期教育标兵为榜样，对比整改不足，以不断提高自身能力与水平。

因此，思政教师自身要提高当今主流价值观和非主流价值观的界限识别力，坚持用党的理想信念为学生导航，帮助学生点燃理想之灯，认清中国和世界发展大势，增强对中国特色社会主义的政治认同、思想认同、理论认同、情感认同。思政课教师要以习近平新时代中国特色社会主义思想武装头脑，准确理解和把握社会主义核心价值观和深刻的内涵，坚定政治立场，辨别网络世界中迷惑性的思想和观点。特别是青年教师要坚持正确政治立场对师德素养的充分引领，将坚定的思想信念贯穿到教书育人的全过程，以立德树人之初心践行为党育人、为国育才之使命[3]。

（二）坚持敬业精神，提高修养

思政课教师要提高自身修养，弘扬奉献精神，以本职工作为主线，以三尺讲台为主阵地，抓好专业，立足阵地不断提高自身的业务技能。教师是一个需要身

体力行的职业，一个具有良好师德的教师在学生和家长心中是一面镜子、一面旗帜。教师应站在更高的角度和平台为学生和家长做出表率，吸纳部分优秀的学生和家长的建议，对比研究并加以提高。

（三）突出三"新"，提高授课质量

提高教学质量，需突出三"新"：一是将新的形势政策及时讲解。紧紧把握当前时事政治，将国内国际的新形势融入课堂，帮助学生在了解世情、国情、党情、民情中增处使命感、责任感，切实增强服务大局、应对变局的本领和能力。二是将学生关注的新热点融入课堂。当前学生关注的热点一般是知识与实践融合、就业与发展、人际与健康心理，也可能是矛盾的聚焦点、舆论的敏感点、利益的契合点、思想的困惑点、行为的冲突点，将其融入课堂有助于提高教学的针对性，既能抓住学生注意力又能增进教学的吸引力和解释力。三是把学科、行业的新发展融入课堂。科技的日新月异，催生出新学科新专业及新行业，尤其是学科、行业的发展变化与学生的人生规划、职业定位息息相关，思政教师要将行业发展的新动态、学科发展的新突破、专业建设的新进展等恰到好处地有机融入教案，引导学生树立新使命。

（四）运用多媒体教学，激活课堂氛围

多媒体教学是当今教师常用的授课方式，但如何正确运用、恰当运用、灵活运用则是讲究科学性的。在课堂上，教师扮演导演角色，学生当观众。多媒体教学已是常见的教学方法，主要是如何综合运用、恰当运用、灵活运用。综合运用是结合课程内容、教学方式及情景加以选择，注意在运用的同时掌握好分寸。恰当运用是，该在播放动画或音频时就播放，注意掌握好时间，一般8分钟内较好。灵活运用是指当课堂气氛沉闷或需要调节时，插入或精选经典的、轻松的小视频，活跃课堂气氛，以达到运用多媒体教学创新的目的。

课堂教学情景创设分"两个加强"和"三个注意"。两个加强：一是加强言语与情感的交流。让学生感受到老师的激情和机智，加强师生情感之间的交流互动。同时要将思政理论与课堂思政以及马克思主义理论结合起来，只有让知识这池水"活"起来，才能让学生深度认同，进而不断践行。二是加强情景设置力度，以情景促进课堂气氛，充分发挥学生的能动性，使学生激活思维，投入学习。三个注意：一是注意以学生为主体角色。提高对多媒体教学的多方位认识，

不能以多媒体教学替代教师的言传身教，更不能照本宣科式进行教学。多媒体课件有利有弊，过度依赖可能造成单一或机械性教学，不利于学生思考和想象，不利于提高学生的参与性。二是注意不能过度追求简化。因为 PPT 容量空间有限，有的教师唯恐 PPT 信息不全面不生动，将大量的非必需的内容通过超级链接的形式呈现，或生硬粘贴很多图片，给人以混乱感，使学生产生视觉疲劳，注意力分散。三是注意多层面结合。首先不能停留在肤浅的层面上，而是以理论与实践案例相结合的方式进行阐释，以提高学生的思维能力和实践能力为出发点，加以提炼改进。

（五）探索以研促教，培育人才

思政教师可以围绕地方发展需求开展科学研究，形成特色鲜明的"教与育"。比如教师可以将自己的研究成果与体会和学生分享，打开学生思维空间。也可以自拟题目或者参加当地课题研究，或者根据区域特色开展教育研究、海洋旅游特色与人文发展研究、历史文化与党史教育融合研究、珠三角毕业生就业规律及前景探讨等，逐步培养学生的科研意识与科研兴趣，有利于学生今后的深造，最终成为服务地方经济发展的综合型人才。

（六）以评促教，提升教学水平

高校的"评"就是教学质量评价，是高校设计好的综合评价表，主要包括学生对教师所教学科进行评价和同行评教及督导评估。以习近平新时代中国特色社会主义思想为指导，全面落实党的教育方针，牢牢把握社会主义办学方向，坚持立德树人根本任务，总结教育教学规律，进一步加强教师职责和使命担当，从要我加强到我要主动加强，不断地提升教学能力。教师要善于以评为动力，以与学生同向同频同行为目标和方向，设计规划新学期的教学大纲和方案，结合新时期学生个性特点和学习习惯设计教学策略，推进教学理念改革、教师角色转变和教学内容设计创新，让学生认可和喜爱，最终达到提高教育效果的作用。

（七）加大培训力度，提高"五素养"

根据教育部门有关文件，高校应在新学期将思政课教师培训纳入当年度工作计划并落实，思政课教师可以脱产或半脱产方式灵活参加培训。主要围绕教学方式、教学技能、教师的职业道德进行培训，重点是加大教师的职业道德水平培训力度，采取人机对话、专家授课、组织团队解决问题等方式开展，体现针对性、突出实效性，以润物细无声的方式渗透到实践中。培训主要抓好三个加强：一是加强学习强国知识学习；二是加强教育相关政策法规的学习；三是加强师德修养。通过针对性培训教育，提高思政课教师的责任意识，强化爱国爱校爱学生的"三爱"精神，最终达到"五素养"的提高：一是提高基本业务素养；二是提高心理素养；三是提高教育科研素养；四是提高开拓创新素养；五是提高大数据挖掘技术素养。

小结：

新时期思政课教师须与时俱进，以适应教育教学的新要求，同时不断地开拓创新，锐意进取，以学生为中心，实施高质量的教学。思政课教师应将教学能力作为一项需要长期投入的常态化工作来抓好、抓紧、抓实，提升"五素养"，从而实现思政课教师从"教"向"育"的有效转变，全力落实立德树人根本任务。

参考文献

[1] 方圆妹，陈喜华，毛大龙. 课程思政视角下高校思想政治教育的原则、核心内容与要求 [J]. 宁波职业技术学院学报，2019，23（4）：64-68.

[2] 万陆洋. "课程思政"理念下的高校专业课与思政课协同育人路径探讨 [EB/OL]. （2021-12-01）[2022-04-07] https://theory.gmw.cn/2021-12101/content_35352722.htm.

[3] 吴颖惠. 政治素养是新时代教师的核心素养 [N]. 中国教育报，2021-05-18（2）.

注：该文发表于《情感读本》2022年第7期。

二、实践路径

"三全育人"视域下高校
思想政治理论课改革破局的实践探索

娄 莹

【摘要】 基于互联网+时代数媒技术高频更新与后疫情时代背景的叠加，高校思想政治理论课改革实践又逢新的挑战。微电影模式能够进一步提升大学生对思想政治理论课的认同感、参与感和获得感，唤醒大学生在思想政治理论课上的"主角"意识，为"三全育人"视域下的高校思想政治理论课改革提供了破局新出路。

【关键词】 三全育人，思想政治理论课，实践探索，微电影

切实加强思想政治工作，必须将其贯穿于教育教学全过程，实现全员育人、全程育人、全方位育人[1]，即"三全育人"理念。2018年教育部《关于开展"三全育人"综合改革试点工作的通知》文件提出"三全育人"概念，标志着高校思想政治理论教育工作迈上一个新阶段，亦对高校思想政治理论课程改革创新提出更新的方向和更高的要求。如何鼓励学生走出校园亲身实践，如何利用新媒体技术打破线下课堂的局限性、冲出现有的教师主导课堂的单向传统模式，成为思想政治理论课程改革破局的"先手棋"，也是高校思想政治理论课程改革创新的题中之义。

一、思想政治理论课程改革创新之困局

每个时代总有属于它自己的问题，而问题始终围绕人而展开，并终将由人解答。目前在校青年大学生均为"00后"甚至"05后"，他们在寻求发扬个性、彰显自我的同时能够充分认识到社会理想和社会责任的重大意义，人生目标既多样又统一，人生价值观呈现出积极健康的态势。

但在信息革命与智能革命叠加的背景下,"互联网+"时代新媒体技术的不断更新既为当代大学生成长拓展了多维空间,亦使其深受新一轮不良思潮以及多种精神健康问题的影响和困扰。同时,后疫情时代使得近几年大学生实践活动的地理范围和空间形式均受到不同程度压缩。新的时代背景和社会生活环境无法再僵化地延用思想政治理论教育传统模式。高校思想政治理论课程深化改革必须依靠新的实践孕育和印证。作为与现实紧密结合的思想政治理论教育顺应时代潮流,通过新媒体技术为其理论课教学实践深度融合谋求新出路。

二、思想政治理论课程改革创新之破局

诞生于新数字媒体之中并盛行于移动网络平台的微电影,凭借其鲜明的内容定位和对社会现实的生动回应,成为师生均喜闻乐见的教学交流新形态。以下将通过思想道德与法治(以下简称"德法")课开展微电影实践模式,对微电影这一新媒体技术在激发当代大学生"数媒土著"身份特长、唤起大学生思想政治理论课"主人翁"意识的破局路径进行分析。

1. 微电影模式的理论根基

(1)教师学生双主体的"全员育人"。"三全育人"综合改革指向的核心,是"培养什么人"的首要问题,是高校教育如何实现"人自由而全面发展"的问题。目前思想政治理论课程改革创新尽管已呈现出百花齐放的繁荣景象,但本质上仍未跳出教师灌输理论、以模范标杆带动学生的传统范式,亦未从根本上改变学校教师孤立承载教育使命、课堂教学与学生自学相互分离的"孤岛"状态。将微电影引入思政课,为解决上述问题提供了全新思路。微电影的制作涵盖创意孵化、剧本策划、拍摄素材、后期剪辑、配音配乐、制作合成等全部环节[2],并内含聚焦现实问题、价值引领等隐性主线。内容步骤的复杂化、工具的移动化为大多数学生提供了亲身实践的机会,让他们领会到作品成功需要团队每一位成员的深度参与、全力配合,或为站在台前灯下的"演员",或为把控全局的"导演"。同时,团队成员在课程教师的指导下,结合各自特长与爱好进行精准分工,主动寻求学校内部的帮助与配合,甚至延展到社会力量、学生家庭等。这个过程使学生从"要我学"转为"我要学",真正将自我带入与教师同等的思想政治教育"主体"地位。制作团队不仅邀请专业教师和辅导员加入表演,还积极沟通争取在社会场所取景的机会,说服工作人员一起进行拍摄,调动多方人员参与,

实践成果不仅与预设的理论知识呼应,其实践过程更具化呈现出团队在客观的、不断变化发展的社会环境中对"人是一切社会关系的总和"[3]核心理论的解读。以微电影的隐性主题为线,串联起"学校—社会—家庭"的生态循环系统;通过"人人皆可微拍"的模式实现学生实践的"单"目标、"微"制作与"全员育人"的"大"团队、"全"参与相融合。

(2) 历史现实双视角的"全过程育人"。新媒体技术的广泛应用、快速传播,使得更新的多元微文化遍布网络各个角落,其中各种负面思潮亦对大学生的学习生活带来隐蔽于冰面之下的侵袭,学生对过去人生经历的疑问、对正处大学阶段的焦虑、对未来人生方向的迷茫,都需要正确的指引解惑。如思想政治理论教育仍停留课堂内,教师直译教材、列举远离学生现实生活的顶层标杆案例,则难以激发学生共情,无法提升学生对思想政治理论课的参与意愿、价值共鸣和理念认同。通过微电影作品展示模式完成"德法"课程理论的学习运用,由教师经课堂授予知识的"满堂灌"模式,反转为学生结合自身实践过程中的困惑、历史发展的转折、现实社会的热点问题等主动寻求答案的多向互动模式。学生在创意孵化、剧本策划的环节前置"德法"课程知识的学习与铺垫,在教材与课堂讲述基础上进一步消化;从马克思主义唯物史观出发,立足青年大学生自身所处的中国特色社会主义新时代背景,辩证看待个人曾经乃至正在经历之实践体悟,打磨出有坚实理论和价值逻辑支撑的好"故事"。思想政治理论的学习运用贯穿微电影模式实践活动的前、中、后全过程,全面覆盖微电影策划、制作与展示各个环节。学生团队协作分工、调动"学校—社会—家庭"支持、复盘反思"故事",解答"故事"里的纠结困惑,进而唤醒其主动自我学习的内在力量,培养从日常活动中提取经验的抽象归纳力和理解力,使其不断对社会主义思想、道德与法治背后的价值理念进行反复过滤和彻底澄清,凝聚精神共识,渗入从入学到毕业、从校内到校外、从课堂到生活、整个大学乃至人生各个阶段的现实场景,并在无从预料的未来种种局势中沉静观察、理性思考、谨慎选择以及付诸实践,进而接力时代征程,回应时代呼唤,将个人成长发展融入中华民族伟大复兴的历史进程。

(3) 理论实践双维度的"全方位育人"。习近平总书记强调:"人无德不立,育人的根本在于立德。"高校是立德育人的主阵地,课堂是思政教育的主渠道,主阵地不能放弃,主渠道不能舍弃。但仅依靠学校和课堂纯粹理论化地推进思想政治理论教育工作深入改革,只能使学生的专业学习、现实生活同思想政治理论课程的核心目标背道而驰、分离加剧，既无法应对"互联网+"时代与"后疫情"时代对高校思想政治理论教育的双重挑战，亦难以满足学生渴望主导时代节奏、加快成长成才的需求与期待。微电影模式遵循育人方式与育人目标的内在逻辑，能够激发学生创新活力，形成乐于学习理论、勤于参加实践的良好氛围。学生灵活调动资源，以鲜活的现实为导向，以夯实的理论为底蕴，在理论与现实的相互交叉、有机循环中实现思想政治教、学、研、行的全方位提升。在参与微电影制作中，学生将理论的学术性、系统性融入实践的连续性和拓展性，同时借现实生活的温度提升时代格局的高度，从被动地接受教育转变为主动地刨根问底，从"时代赋予我使命"转变为"我要担当民族大任"。微电影实践模式联动校内与校外双场域，连接虚拟和现实双平台，淬炼学生"读万卷书"和"行万里路"双能力，丰富思想政治教育应用场景，拓宽思想政治理论适用领域，最终实现理论与现实双维度的同步拓展、同频升华。

2. 微电影模式的探索路径

微电影教学主要采用教师有意识地退居幕后，鼓励学生走上台前，大胆创新、自主策划、独立承办的模式。实践之前，由教师设置基础范围及要求，例如拍摄时长、主题范围、团队组建范围及规模等，学生在现有框架下进行自由组队；队伍搭建完成后，由学生主导确定主题、价值融入、撰写剧本、拍摄制作等全流程（如图1所示）。

（1）突出目标管理——有思有虑始知道。习近平总书记在二十大报告中指出："世界之变、时代之变、历史之变正以前所未有的方式展开，人类社会面临前所未有的挑战。世界又一次站在历史的十字路口，何去何从取决于各国人民的抉择。"[4]复杂多变的时代中，日常生活乃至政治、经济、文化、军事、科技等，不断淘汰更新。在这种情境下，青年大学生原有对人生价值和人生意义的勾勒不断遭到颠覆性的挑战，对世界和自我的认知稍不留神就陷入迷惘。因此，微电影实践模式应当突出目标管理，围绕"人"之主体，坚持"育"之初心，把握"全"之重心[5]。一方面，瞄准立德树人目标，紧抓"德法"课程"思想+道德+法治"主线，贴合社会主义价值内核，帮助学生在高校学习阶段塑造提升政治认同、知识拓展、辨析批判、逻辑思维、道德修养、法律意识、实践创新和团队合作8种素养，综合培养学生自主学习、自觉实践的能力；另一方面，从筹备、制作到展示、评价贯穿微电影模式实践活动全程，紧抓思想政治理论交织的逻辑起点，创活实践机制，完善平台搭建，围绕学生、辅助学生、成就学生，处

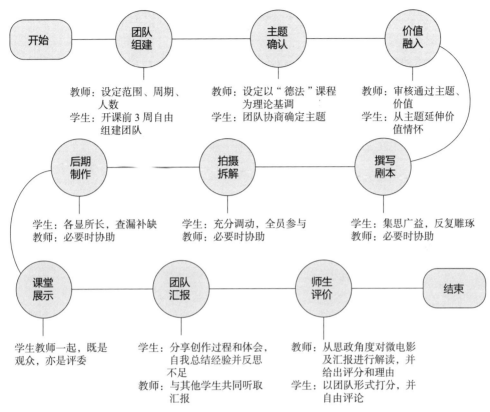

图 1 微电影模式流程示意图

理好教师传道、授业、解惑三大职责的有机联系,使学生自发走上思想政治理论教育之路,引导青年大学生自主成长为有理想、敢担当、能吃苦、肯奋斗的新时代好青年。

(2)坚持问题导向——乐学勤践自认知。新生入学后最先开设的"德法"课程,是高校思想政治理论教育教学的起点。"德法"课程理论侧重于世界观、人生观、价值观的引导矫正,理论内容及探讨问题均与学生现实生活更为贴近。微电影模式恰逢其时成为学生站位"主角"立场,吸引青年大学生结合本群体较为关注的时代特色及人生发展问题,围绕自身学习、生活定题选材,自发融入对身边新鲜事例进行拆解和思考,成为将"德法"课程理论学以致用的鲜活平台。学生在实践中摆脱教材理论的束缚,带着问题探索,主动求变,在阐明事实、发现真理的过程中,营造情感共鸣、激发个性创新,培养实践埋性精神,契合社会主义"主旋律",主动成为构建社会主义核心价值体系的一分子,进而实现学生对个人存在与社会发展的双重历史觉醒。此外，尽管微电影实践模式在学生中适用前景广阔，但剪辑技术有限、时间不够、未成功组团、对效果没有信心等因素均有可能影响学生的实践意愿，这与中学教育阶段的"唯分数、唯升学、唯文凭"的单一教育及评价体系有关，短时间内难以消弭"00后"大学生凸显个性的自我意识与团队协作之间、追求卓越与"道"阻且长之间的差距，这也对高校思想政治理论课程改革创新，尤其是高校思想政治理论第一课的"德法"，提出了更高的教学要求。微电影模式需要教师结合学生实情做好协调及幕后支持，因材施教、因人施教、因事施教、因时施教，帮助学生顺畅构建乐学习、勤实践的积极人格，将课程理论和个人经验融入个人实践中；同时，必须直面教育教学新矛盾，因时导势，科学识别实践中的新问题、新困难，坚持问题导向，科学应变，加强实践教学指导，密切对接学生具体诉求，把握"三个规律"，打好"八个统一"的思政改革组合拳。

（3）构建思政大格局——知行合一道无穷。"知人则哲，惟帝其难。"厘清"人"这个难题，恰是人保持群体高贵、证明其拥有主宰自身和改造世界之能力的最佳途径。学生制作微电影的过程，是以多元化视角认识人生、人世、人情、人性的过程，是探究和澄清"认识你自己"这个千古难题的过程，是克服不良思潮影响、摆脱精神健康问题困扰的过程。"社会生活在本质上是实践的。"只有不断以思想政治理论指导现实生活实践，并从现实生活实践中凝练思想政治理论精华，遵循理论与实践的动态发展规律，才能最终长成具备终身学习和持续发展的根本能力的时代新人。在百年变局和世纪疫情相互交织的大背景下，中国发展环境的复杂性、严峻性、不确定性逐步上升。在推行微电影模式过程中，应重视多元网络文化之间交融并进和交叉繁杂的问题，冷静甄别，聚焦意识形态陷阱，帮助学生树立批判意识；独立思考社会历史现象，积极探索个人价值与社会价值的融合；把握"时""事""势"，在个人具体实践中正确认识新时代中国内外新形势，深刻理解党和国家布局政治、经济、教育等宏观规划的基本方针政策，准确认知新时代党和国家中国特色社会主义事业的历史性成就、历史性任务、历史性变革，实现知识、能力与素养的全面性和整合性。

三、结语

通过推行微电影模式，能够推动思想政治教育在"理论指导实践"基础上更进一步，引导学生从实践中总结经验、证实认识，形成理论与实践相互转化的逻辑闭环，使学生在现实中完成逐渐自我觉醒、自我解放、自我实践的砥砺过程[6]。课程中学生多维运用思想政治理论解析自身实践，教师亦适当借助学生微电影内容对课程理论加以佐证。该模式弥合原有教学模式理论与实践的"断点"，疏通"学校—社会—家庭"之间的淤塞，打通学校行政职能体系、专业教师体系、思政教育体系之间的隔阂，极大地促进了高校"大思政"格局的构建与完善。

参 考 文 献

[1] 习近平在全国高校思想政治工作会议上强调：把思想政治工作贯穿教育教学全过程　开创我国高等教育事业发展新局面［N］.人民日报，2016-12-09.

[2] 柳艺.网络媒介素养融入思政课堂教育的实践探索［J］.传媒观察，2022（11）：85-87.

[3] 马克思，恩格斯，中共中央马克思恩格斯列宁斯大林著作编译局.马克思恩格斯文集（第一卷）［M］，人民出版社，2009：501。

[4] 习近平.高举中国特色社会主义伟大旗帜　为全面建设社会主义现代化国家而团结奋斗［N］.人民日报，2022-10-17.

[5] 覃红."三全育人"综合改革中的转、破、立［J］.学校党建与思想教育，2022（9）：86-88.

[6] 张立文.和合人生价值论——以中国传统文化解读机器人［J］.伦理学研究，2018（4）：1-12.

新时代视域下"思想道德与法治"课程教学的有效性探索

——以高校学生思想道德与法治素养提升为视角

李得春

【摘要】 本文主要从教学改革探索出发，以高校思政必修课"思想道德与法治"课程教学有效性为目标，在深刻理解开设本门课程的主要特色以及重要性的基础上，探索课程的理论与实践教学模式，增强"思想道德与法治"课堂教学的建设成果，全力培养学生在新时代背景下德才兼备，健康成长，不断探索多样化、现代化、生动化的教学方式，促进高校青年学生塑造健康和谐人格。从高校学生思想道德与法治素养提升的教学原则、目标、以及方法等方面进行了思考和探索。

【关键词】 德法相融，思想道德与法治素养，教学探索

随着国家道德建设与法治建设的不断发展，"思想道德与法治"课程以社会主义核心价值观为主线，从思想素质、道德素质与法治素质三个部分内容展开理论与实践的正确引导。党的二十大报告指出："用社会主义核心价值观铸魂育人，完善思想政治工作体系，推进大中小学思想政治教育一体化建设。坚持依法治国和以德治国相结合，把社会主义核心价值观融入法治建设、融入社会发展、融入日常生活。""思想道德与法治"课程作为高校学生思想道德和法治素养提升的重要基础课程，教师务必在课程教学目标的明确、课堂教学质量的提高、课堂教学素材的丰富、课后教学考核的全面、说课能力的提高等方面，进行重点关注和建设，从而切实有效地发挥好高校思想道德与法治课程对学生思想素质与法治素养提高的主阵地的作用。

一、思想道德与法治素养的教学原则

（一）坚持正确的方向，突出党的领导

党的二十大报告中指出："教育是国之大计、党之大计。培养什么人、怎样培养人、为谁培养人是教育的根本问题。育人的根本在于立德。全面贯彻党的教育方针，落实立德树人根本任务，培养德智体美劳全面发展的社会主义建设者和接班人。"在培养什么人、怎样培养人、为谁培养人这个根本问题上，必须旗帜鲜明、毫不含糊。必须培养一代又一代拥护中国共产党领导和我国社会主义制度、立志为中国特色社会主义事业奋斗终身的有用人才。把握中国特色社会主义新时代的关键历史方位，时代要求高校青年应当具备担任民族复兴大任的历史使命感和责任感，提升思想道德与法治素养，为中国特色社会主义的建设和发展培养可靠的建设者和生力军。这就要求我们把下一代教育好、培养好，积极践行社会主义核心价值观，引导学生正确认识世界和中国发展大势，正确认识中国特色和国际比较，正确认识时代责任和历史使命，正确认识远大抱负和脚踏实地，扎根中国大地办教育，为党和国家培养人才。

（二）坚持立德树人，增强德法相融

2022年4月25日上午，习近平总书记在中国人民大学考察时强调："思政课的本质是讲道理，要注重方式方法，把道理讲深、讲透、讲活，老师要用心教，学生要用心悟，达到沟通心灵、启智润心、激扬斗志。"切实发挥"大思政课"培根铸魂的作用，要深刻认识"青少年是最活跃的群体"，不断推动"思想道德与法治"课程教学改革创新，把道理讲深、讲透、讲活。"思想道德与法治"课程教学老师要成为一面旗帜，在思想道德与法治上为学生导航，除了必须掌握多方面的现代信息知识与专业化技能，还要以高尚的人格魅力影响学生，为人师表，以身作则。另外，每个年级阶段的学生都呈现出当时阶段的特点，"思想道德与法治课程"主要安排在大一期间完成修读，作为大一新生处于大学生活的适应和角色转变时期，脱离高中按部就班生活节奏的大学新生都有不一样的迷茫和困惑。此时，最需要有一位师长给予启蒙，指引他们懂得个人与社会的辩证关系，认识道德与法治素养提升的重要性，增强人生的信仰、信念、信心，为自

己的未来做出更好的规划和准备。"思想道德与法治"课教师在学生树立正确世界观、人生观、价值观的关键时期，通过提升高校学生思想道德与法治素养，帮助他们明确了前进的方向，起到了十分关键的作用。

（三）坚持培养目标导向，重视核心素养

党的二十大报告中指出："深入实施人才强国战略。培养造就大批德才兼备的高素质人才，是国家和民族长远发展大计。功以才成，业由才广。"国家实施科教兴国战略，优秀人才的培养，树德为先。教育要为人民服务、为中国共产党治国理政服务、为巩固和发展中国特色社会主义制度服务、为改革开放和社会主义现代化建设服务。同时，在学校具体的教育教学活动中，就是要紧紧围绕"提高教育质量"这一中心工作，既落实教学目标、课程设置、教材使用、教学管理等方面的统一要求，又因地制宜、因时制宜、因材施教，育人育心，挖掘"思想道德与法治"课程和教学中蕴含的思想政治教育资源，全面提升学生的思想道德素质和法治素质，实现全员全程全方位育人，培养德智体美劳全面发展的社会主义建设者和接班人。

二、思想道德与法治素养的有效融合

（一）思想道德素养的正确价值导向

思想道德素养是包含思想性、政治性、道德性与实践性于一体的价值导向，大学生阶段是正确的世界观、人生观和价值观形成的关键阶段。思想道德素养的正确导向，可以让学生追求有意义的人生价值，感知生命存在的意义，从而坚定自身的理想信念，实现自己的人生目的；让学生热爱自己的祖国和家乡，懂得保护和传承中国的优秀传统文化，树立历史使命感和责任感，发奋图强，改革创新，成为担任民族复兴大任的时代新人。让学生在日常行为道德规范中，坚守以为人民服务为核心和以集体主义为原则的社会主义道德，崇德向善，锤炼个人品德，把高尚道德风尚自觉做到内化于心，外化于行。

（二）法治素养的逻辑思维训练

深入学习贯彻习近平法治思想，坚持以人民为中心，维护宪法权威，学习民

法典知识，从保护广大人民群众的生命健康、财产安全、生活幸福、人格尊严等方面学习重要规范性文件和剖析经典案例。法治素养的提升，通过学习法律知识、培养法律逻辑思维，树立法治信仰，增强守法用法意识，做社会主义法治的践行者。全面依法治国是习近平新时代中国特色社会主义思想的重要内容，通过法律基本知识和法律发展历程的学习，理解我国社会主义法律的本质特征和运行，让学生懂得尊重宪法权威、突出人民主体、追求公平正义，培养社会主义法治思维，依法行使个人权利并履行义务，用法治精神和法治理念约束自己的行为，并投身到社会主义法治国家的建设当中去，成为国家需要的栋梁之材。

（三）有效融合思想道德与法治素养

教学过程中注重思想道德与法治素养的相互融合，是中国特色社会主义建设过程中"以德治国"与"依法治国"相结合的必然结果。思想道德为法治建设提供正确的价值导向和引领，法治建设为思想道德的养成提供制度保障和坚强后盾。思想道德与法治二者具有辩证关系，对个人和国家同等重要，相互依存，不可偏废。在2020年11月召开的中央全面依法治国工作会议上，我们党正式提出"习近平法治思想"，不仅具有十分重大的理论和实践意义，而且具有非常深刻的政治和法治价值。习近平法治思想从我国革命、建设、改革的伟大实践出发，着眼全面建设社会主义现代化国家、实现中华民族伟大复兴的奋斗目标，深刻回答了新时代为什么实行全面依法治国、怎样实行全面依法治国等一系列重大问题，是一个内涵丰富、论述深刻、逻辑严密、体系完备、博大精深的法治思想理论体系。青年处在新时代的关键历史方位，需要学习高精尖的专业技术知识，同时也需要道德与法治有机结合的教育，从而培养高尚的思想品德，尊法守法，做到德才兼备、德法兼备，这样才能全面提升自身的综合素质，成为一个适应社会发展并且在国家和社会建设中勇于担当、敢于奉献的国家栋梁。无论从国家的角度还是个人的角度出发，思想道德素养和法治素养的提升是紧密联系、缺一不可的。坚持和发展中国特色社会主义事业，既要发挥思想道德的引领和教化作用，又要发挥法律的规范和强制作用。做有理想、有本领、有担当的时代新人，必须具备良好的思想道德素质和法治素养，从而在合法地行使个人权利的同时，承担个人相应的社会责任。

三、思想道德与法治有机结合的教学探索

（一）有效融合思想道德与法治教育，实现全面育才成效

在大学生成长的过程中，繁重的学习压力、严峻的就业形势、复杂的人际交往、男女情感等都可能是他们会碰到的问题，学生阅历的相对肤浅难免使其产生各种各样的心理困惑或情感障碍。"思想道德与法治"课程老师除了扮演人生师长的角色外，倾听学生心声，当学生的益友，通过课堂理论与教学实践相结合，进入学生的心灵并产生影响，这是"思想道德与法治"课程老师最基本的一项素质和能力。习近平总书记指出："核心价值观，承载着一个民族、一个国家的精神追求，体现着一个社会评判是非曲直的价值标准。""思想道德与法治"课教师要以习近平新时代中国特色社会主义思想为指导，贯彻落实习近平法治思想，维护宪法权威，保障人权，维护人民基本权利，弘扬社会主义核心价值观，将法律评价与道德评价有机结合，体现法律法规与国家价值目标融合。思想道德与法治课程教学作为思政必修课程，以社会主义核心价值观为主线，在学生世界观、人生观、价值观形成的关键时期，通过正确的思想道德引导，学习法律知识，培养法律逻辑思维，从而提高思想道德和法治素养，培养更适应社会发展的健康人才。课程全面落实坚持用习近平新时代中国特色社会主义思想教育人，用社会主义核心价值观培育人，用中华民族伟大复兴历史使命激励人，培养中国特色社会主义新时代建设的可靠接班人、建设者和生力军。

（二）导入实践教学与典型案例，提升思想道德与法治素养

习近平总书记强调，"办好思想政治理论课关键在教师"。"思想道德与法治"课程设计综合思想教育、道德教育、生命安全教育以及中华优秀传统文化与革命精神等内容为教学体系，体现学科的政治性、思想性、历史性、科学性与实践性等特征。通过正确的价值导向，实现学生思想政治素质、道德修养、法治素养和人格修养的提升。"思想道德与法治"课程教学从传统的课堂教学向传统课堂与第二课堂相结合转变，提升学生在实践教学环节中的体验感，利用分小组完成时事热点分析、实践主题播报等实践教学运用，在帮助学生把握方向的同时，激发学生主动参与实践教学学习的热情。近年来，在司法审判工作中积极融入了

社会主义核心价值观,司法裁判的社会认可度和司法公信力得到显著增强。在课堂上,弘扬社会主义核心价值观的典型案例,结合容易关联价值观要素的案件类型以及司法裁判中运用社会主义核心价值观的方式方法、路径选择、工作机制等展开讨论,充分发挥司法的教育、评价、指引、示范功能,以更有力量、更有温度的司法裁判,促进高校学生养成规则意识,形成良好社会风尚,让正气、正义、正能量充满深入人心。"思想道德与法治"课程教师教学通过从理论到实践反复论证,探索适用于学生特点的教学技术和方法,把创新精神贯穿于学生学习的始终,并用创新的活力带动学生,根据社会的发展变化不断丰富、完善实践教学和典型案例设计,使学生能够体验到"思想道德与法治"学习的快乐与收获。

(三)注重创新教学路径和载体,丰富教学资源素材

随着互联网技术的发展,网络已经成为我们生活中不可或缺的一部分,也是学生学习技能的一部分。Wi-Fi 大范围全覆盖,各大互联网平台迅猛发展,自媒体运营五花八门。以多媒体和互联网为代表的当代信息技术,正以惊人的速度改变着人们的生存方式和学习方式,一方面推动教育模式从印刷时代走向信息时代,另一方面遵守网络生活中的道德与法律要求,成为维护正常的网络公共秩序需要共同遵守的基本道德准则,营造良好的网络环境势在必行。"思想道德与法治"课程教学应该使用多元的混合教学方式,做到思政融合、学科交叉与实践创新三者的融会贯通,进而将最生动的教学内容呈现给学生。因此,"思想道德与法治"课程教学应该树立相信科学进步的理念,面对信息时代的挑战,我们应当树立新观念,掌握新手段,培养新能力,学会充分利用现代信息技术,建立稳定可靠科学的信息收集和处理系统,提高现代教育技术应用的能力。利用科学进步创新思想政治教育工作,改进思想政治教育模式,开创思想政治教育工作新局面。另外,通过统筹课程性质、目标、理念,注重课程实施体系建设,综合考虑实践教学的学分评价体系,丰富学生的学习载体形式,让学科学习更加贴近学生的生活实际,为学生进入高年级思政课学习打下良好的基础。师生公益实践团队、学生的志愿服务、模拟法庭、普法宣传活动、社区纠纷调解、"三下乡"社会实践、社团建设等各类学生实践活动,将学生思想道德与法治素养的提升教育渗透到活动之中,既让红色基因、正能量成为该课程第二课堂的底色,也增强了实践教学教育的影响力。

四、结语

综上所述,在新时代背景下,思想道德素养与法治素养的培养紧密联系,缺一不可,与中国特色社会主义的国家现代治理模式中的依法治国与以德治国相结合,保证社会稳定有序地和谐发展。为了更好地培养中国特色社会主义的建设者和接班人,在大学时期提升学生的思想道德与法治素养显得尤为重要,"思想道德与法治"课程教学被赋予这一重要的教学目标。"思想道德与法治"课程教学中的思想道德与法制教育,有机融合思想道德与法治的知识,让学生学会融会贯通地培养思想道德与法治思维,使得知识内化,使之成为个人能力,积极引导大学生健康成长成才,从而取得良好的教学育人成果。因此,思政课教师在探索如何提升学生思想道德与法治素养的基础上,还要培养自身的创新能力,这样才可以把教学工作做得更深更好,可以更好地积累经验、把握规律,从而提高大学生思想政治教育工作的效果和高度,同时也更有利于思政课教师个人职业生涯的发展。

论提高"思想道德与法治"课教学效果的新路径

蒋文新

【摘要】"思想道德与法治"课是面向大学生进行思想道德与法治教育的必修课程。新时期提高"思想道德与法治"课教学效果需着重加强五个方面：真实情感融入，榜样效应，多媒体新技术综合运用，竞赛科研引领，质量反馈促进等。处于高校主阵地的思政课教师，应以党的二十大精神为指导，不断探索新路径，切实提高该课的教学效果。

【关键词】提高，"思想道德与法治"课，教学效果，路径

新时期提高"思想道德与法治"课教学效果需着重加强五个方面，分别是真实情感融入、榜样效应、多媒体新技术综合运用、竞赛科研引领、质量效果反馈促进。五个方面的构建与融合是当前"思想道德与法治"课堂实践探讨的新方向，是有效提高课程教学质量，提高教学实效性的关键环节。

一、自然融入真实情感

教师的真实情感融入，具体来说主要有三个方面：一是"活"用亲和力；二是运用好情感调节功能；三是适当使用肢体语言。三方面的有机融合是促进良好课堂氛围形成的有效措施，是学生对"思想道德与法治"课学习基本动力的前提。

（一）"活"用亲和力

课上精彩离不开教师课前的仔细备课。因此，教师在课前应投入精力加强备课环节，以2021版本教材为基础，以学生为中心，设计好课堂每个环节，将教

师的亲和力和教学的艺术性融为一体。教师用努力勤勉、向上乐观、敬业爱岗的当代精神去引导学生、教育学生，学生与教师之间就自然地形成畅所欲言的良好氛围，有助于在学生中营造你追我赶的课堂教学效果。

以《弘扬中国精神》章节为例，教师先设置问题：列举出当代具有突出性的改革开放精神事迹。学生以小组为团队开展讨论，最后提炼观点，选出代表回答问题：比如以深圳为代表的经济特区以敢闯、敢试、敢为天下先的改革开拓精神，发展成为我国改革开放最前沿、最生动的经济发展特区样板工程。这时，教师应积极肯定学生代表的发言，采用简洁语言为学生打开改革开放波澜壮阔的时代画卷，重点宣讲当代最具改革开放精神代表——深圳的开拓创新以及改革开放精神特点，引导学生进一步深入学习中国精神在改革开放中的具体体现。最后进行章节小结。在教学过程中，教师及时发挥主观能动性，提高亲和力的融入，营造良好的课堂氛围，让学生以小组形式讨论，继续选出代表发言，论述特区精神，探讨特区精神敢闯敢拼的中国精神和改革开放的伟大创举。

（二）运用好情感调节功能

一般而言，教师个人魅力和讲课艺术技巧及人格具体表现在：聚焦课程重点，调动个人及小组热情。一是教师要调整情绪。教师的情绪在一定程度上影响课堂教学，也影响到学生的兴趣，进一步影响到师生关系的发展与维持。在课堂上运用情感调节功能，将产生良好的互动效应。二是帮助学生树立信心。比如面对新冠疫情，我们应该帮助学生树立必胜的信心，相信党和政府，我们一定会早日打赢这场"战役"。教师此时应顺势而为，弘扬疫情防控中的正能量，可以提问"当下作为大学生应如何应对"等。三是运用幽默调节。幽默是智慧的象征，幽默可以使紧张的气氛变得轻松起来，也可以使教师自己的不良情绪得以缓解。例如，讲授爱国章节时，可以讲古代爱国例子，可以讲钱学森的故事或航天精神。可以在课堂中风趣地切入主题，如"作为一个中国人，男同学背后一定刻有'我是中国人'五字"，相信男学生会开心一笑，之后便将注意力集中到教师身上，教师就可以将课程推向更高潮。四是适时转变角色。教师在适当时候要由"导师"向"学友"转变，克服以长者自居的心态，摆正位置以平和心态对待学生，把学生所具有的独立人格和个性发展潜力加以充分发挥。只有做到身份的转变，才能进一步促进学生激发自己的积极情绪，提高强烈的参与热情，才能进一步提高课堂气氛活跃度和美誉度。五是调动学生的积极性。构建和谐师生关系情绪系统，科学地引发动能，打造积极的兴趣链。把有趣+好奇心、求知欲+自觉和谐地组成有机系统，将情绪的功能发挥好，有助于调动学生的积极性。

（三）适当使用肢体语言

据统计数据显示，在课堂上如果教师肢体语言使用适当，那么传递信息效率比普通宣讲更能深入记忆。因此在课堂上设定合适的情景，教师适时运用肢体语言进行教学，就能极大地提升学生的学习热情。

（1）发挥眼神作用。眼神在课堂上能起到监控调节作用。适当运用可以监控学生的听课情况，遇到可控情况，可以与学生进行沟通与交流。

（2）表达面部信息。面部信息表达是教师课堂管理的重要体现方式，是牵动情绪发展的动态指挥棒。所以教师上课时把握表情表达，既能发挥课堂调控作用，又能够较好地表达自己的情感或课程内容情绪。因此，教师以丰富的面部表情进行恰如其分的表达，能起到两方面作用：一是学生的注意力始终集中在黑板上、教师身上、PPT上、课本上；二是配合完成教学工作。

二、树立榜样效应

一个在课堂上起到榜样作用的教师，是个人价值的体现，更能受到学生的喜欢。判断教师是否树立了榜样的有效依据主要有三点：一是课堂控制，二是教学基本功，三是教学态度。教师课堂表现的评价指标如下：

课堂控制	教学基本功	教学态度	学生认可	抬头率	出勤率
一般	一般	一般	一般	低	低
强	强	好	高	高	高

可以看出，教师要下功夫提高教学能力，才能得到学生的认可。因此，教师事先要把控好课前的黄金10分钟，自始至终上好每一节课，使榜样效应得以最大化，以获得绝大多数学生的支持和认可，促使课堂教学质量提高。一种信任与和谐的师生关系是维持教学运行的重要的氛围调节剂。

此外，教师应坚守岗位，主动作为，尽职担当，传承发扬优秀共产党员的精神品质，时刻保持奋斗激情，强化课堂主阵地功能，树立良好榜样，生动地、言行一致地倡导社会主义核心价值观，促使学生在求学期间潜移默化地把品德、文化、思辨和价值四方面有机结合，升华学生爱党、爱国、爱社会主义主义和集体主义的情感。构建课程知识平台，以"实践见真知"引领学生树立正确的价值观，同时心系全局，站位更高地设计，做到"四个强化"：一是强化学生品格；二是强化学生意识；三是强化学生新思维；四是强化学生进取精神。总之，要充分利用课堂强化榜样作用，激励和引导学生探索前行，树立远大的理想，开阔眼界，找准精神坐标。另外，要着重教育他们心系祖国，肩负起时代交予的重任，以铿锵有力的步伐，谱写与祖国同频共振、共同实践中国梦的主旋律。

三、综合运用多媒体新技术

（一）挖掘多媒体新技术内涵

教师要多方位学习，以"新"为基调，大力挖掘多媒体内涵，做到胸中有课堂，有目标、全方位地解读《思想道德与法治》每个章节及内容，划出重难点，提炼新知识，艺术性地插入活力元素，运用QQ、钉钉、腾讯会议、微信群等平台进行交流探讨，以高质量完成教学内容，引导学生面对多媒体，深入思考，主动探索，不耻下问，共同促进。只有这样，学生才能感受到理论的价值，比如讲理想信念一节，在介绍古今中外名人理想时，对他们进行深入分析，引导学生探讨他们的价值观。但只从理论上讲解还不够，得借助技术的综合运用：视频+PPT+提问+课后作业。在讲社会主义核心价值观的内容时，可以结合时政开展专题讲座，教师收集各地社会主义核心价值观的宣传片、宣传牌、标语等在课堂上展示，以"城市地理+宣传"方式，让学生耳目一新。

（二）运用新媒体技术进行教学

科学制作多媒体课件要突出"巧"字。首先，科学制作多媒体课件。课前，教师要准确把握《思想道德与法治》章节教学重点，在综合分析的基础上，规划及制作多媒体课件。其次，在制作多媒体课件中，教师要注意"思想道德与法治"知识渗透。最后，在教学过程中，要以"轻松+和谐"的模式，大力营造课堂教学积极向上的氛围。要注重互动环节、适当进行人机互动，不断地优化课件功能与融入新知识，使学生的听、学、记形成新循环，加强知识的吸收与转化，确保教学的深入开展。

（三）构建"教"与"学"的良好体系

"教"是高校教师课堂实践技能的重要体现，因而应重视多媒体教学，运用多形式结合的教学方法，让课程变"新"。如在教授社会主义经济建设主题时，运用多媒体进行教学，教师课堂上的"教"要贴近生活，贴近实际，结合当下时政热点、焦点等，合理选取素材，比如《建党100年》、《长津湖》、《广东改革开放史》、党的二十大会议精神等，把思想道德与法治课重要章节的重点难点内容深度融合，丰富课堂教学内容，从而强化"教"与"学"的功能[1]。

四、以竞赛科研为引领

科研成果在一定程度上是衡量教师水平的一个尺度。有条件的高校可以探讨本科导师科研负责制。具体要做到两方面：一是学生通过"四史"和"马工程"课程，在哲学、党史方面展开一定初步研究，教师可以筛选合适人员加入科研团队，具体负责一个课题的子课题。例如，理工科学生通过参与导师的科研项目，深入研究，可以开发"思想道德与法治"课程的学科竞赛设计产品，申请专利。二是竞赛驱动、科研引领。通过鼓励参加校内外党的二十大会议精神征文比赛、参加校内外学科竞赛，以获奖为驱动，引导学生开拓思维参加多形式比赛，提升课堂与课外知识的融合，为学生今后从事科研工作提供先行指导。

通过班级数据筛选，挖掘有科研能力的学生，教师作为第一指导老师指导学生撰写和发表论文，发表后可以在班级点名表扬，增加平时成绩的绩点，让优秀的学生通过科研来体现自身价值。

高校"思想道德与法治"课教师想把课讲好，除了要不断学习、勤于借鉴之外，就是要搞好自己的科研。如果教师所学的专业是教育管理、心理学、中共党史，那么从教学实践看，搞不搞科研，能不能把自己的研究成果融会贯通于自己的教学，这对学生的影响不一样。因为立足于科研之上的教学，更能把课讲深讲透，讲出自己特色，更能得到学生的敬重[2]。

五、以质量效果反馈促进提高

反馈教学简单说就是以学评教，以评促教。具体就是利用教师与学生角色的扮演，通过组织质量评价形成师生互动情境和体现教学质量，从而构建有效良性的生态循环系统。

反馈教学法是依据教学目标设计，激发教师潜能实施教学过程中学生反馈回来的信息，经过加工综合提高教学效果的教学过程。为提高课堂质量，高校应把教学反馈与传统教学相结合，通过查询成绩时给老师评价，评价系统中做出优良中差的等级评价，这样的反馈能促进教师教学工作质量的提高，在一定程度上又促进教学目标的实现。

小结：

新时期提高"思想道德与法治"课教学效果需着重加强真实情感融入、榜样效应、多媒体技术综合运用、竞赛科研引领、质量效果反馈等5个方面的构建。处于思想政治教育主阵地上的思政课教师应凝集共识，激发力量，以党的二十大会议精神为指导，以更高的标准，踔厉奋发，多维度深入探讨符合自身教学要求和提高教学效果的方式方法，不断创新，做一个新时代的教育者和学生成长的导航灯、引路人。

参 考 文 献

[1] 王涛. 高校思政课多媒体教学中的问题及创新策略分析 [J]. 信息记录材料，2017，18（8）：158-159.

[2] 黄忠伟. 教好思政课要悟透三种"道" [J]. 湖北开放职业学院学报，2021（20）：74-76.

"五要件"教学法如何将道理讲深、讲透、讲活

李倩倩

【摘要】 贯彻思政课的本质是讲道理，将道理讲深、讲透、讲活是关键。面对"00后"大学生的鲜明代际特征，用合适的教学方式方法对将道理讲深、讲透、讲活意义重大。"五要件"教学法提倡二元兼顾的教学理念，对课堂结构进行合理建构，通过"引、问、析、评、导"五要素来让道理讲深、讲透、讲活，入脑入心。

【关键词】 "五要件"教学法，思政课本质，讲道理

2022年4月25日，习近平总书记在中国人民大学考察时指出："思政课的本质是讲道理，要注重方式方法，把道理讲深、讲透、讲活，老师要用心教，学生要用心悟，达到沟通心灵、启智润心、激扬斗志。"[1]此次讲话深刻揭示了思政课的本质，指出了教学方式方法对于思政课把道理讲深、讲透、讲活的重要性。

育人的根本在于立德，培养造就大批德才兼备的高素质人才，是国家和民族长远发展的大计[2]。面对"00后"的教学对象，这群具有鲜明特点、已经平视世界的新一代大学生，思政课如何实现立德树人的目标，让道理入脑入心，让老师的教达到沟通心灵、启智润心、激扬斗志的效果，是每一位思政课教师所面临的重大挑战。"五要件"教学法，对于思政课教师将思政课道理讲深、讲透、讲活，起着至关重要的作用。

一、"00后"大学生特点

"00后"从2018年开始步入大学校园，就逐渐成为高校思想政治理论课的主要教学对象，这群被称为"千禧宝宝""421家庭宝宝"的新时代大学生，受

成长环境、社会发展等因素的影响，展现了鲜明的代际特征，也为高校思想政治理论课的教学提出了新的要求，要实现思政课将道理讲深、讲透、讲活的本质要求，对"00后"的特点进行分析是前提。

依据2019年零点研究咨询集团发布的《千禧一代：中国"00后"群体研究报告》表明，"00后"这一代大多成长在经济基础殷实，家庭氛围平等、开明、鼓励的家庭环境之中，能够更多地接触到新式教育、素质教育，热衷社会活动，展现出了价值取向多元化，精神追求多层次；独立意识显著，在知识学习上体现出更多的自主权；行为表达网络化的新特质[3]。这就对如何提升思政课的内容的可接受性，将想要讲的道理讲深、讲透提出了新的挑战和要求，合适的教学方法至关重要。

此外，被称为网络原住民的这代大学生，面临着数字化社会信息庞杂，使人容易产生浮躁的社会现实，特别是进入读图时代，各种信息源借助市场的力量吸引眼球、抢占流量，学生的注意力集中程度堪忧，持续集中注意的时长呈缩短态势。要使学生集中注意力，从本体知识的浅层学习到整合协同的深度思考、深度学习，就要求我们的课程能够吸引学生[4]，更好地利用学生集中注意力的时间，将学生的注意力集中到课程中，将道理讲活，实现学生的深度思考和学习。实现这一教育目的，教学方法的创新必不可少。

二、把道理讲深、讲透、讲活的重点所在

思政课讲道理是缘于扎根中国大地办大学的现实考量，是发挥思政课程作用的必然要求，是坚守为党育人、为国育才初心使命的客观需要。所讲的道理是国家、社会、个人的道理，为学生正确认识和处理个人与他人、个人与社会、个人与国家关系指明了方向与路径，回答了学生成长发展中的人生之问、时代之问、价值之问，有助于学生成为德才兼备、全面发展的人[5]。这就意味着要将道理讲深、讲透、讲活既要求教师具有深厚的理论基础，可以将道理讲深，也要求教师具备能将深厚的道理讲明白的能力和技巧，同时要联系学生成长实际情况，将道理讲活。

首先，能够将道理讲深，对理论基础的把握很重要。思政课鲜明的理论性特点，需要思政课教师能够揭示规律，阐明真理，对教学中的重要问题进行深入的学理研究，形成学术支撑体系，用马克思主义观察时代、把握时代、引领时代，

以深刻透彻的学理、实践的力量来实现对青年学生的政治引导和价值引领[6]。作为思政课教师,对学理的研究和把握是将道理讲深的前提和基础,通过充实自身的理论基础,提升科研能力来加深对于学理的研究和理解,在讲课时能够以厚积薄发,通俗易懂的方式来将道理讲深。

其次,将道理讲透,运用理论,结合学生发展实际去分析是思政课讲道理的要点。将道理讲透是在讲深的基础上使学生思想通透,这就要求教师不仅要有深厚的理论基础,更要了解学生,了解学生的所思所惑,面对多元社会思潮的影响,针对观念模糊、认识不够明晰的情况,能够结合学生的成长和社会发展实际,用事实说话,用真理服人,帮助学生在比较鉴别中把握真理,坚定理论自信,促进学生不断实现思想素养的提升。

最后,将道理讲活是思政课讲道理的根本。思政课把道理讲活,就是要理论联系实际,广泛开展丰富鲜活的社会实践,"把思政小课堂同社会大课堂结合起来"[7]。知识的学习不是平移迁徙式的知识复制,而是通过自己的体验在头脑中重新建构起知识框架与价值取向的活动,这需要学习的过程、体会、体验、认同、持守[8]。这就要求教师依据学生的思想实际,结合社会发展历史、现状以及面向学生开展的社会实践活动,通过课堂讲授、学生实践,让学生将既有知识结构与实践体验相结合,使学生产生情感共鸣,启发学生深入思考课堂讲授内容,使学生积极主动参与到教学过程中,将所讲理论内化,以回应和解答学生遇到的现实问题,将道理讲活。

三、"五要件"教学法如何实现将道理讲深、讲透、讲活

意识形态工作是为国家立心,为民族立魂的工作[9]。"五要件"教学法立足于思想政治课本身所蕴含的教学目的,帮助学生构建科学的世界观、价值观、人生观和正确的意识形态取向。在完成此目的的基础上,从思维层次入手,培养学生整体性和立体性的思维方式及分析、解决问题的能力,通过培养学生演讲、写作和对话交流的技能,提高思政教育的说服力[10]。

(一)二元教学理念能够在把握课程原则性、方向性的同时尊重"00后"学生特点,将道理讲深

针对"00后"学生较强的自我意识和独立思考能力,"五要件"教学法倡导

"以学生为主体、以教师为主导"的二元兼顾的教学理念,能够在提高教学效果的同时,实现高校思想政治理论课的原则性和方向性。以学生为主体就是积极创造平等对话,踊跃发言的课堂环境,既可以更好地尊重"00 后"学生的自我意识,发挥其独立思考能力和主体性,让学生积极主动,充分参与到课堂中来;也能发挥教师的主导作用,让教师通过与学生的对话,掌握学生政治素养及思想动态的现状,进行合理引导,实现价值引领,把握课程的原则性和方向性,让学生去深入地学习理论知识,达到将道理讲深的目标。

(二)关注课堂教学结构的合理构建,尊重学生注意力发展规律,将道理讲透

针对"00 后"学生集中注意力的时长呈缩短态势的现状,"五要件"教学法关注课堂教学结构合理建构,以实现课堂教学结构的立体化和动态化,增强其创新性、实效性和可操作性。遵循学生注意力规律,规避学生注意力的低谷。让传统"静听"的课堂变成"动态"的课堂,各教学要件相续转换,使扁平、枯燥、单一的课堂形式变成立体、活跃、丰富的形式。抓住同学们注意力的黄金时段,让同学们跟着老师的思路走,有助于将道理讲透。

(三)通过"引、问、析、评、导"教学方法体系在实现知识传递的同时,加强能力素质的培养,将道理讲活

习近平总书记指出:"思政课重在塑造学生的价值观,这一点必须牢牢抓住。"[11]思政课教学要传授知识、传递思想、传播真理,更要培养学生爱国情怀、社会责任感、创新精神、实践能力[12]。"五要件"教学法采用"引、问、析、评、导"五要件教学法,通过 5 个相互衔接、立体动态的课堂教学方法体系,在知识传递的同时、加强能力素质的培养,帮助学生构建科学的世界观、价值观、人生观和正确的意识形态取向。同时培养学生整体性和立体性的思维方式及分析、解决问题的能力,培养学生演讲、写作和对话交流的技能。强化现代信息技术与教育教学深度融合,强化师生互动、生生互动,让学生参与到课程开展的各环节,由被动学习变为主动学习,有助于将道理讲活。下面以《思想道德与法治》第一章《领悟人生真谛,把握人生方向》内容为例,来通过"五要件"教学法,将"让学生树立正确的人生观,学会如何创造有价值的人生"这个道理讲深、讲透、讲话。

"引",即"引起意向"或"引入情景",通常以"课前5分钟"的方式展开,即通过学生上台演讲与课堂内容相关的新闻事件、生活案例、历史人物、读书心得等,迅速让课堂注意力集中,引起学生的学习意向。为了让同学们意识到人生观的重要性,通过让同学们课前阅读北京大学副教授、精神科主治医师徐凯文《买椟还珠的时代与"空心病"》这篇文章,找一两位同学分享读书心得,结合同学们刚步入大学不久,可能会面临不知道生活学习的重点、对校园生活迷茫的现状,来引入人生观对每位同学的重要意义,引出本章所要讲的主题,通过同学们没有了解过的"空心病"知识点和可能面临的相关问题,来引起同学们对本章内容学习的意向,让同学们带着问题意识来学习本章的知识点。

"问",即"问题的提出",通常是运用有趣的、真实的问题,帮助学生形成问题意识和主体意识。本章内容在讲到"人的属性"时,通过分享发生在20世纪20年代印度地区"狼孩"的故事,让同学们思考为什么"狼孩"和人具有同样的外表,但是由于从小脱离人类社会,却以狼的方式活着,进而让同学们主动得出"人的本质属性是社会性"的结论。

"析",即"问题的分析",此环节可以充分发挥学生主体性和锻炼学生分析和解决问题的能力。一般教师会通过事先准备好的典型的文本或视频案例,让学生独立分析,提出自己的解决思路或者通过小组讨论协作学习的形式,让学生主动、深入地探索和交流解决问题的多种可能性,锻炼学生的思维能力。在这个过程中,作为教师的我们一方面是课堂的组织者,监督整个过程;另一方面,处于与学生平等对话和交流的角色,使成果的展现在相互交流和互动中完成。本章内容中对"积极进取人生态度"部分的讲解,通过"名校博士选择乞讨"及时代热词"躺平即正义"的文本资料的分享,让同学们以小组讨论形式来分析"对躺平的看法以及躺平是否正确"。在这个过程中向学生说明分享观点的规则,营造平等对话的氛围,给学生时间去充分分享各自的观点;在学生分享的过程中,对学生观点不予过多评价,同时把握课堂讲授的整体进度,以充分发挥学生主体性,锻炼学生分析和解决问题的能力。

"评",即"问题的点评"与"重难点知识的讲评",作为增强课堂活跃性和实效性的关键环节。问题的点评包括老师对学生问题分析的点评以及学生之间的互评。学生之间的互评,在激发学生兴趣、提高学生主动性的同时,也可以让教师进一步了解学生的思想动向、思维方式及知识掌握情况。重难点知识的讲评是从课堂活动向教学核心内容的回归,教师从学生分析问题重新回到课堂学习内容本身。针对同学们对"躺平"这个问题分享的观点,让持有"支持躺平"和"不支持躺平"观点的两个小组进行辩论。之后,教师结合躺平出现的前因后果及实质,对同学们的分析进行相应点评,让学生深入了解躺平的内涵及出现的原因。

"导",即"意识形态的引导",意识形态的引导是把握高校思想政治理论课方向性的重要环节,也是思想政治理论课的教学目的和课堂教学的应有之义,强调学生的主动参与,平等地探讨、分析问题以及交流观点。教师在掌握学生思维方式和思想动态的基础上,通过理论联系实际,从思维层面引导学生建立正确的思维方式和意识形态取向;探讨分析之后的引导有更强的实效性,更能增强课程的说服力和感染力,同时有利于提高学生使用正确的意识形态的理论来分析和解决问题的能力。在本章对"躺平与否"的讨论分析之后,教师引导同学们自己得出"是否应该躺平"的结论,进而回归本讲内容的主题"人生应当采取积极进取的人生态度",来引出结论:作为年轻人可以选择暂时的"躺平",即身体或心理上的休整,但不应当将躺平贯彻人生始终,应当采取积极进取的人生态度。

为了实现思政课的讲道理的本质要求,"五要件"教学法通过对二元教学理念的贯彻及课堂结构的重新构建,来充分发挥学生的主体性和教师的主导性,通过"引、问、析、评、导"教学方法体系,让学生积极主动地参与到课堂中来,充分发挥主观能动性,将思政课中的道理讲深、讲透、讲活。

参 考 文 献

[1] 习近平在中国人民大学考察时强调:坚持党的领导传承红色基因扎根中国大地走出一条建设中国特色世界一流大学新路[N]. 人民日报,2022-04-26.

[2][9] 习近平. 高举中国特色社会主义伟大旗帜,为全面建设社会主义现代化国家而团结奋斗——在中国共产党第二十次代表大会上的报告[M]. 北京:人民出版社,2022.

[3] 王骥. 浅析面向"00后"的大学生思想政治教育方法创新[R]. 2020年课堂教学教育改革专题研讨会(一):1102-1104.

[4][6][8] 高国希. 讲深、讲透、讲活思想政治理论课的道理[J]. 思想理

论教育，2022（8）：10-15.

［5］石海君，黄蓉生."思政课的本质是讲道理"的深刻蕴涵与实现路径［J］.思想理论教育，2022（8）：16-22.

［7］［11］习近平.思政课是落实立德树人根本任务的关键课程［J］.求是，2020（17）：66-22.

［10］金涛，范建荣.高校思政课"五要件"教学法的创新与应用［J］.渭南师范学院学报，2016（10）：78-82.

［12］习近平.在教育文化卫生体育领域专家代表座谈会上的讲话［N］.人民日报，2020-09-23.

"五要件"教学法在高校思想政治理论课教学中的应用

——以"中国近现代史纲要"课为例

王庆华

【摘要】"五要件"教学法是在教师实践基础上总结的新的课堂教学法,坚持以人为本,合理运用策略,以群体动力理论,将传统课堂进行分解,融入微课教学等教育理念。具体来讲就是高校思想政治理论课课堂由"课前5分钟""重难知识点解析""视频案例""教学互动""教师讲评"5个教学要件有机构成,具有教学目的的价值性、教学过程的趣味性、教学主体的参与性、教学风险的可控性等特点。

【关键词】"五要件",思想政治理论课,"中国近现代史纲要"

■ 引言

"五要件"教学法是在现有思想政治理论课教学方式方法基础上,总结经验、吸取教训形成的新的课堂教学法,它以完善学生人格成长,促进学生心智发展,提高学生的综合素质和能力为目标。根据教学内容、教学对象等主客体自身特点,对传统的课堂进行结构分割、功能凸显、模式重构。

■ 一、"五要件"教学法的内涵

"五要件"教学法是对高校思想政治理论课传统课堂模式的分解与重构,具体是指将课堂分成5个有机组成部分"课前5分钟""重难知识点解析""视频案例""教学互动""教师讲评"。

"课前5分钟"是指课堂开始后未进入主体授课内容之前,用5分钟左右的时间进行课堂预热。高校课程设置普遍存在授课地点分散、课程周期长（如"中国近现代史纲要"课每周一次）、课程门类繁杂、学生课外活动较多等现实问题，造成课堂一开始学生精神不集中、授课内容前后未衔接等现象，教师马上进入授课内容的教学效果并不好。因此通过5分钟的预热，可以集中学生注意力，逐步进入课程思维，达到事半功倍的效果。以"中国近现代史纲要"课为例，根据课程特点，课前5分钟安排"历史上的今天""历史人物PPT""时事点评"等环节，由学生分批次完成，重点选择与当天课程所讲内容相关的、历史与现实相对照的内容。此环节在于营造一种历史教学的氛围，使学生能更好地进入课程教学中。

"重难知识点解析"是指对教学内容的提炼和把握。为了理论体系的完整性和知识的全面性，思想政治理论课的教材存在大而全、广而不精的问题，几门课之间也存在内容衔接不严谨、知识点重复等情况。特别是"中国近现代史纲要"课，学生已经在高中有过一定学习和知识基础，很容易形成求知倦怠感。"重难知识点解析"就是对教材内容的解剖提炼，是教材体系向授课体系的积极转换。提炼与转换要小而精，把握重点和难点，并且将前沿热点问题融入其中。

"视频案例"是将视频等多媒体引入课堂，将知识点变得更形象生动，通过对视频的观看和分析来更好理解和吸收知识。视频资料的选择要有一定的代表性，要注意与知识点的契合、对时间的把握、衍生的讨论点等。视频教学是辅助手段，目的是更好地服务课堂教学，因此不能喧宾夺主。中国近现代史纲要课程中可以有选择地节选《复兴之路》《凤凰大视野》《百年中国》等视频中的精华部分，时间控制在10分钟左右，并设置相关的讨论题，加强学生的参与意识。

"教学互动"是指积极调动学生的主观能动性，参与到课堂教学中，师生互动、教学相长。思想政治理论课课程性质和教育目的的特殊性，导致在教学过程中学生成为知识的被动接受者。传统课堂教育模式更注重的是教学知识的解析过程，教学方式、课堂节奏、反馈机制等都由教师来掌控，课堂教学变成单向度的灌输式和填鸭式活动，忽视了学生在教学过程中的主体性地位，更是对"枯燥"的理论兴趣全无。"五要件"教学法运用到"中国近现代史纲要"课堂中，针对这种情况可以设置"历史观点PK擂台""模拟东京审判"等环节，鼓励学生参与并记录在考核体系中。

"教师讲评"是指教师对理论争鸣、视频资料、学生互动等课堂环节的讲解点评，是对课堂节奏的掌控、知识观点的总结、理念价值的回归。无论课堂教学怎么分解，教师还是最终的掌控者，是导演。视频教学、学生互动等环节是对课堂的"放"，教师讲评就是对课堂"收"的过程。"收"的不仅仅是知识点，更重要的是回归到思想政治理论课教学目的上，回归到马克思主义立场上。如果"放"出去而"收"不回，偏离轨道，教学效果会适得其反。以"中国近现代史纲要"为例，有很多最新的研究成果与传统的观点是有差异的，通过微信、微博等方式进行传播，学生是重要的受众群体。所以争鸣观点或前沿结论是课堂无法回避的，教师可以加以介绍，开阔学生的视野，但教师的总结必须回到马克思辩证唯物主义的立场和方法上来，回归到主流价值阵地上来。

二、"五要件"教学法的特点

（一）教学目的的价值性

教学目的的价值性是课程开设所要达到的终极追求，是课程存在的价值所在，任何教学方法和教学措施都是服务于教学目的的。思想政治理论课是对大学生进行思想政治教育的主渠道，在促进大学生全面发展、培养社会主义接班人等方面具有不容忽视的战略意义。在这个意义上，高校思想政治理论课的价值性目标体现在两个方面：首先就是培养自由全面发展的合格的人，引导大学生建立正确的"三观"，以知识为基础、能力为核心，身心和谐发展。其次是培育合格的社会主义事业接班人和推动者，有以知识为基础的责任感和使命感，将知识与社会发展进步联系起来，推进社会变革和发展。"五要件"教学法设计的终极目的就是为了实现思想政治理论课的教学目标，课堂的分解、学生的参与、效果的把控等都最终服务于此。

（二）教学过程的趣味性

高校思想政治理论课的课程性质、内容及目标，使得课程教学很容易变得僵化死板。目前高校思想政治理论课的教学实践中普遍存在泛政治化、过度学术化、枯燥化等现状，"严肃有余、趣味不足"。教师们越努力、学生越反感、效果越差，形成恶性循环。"五要件"教学法之所以将传统课堂进行分解和重构，就是增强授课过程的趣味性。"五要件"教学法与传统的填鸭课堂的根本区别就是变被动为主动，手段多样化、过程趣味性。但增强趣味性不是单纯为了哗众取宠，是与教学目的紧密相连的，是宏观指导与微观操作的有机统一。

（三）教学主体的参与性

"参与式"教学最早起源于英国，成功地将社会学理论运用到教育理论中。"参与式"教学将学习者从被动接受者变成过程的主动介入者，强调学习者的中心地位，教学是教师与学生互相协作才能共同完成的过程。"五要件"教学法打破传统课堂以教师为主角的模式，形成学生参与、教师引导、师生互动的课堂教学模式。教学的过程是一个由教师引发产生辐射的网状结构，而不是教师高高在上的垂直线性结构。教学过程变成一种邀请，教师与学生共同参与到对知识的理解、对理想的追求、对意义的表达、对行动的实施之中，师生是相互扶持的同路人，共同经历和追求。参与性使教学主体变得主动意识加强、教学过程积极而有效。

（四）教学风险的可控性

传统填鸭式课堂之所以弊病尽显还被众多教师采用，是因为传统课堂的教学风险小，对于思想政治理论这种担负意识形态任务的课程尤其如此。一丝不苟，甚至照本宣科的教学方式，看似符合思想政治理论课意识形态教育的初衷，实际却造成了"意识形态漂浮"的现象。所谓"意识形态漂浮"，是指大众传媒可以铺天盖地、大张旗鼓地宣传某种意识形态，可是这种意识形态仍不能深入人心，甚至会引起人们的逆反心理而漂浮在表面[1]。"意识形态漂浮"低层面容易使学生将马克思主义理解为与己无关的"大道理"，缺乏最起码的认同感，甚至在不知其然的情况下就简单地拒之门外。高层面会导致学生对马克思主义的失信与叛逆，甚至站在对立面，这才是最大的教育风险。同时教学手段的多样化和参与主体的多元化，必然导致观点的争鸣，这是社会多元价值观在课堂上的反映。"五要件"教学法所倡导的教学方式的改革，是在教师总体设计之下的，是教师顶层设计与微观把握的有机结合，既做到观点争鸣又能有效回归，使教学风险在可控范围之内。

三、"五要件"教学法的教学理念

（一）坚持以人为本

以人为本是科学发展观的本质和核心，也是高校思想政治理论课的指导思想。《中共中央国务院关于进一步加强和改进大学生思想政治教育的意见》中明确指出，加强和改进大学生思想政治教育，坚持以人为本，贴近实际、贴近生活、贴近学生，努力提高思想政治教育的针对性、实效性和吸引力、感染力，培养德智体美全面发展的社会主义合格建设者和可靠接班人。在思想政治理论课教育教学中，以人为本，既是一种教育理念，又是一种管理理念，既涉及制度层面，又涉及实践层面。"五要件"教学法就是从学生的需求、学生的感受、学生的角度、学生的反馈来设计和操作，最终服务于尊重人、依靠人、为了人、发展人的教育目的。

（二）合理运用教学策略

课堂教学策略是一堂课中所有教学方法的有机整合。课堂教学方法很多，各有侧重、互有优劣。课堂教学策略就是注重不同教学方法之间的取长补短，防止单纯使用某一种方法而造成的学生的倦怠感。依据教育教学规律，合理搭配教学方法，使课堂教学过程变得张弛有度。合理运用教学策略是衡量课堂教学有效性的重要标准，是提高教学效果的重要一环。"五要件"教学法就是多种教学方法的有机结合，注重形式的变化性和多样性，同时又回归于统一的教学目的。教学策略的运用就是规范的教材体系向生动的教学体系转化的过程，中共中央宣传部、教育部《关于进一步加强高等学校思想政治理论课教师队伍建设的意见》中指出："思想政治理论课教师要以教材为教学基本遵循，在教材体系向教学体系转化上下功夫，真正做到融会贯通、熟练驾驭、精辟讲解。""五要件"教学法是对教材体系进行分解的过程，既突出重点，又保证课程主线，有最新前沿研究，又有多视角争鸣，从而使得理论化的教材变得生动有趣，更容易被学生内化吸收。

（三）融入微型教学

"五要件"教学法集中地突出了现代微型教学的基本特征。所谓微型教学，就是"将复杂的教学过程分解成许多容易掌握的具体单一的技能，并对每一技能提出训练目标，在较短的时间内对学生进行反复训练，以提高受训者能力的教学模式"[2]。微型教学越来越受到重视，特别是"微课程"得到了逐步推广应用。"微课程"概念最早在2008年由美国新墨西哥州圣胡安学院的高级教学设计师戴维·彭罗斯提出并进行教学实践，引入中国后在教育界引起关注。"微课程"着眼于教学过程中围绕重要知识点的解析，摒除多余"背景"知识，讲求知识点的精确制导，防止传统课程冗长拖沓造成学生的倦怠感，最大限度地集中学生注意力和提高课堂效率。"微课堂"强调把握节奏，时间以 5~8 分钟为宜，最长不超过 10 分钟。"五要件"教学法将传统课堂单一模块进行重新分割，分成 5 个不同的教学形式，实质上也是将教学内容微化。知识点的微化能使重点更突出，而作为整堂课来说，层次性更深、纵深度更高、趣味性更强、效果性更佳。

（四）群体动力理论

"群体动力理论"是美国人库尔特·卢因提出的。该理论认为一个人的行为，是个体内在需要和环境外力相互作用的结果，个人的一切行为取决于自身及与其所处环境条件的变化。群体动力理论强调通过对个体所在群体的激励着手，由此造成的良好氛围和示范效应推动教学个体，提高其参与教学的驱动力。传统的思政课堂之所以效果不佳，就是变成了教师的"独角戏"，学生也孤立为一个个个体，无法形成学生和老师、学生和学生之间的共鸣。"五要件"教学法通过不同的角度鼓励学生融入课堂，变成学习共同体，相互激励，并由外部激励内化为自身动力，形成自主学习、共同学习的良性循环。众多受教育者坐在一起，性格各异、兴趣不同，单一的某种教学方式很容易众口难调。"五要件"教学法在有限的课堂时间，不断变换教学形式，既能满足不同学生的兴趣点，保证每一环节都有受众群体从而带动其他同学，又能保持课堂教学的节奏感，提高效率。

参 考 文 献

[1] 何怀远. 意识形态的内在结构浅论 [J]. 江苏行政学院学报，2001（2）：13-17.

[2] 余文森，洪明. 课程与教学论 [M]. 福州：福建教育出版社，2007.

注：本文发表于《集宁师范学院学报》2016 年第 3 期。

思政课教学改革与实践

——"五要件""八素养"在"中国近现代史纲要"课中的应用

张 海

【摘要】 党的十八大以来,以习近平同志为核心的党中央高度重视思想政治教育工作,思政课建设取得了显著成绩,思政课教学总体上发展态势良好,但同时也存在教学内容重复化、教学模式僵硬化、评价机制简单化等困境。在长期教学实践的基础之上,经过不断摸索、总结教训、吸取经验,马克思主义学院在范建荣院长的带领下,提出了"五要件"的教学方法和"八素养"的培养目标,有效地改善了思政课教学效果。

【关键词】 教学改革,"五要件","八素养"

高校思政课在如何"坚持教育为社会主义现代化建设服务、为人民服务,把立德树人作为教育的根本任务,培养德智体美劳全面发展的社会主义建设者和接班人"[1]这一目标上发挥着"主渠道"和"主阵地"的重要作用。党的十八大以来,以习近平同志为核心的党中央高度重视思想政治教育工作,强调在"当前形势下,办好思政课,要放在世界百年未有之大变局、党和国家事业发展全局中来看待,要从坚持和发展中国特色社会主义、建设社会主义现代化强国、实现中华民族伟大复兴的高度来对待"[2]。在党的二十大上,习总书记指出:"我们要建设具有强大凝聚力和引领力的社会主义意识形态,牢牢掌握党对意识形态工作领导权,全面落实意识形态工作责任制,巩固壮大奋进新时代的主流思想舆论。"[3]在国家的高度重视下,思政课建设取得了显著的成绩。2017年年底,教育部调研显示:86.6%的受访学生表示非常喜欢或比较喜欢上思政课;91.8%的受访学生表示非常喜欢或比较喜欢自己的思政课教师;91.3%的受访学生表示在思政课上很有收获或比较有收获[4]。思政课教学总体上发展势头良好,但同时也面临着困境。

一、当前思政课教学面临的困境

（一）重复化的教学内容

教学内容的重复，一方面表现为思政课程在小学、中学、大学不同阶段，内容的重复。小学到初中的"道德与法治"课与大学的"思想道德与法治"课高度重合；初中的"历史与社会"课及高中的"历史"课与大学的"中国近现代史纲要"课高度重合；高中的"思想政治"课与大学的"马克思主义基本原理""毛泽东思想和中国特色社会主义理论体系概论"及"习近平新时代中国特色社会主义思想概论"课有内容上的重合。另一方面，在高校思政课体系内部，"中国近现代史纲要"课与"毛泽东思想和中国特色社会主义理论体系概论""习近平新时代中国特色社会主义思想概论"课，都有较大的内容重合。重复的内容既增加了教师授课的难度，又让学生感觉枯燥，严重影响教学效果。

（二）僵硬化的教学模式

目前，思政课教学仍以课堂讲授为主，尽管习总书记曾多次强调"要把课堂教学和实践教学有机结合起来"，但限于安全、管理、时间、资金以及近些年的疫情等诸多原因，实践教学仍是思政课教学的短板。教学运行过程中，甚至不乏重知识传授、轻行为训练，重道德认知、轻道德实践，重专业学习、轻品质养成的教学行为。在科技信息化和网络全球化的大背景下，填鸭式的说教更易引发学生对课程的轻视和反感，德育功能的缺位，也就难以实现育人的初衷和求真务实、知行合一的教育理念。

（三）简单化的评价机制

思政课评价体系，不管是面向老师还是同学，都存在着目标笼统、方式简单的问题，难以全面反映教与学的真实效果。对老师的评教，广泛采用领导评教、督导评教、同行评教、自我评价、学生评教等方式，种类繁多却流于形式。各类评教在评价体系中的比例分配不够透明，对评价结果产生实质性影响的仍然是学生评价，而在教师管理教学过程严宽不一的背景下，对学生严格要求的老师更容易被打低分，评价有失公允。对学生的评价，存在重结果、轻过程的问题。在成绩构成中，期末成绩占总评的60%，一考定性仍是普遍现象。对过程性考核的轻视，造成评价难以反映学生学习的真实效果，培养出的学生往往是语言的巨人、行动的矮子。

二、"五要件""八素养"在"中国近现代史纲要"课程中的运用

"改革创新是时代精神，青少年是最活跃的群体，思政课建设要向改革创新要活力。"这就要求在思政课教学过程中，"推动思想政治理论课改革创新，不断增强思政课的思想性、理论性和亲和力、针对性"。"办好思政课，最根本的是要全面贯彻党的教育方针，解决好培养什么人、怎样培养人、为谁培养人这个根本问题"。"办好思政课，就是要开展马克思主义理论教育，用新时代中国特色社会主义思想铸魂育人"[5]。在长期教学实践的基础上，经过不断摸索、总结教训、吸取经验，马克思主义学院在范建荣院长的带领下，提出了"五要件"的教学方法和"八素养"的培养目标。

（一）"五要件""八素养"的内涵

"五要件"教学法包括"课前5分钟""重难知识点解析""视频案例""教学互动""教师讲评"等5个相衔接的环节。其中，"课前5分钟"指的是新课讲授的导入环节，解决的是学生初上课精神不集中以及衔接前后课程的问题，形式包括"历史上的今天""经典文献分享""历史人物介绍""时事热点分析"等，要求能和当次课程密切相关以创造良好氛围、顺利进入课堂教学。"重难知识点解析"指的是课程内容的解析环节，解决的是教材体系向教学体系转换的问题，要求教师能去芜存菁，直指问题的本质。"视频案例"指的是深化理解和引起学生思考的环节，解决的是理论向实际转化的问题，通过短视频的播放抓住学生注意力，帮助学生理解和吸收知识，要求挑选的视频具有代表性和启迪性。"教学互动"是问题解析、思想解放的互动环节，解决的是学生的主体性问题，通过师生或是学生间的互动，使学生变被动为主动，靠自身努力及互相启发来深化对知识点的理解，最终形成辨析能力。"教师讲评"指的是教学过程的总结环节，解决的是理论的升华、价值的回归问题，要求在充分尊重

学生思考独立性的同时，让理论回归到主流价值观上，回归到马克思辩证唯物主义的立场和方法上来。

"八素养"的培养目标在于培养"全面发展的人"，培养新形势下合格的学生和符合社会需求的人。其内涵包括政治认同能力、知识拓展能力、道德修养素质、遵纪守法意识、逻辑思维能力、辨析批判能力、实践创新能力、团队合作能力。其中，政治认同能力培养的是学生对政治活动的认知能力、对政治现象的辨析能力，以及形成政治理论和树立科学的政治信仰的能力；知识拓展能力培养的是主动学习和不断学习的能力；道德修养素质培养的是学生对是非的判断、对真善美的推崇和辨别、用道德的认知指导道德实践的能力；遵纪守法意识培养的是学生的法治观念、对法律规范的敬畏以及知法、守法、用法、护法的能力；逻辑思维能力培养的是学生正确、合理思考的能力以及采用科学的逻辑方法，准确而有条理地表达自己思维过程的能力；辨析批判能力培养的是学生判断推理分析思辨的能力和言语的表达能力；实践创新能力培养的是学生收集处理信息、获取新知以解决问题、应对困难的能力；团队合作能力培养的是学生学习和实践过程中的相互配合、协调沟通、角色适应认同等一系列能力。

（二）"五要件""八素养"在"中国近现代史纲要"课中的应用

"五要件"教学法和"八素养"的培养目标结合于"中国近现代史纲要"（以下简称"纲要"）课的教学过程，构建了立体、动态的教学体系，促进了"全人教育"理念的实践，取得了良好的教学效果。具体以"纲要"课第六讲的课程设计为例，来说明二者在"纲要"课中的运用（见表1）。

表1 "中国近现代史纲要"（第六讲）课程教学设计方案

教学内容		一寸山河一寸血——中华民族抗日战争
教学重难点	重点	1. 日本侵华战争及其殖民统治给中国社会所带来的巨大灾难；2. 抗日民族统一战线的形成及其意义；3. 中国共产党在抗战中的中流砥柱作用；4. 抗战胜利的意义和基本经验
	难点	国民党正面战场与敌后战场的关系以及在抗战中的地位和作用
学时安排		4

续表

教学目标	1. 了解日本灭亡中国的既定政策及其在华的残暴统治，理解抗日战争的正义性和进步性。 2. 了解中国从局部抗战到全国性抗战的历史过程，认识抗日统一战线在抗日战争中的重大意义。 3. 了解国共两党的抗日主张以及两个战场在抗战中的关系和作用，认识共产党及其领导的人民抗日力量是中国抗战的中流砥柱。 4. 认识中国抗战对世界反法西斯战争胜利的贡献，掌握抗战胜利的原因、意义和基本经验	1. 知识层面：了解日本发动侵华战争的必然性；中国进行全民族抗战的必要性；对比正面和敌后，国内和国外的反法西斯战争，了解团结的重要性 2. 综合素养层面：通过课堂演讲、讨论，课后阅读、研讨，培养学生的政治认同（为什么说中国共产党是中流砥柱）、知识拓展（如何全面、客观地认识各方力量在抗战中的作用）、逻辑思维（中国以弱胜强的原因）、辨析批判（如何认识抗战中中国共产党力量的壮大）、实践创新（多种形式完成课后作业）、团队合作（作业以小组为单位来完成，需要各尽其责、互相配合才能较好完成）
教学方法	情景教学法、参与教学法、研讨式教学法、启发式教学法、交互式教学法	

"五要件"教学法、"八素养"培养目标的模块设计

五要件	内容	实施	八素养
课前5分钟	"历史上的今天""经典文献分享""历史人物介绍""时事热点分析"	以个人为单位，自主选题（其中，"经典文献分享"会给出指定文件，具体见表2）、制作课件、脱稿演讲5~10分钟	知识拓展、逻辑思维、辨析批判、实践创新、团队合作
理论教学	1. 日本为何处心积虑地发动侵华战争？ 2. 中国各种力量是如何由分散走向合作以应对日本的入侵？ 3. 两个战场以及两条路线得以形成的现实原因及在不同阶段的不同地位及作用是什么？ 4. 为什么说中国共产党在抗战中发挥了中流砥柱作用？ 5. 抗战胜利的意义和基本经验是什么？	通过对国共两党在抗日战争中不同阶段作用的对比分析、具体案例讲解、对学生的回答加以点评等方式解决重难知识点	政治认同、知识拓展、逻辑思维、辨析批判

续表

五要件	内容	实施	八素养
视频案例	电影片段：《黑太阳731》《拉贝日记》《南京！南京！》《金陵十三钗》 纪录片片段：《抗战》《一寸山河一寸血》《凤凰大视野——中国远征军》	视频内容与本讲历史及探讨话题相吻合	辨析批判
观点争锋	讨论1：今日的中日关系是否还存在战争隐患？ 讨论2：中国如何打赢一场现代战争？	给学生时间准备，让学生回答，可以互相讨论甚至辩论	知识拓展、逻辑思维、辨析批判
主流价值	对学生的讨论进行总结并加以引导	对学生的观点进行总结并分析。对客观、全面看问题的加以表扬，对有自己观点并能言之成理的加以赞赏，对有自己想法但不甚成熟的，加以鼓励并指出不足	政治认同、逻辑思维、辨析批判

表2 经典文献推荐目录

章节	文献	导向
第六章　中华民族的抗日战争	《在纪念中国人民抗日战争暨世界反法西斯战争胜利75周年座谈会上的讲话》2020.9.3	深入理解抗日战争胜利的原因、意义及弘扬伟大的抗战精神

1. 课前5分钟：导入环节

根据课程设计，教师授课前的5~10分钟，由学生进行演讲。演讲内容与抗战的主题相关，形式包括历史上的今天、抗战中的历史人物（如杨靖宇、赵一曼、张自忠等）或历史事件（如八女投江、狼牙山五壮士、八百壮士等）、与抗战相关的时政热点（如"抗日'神剧'几时休？"等）、经典文献分享（如《在纪念中国人民抗日战争暨世界反法西斯战争胜利75周年座谈会上的讲话》）等。要求做好演讲前的沟通和准备，演讲的课件要由教师把关以求教学效果的实现，演讲过程要求全程脱稿以锻炼学生的语言表达能力，教师经过点评进而导入第六讲《中华民族的抗日战争》，这一环节培养的是学生的知识拓展、逻辑思维、辨析批判、实践创新等能力。

2. 重难点解析：解析环节

"纲要"课历史背景广阔，历史知识驳杂，而书本容量有限，内容高度精简，常常使没有经过历史训练的同学感觉无所适从，这就要求在授课过程中，要对历史知识重塑，以问题意识为导引使之系统化，从而方便学生学习。具体到"中华民族的抗日战争"这一讲，可将内容设计为以下几个问题：日本为何处心积虑地发动侵华战争？中国各种力量是如何由分散走向合作以应对日本的入侵？两个战场以及两条路线得以形成的现实原因及在不同阶段的不同地位及作用是什么？为什么说中国共产党在抗战中发挥了中流砥柱作用？抗战胜利的意义和基本经验是什么？通过对以上问题的梳理，以及对国共两党在抗日战争中不同阶段作用的对比分析、具体案例讲解、对学生的回答加以点评等方式解决重难知识点，此处培养的是学生的政治认同、知识拓展、逻辑思维、辨析批判等能力。

3. 视频案例：转化环节

有研究表明，人的注意力集中的时间随年龄增长而延长，随时间延长而减弱，成年人的注意力集中时间也不过 50 分钟。因而，近 30 分钟的课堂教学，已经使同学们进入了疲劳期，适时播放《黑太阳731》《南京！南京！》《金陵十三钗》等电影片段，或是《抗战》《中国远征军》等纪录片片段，会让学生的大脑得到适当休息，重新唤起学生的注意力，会将平面文字知识转化为立体的影像信息，加深学生对这一段历史的认知和理解，进而引起学生更深层次的主动思考。在此环节培养的是学生辨析批判的能力。

4. 教学互动：互动环节

在理性解析和感性认知的基础上，适时提出延展性的问题，会有事半而功倍的效果。诸如"今日的中日关系是否存在战争隐患？""中国如何打赢一场现代战争？"这些问题因为答案的不唯一，能给学生更多的思考空间，故而更能调动学生参与的积极性。学生之间的互动，因为年龄的相近，因而更能产生共情和交流的欲望；因为知识水平的相近，因而更能激发观点的争锋和求胜的欲望，剑拔弩张的辩论带来的是思想的碰撞和能力的提升。师生之间的互动，因为信息的不对等（提问前，教师必须对问题有全面的思考），往往表现为单方面的循循善诱；偶尔因为学生思维的跳跃，提出教师准备范畴之外的问题，则又给教师以一定的压力，但这也恰好体现了教学相长的真谛。在此环节培养的是学生知识拓展、逻辑思维、辨析批判等能力。

5. 教师点评：总结环节

在学生充分讨论的基础上，对学生的观点进行总结并分析，既是满足学生对辩论结果的渴望,又是绝好的价值引导的机会,同时也是对教师业务能力的考查。学生的回答可能五花八门,教师的点评也要分别对待。对客观全面看问题的学生加以表扬,对有自己观点并能言之成理的学生加以赞赏,对有自己想法但不甚成熟的学生,加以鼓励并指出不足。教师运用辩证唯物主义观点对整个教学过程梳理并升华理论,回归主流价值阵地,做到收放自如,做好阶段性教学的收尾。此环节培养的是学生的政治认同、逻辑思维、辨析批判能力。

三、总结

"五要件"教学法的提出,有效解决了思政课理论过多、形式僵化等问题,使思政课活了起来。"八素养"培养目标的实践,使得思政课更具实效性,让学生在增长知识的同时,提升能力。但同时也发现,就如何在三节连上的情况下保持"五要件"教学法的连续性,如何让教学评价机制真实反映教学效果,还有很多的教学问题,等待我们进一步探索。

参 考 文 献

[1] 习近平. 在中国共产党第二十次全国代表大会上的报告 [M]. 北京: 人民出版社, 2022.

[2] 本书编写组. 中国共产党第十八次全国代表大会文件汇编 [M]. 北京: 人民出版社, 2012.

[3] [5] 习近平. 思政课是落实立德树人根本任务的关键课程 [J]. 求是, 2020 (17): 4-16.

[4] 九成大学生思政课上收获多 [EB/OL]. (2018-05-01) [2019-09-15]. http://www.jyb.cn/zgjyb/201801/t20180120_938728.Html.

核心素养育人才，教学方法张形式

——"中国近现代史纲要"课程的教学改革

王庆华

【摘要】 习近平总书记对学校思想政治理论课建设的高度重视，发表了一系列重要讲话，提出了殷切希望。要深刻领悟习近平总书记对思政课建设的重要指示，明确思政课的目标是培养人，思政课的本质是讲道理。在此基础上，基于价值目标和方式方法进行综合改革，并在"中国近现代史纲要"课中进行具体实践应用。

【关键词】 核心素养，教学方法，教学改革

习近平总书记对学校思想政治理论课的建设高度重视，发表了一系列重要讲话，提出了殷切希望。习近平总书记对思政课的重要讲话是总书记和党中央对学校思想政治理论课建设的顶层设计，高屋建瓴、全面系统，同时又深入浅出、简明实用，对思想政治理论课一线教师的教育教学实践提供了重要的理论构建和方法论指引。北京理工大学珠海学院马克思主义学院深刻领会习近平总书记的讲话精神，从教育教学规律出发，结合教学实践经验，总结提炼出以提高学生素质能力为核心的"八素养"改革和丰富改进课堂教学方式方法的"五要件"改革。"中国近现代史纲要"课活学活用，结合课程特点，深入挖掘珠海地方历史文化资源，灵活运用"八素养"和"五要件"教学法的精神要旨，并予以综合改革，教学质量和效果显著提升，做到了将高校思想政治理论课上好、将学生培育好，从而不负党和人民的重托。

一、深刻领悟习近平总书记对思政课建设的重要指示

（一）思政课目标是培养人

社会主义需要建设者和接班人。中国走的是中国特色社会主义道路，共产主

义是我们的奋斗目标,马克思主义是我们的旗帜方向,社会主义建设需要一代一代人来奋斗和努力。中国共产党正带领全国各族人民迈上全面建设社会主义现代化国家新征程、向第二个百年奋斗目标进军。党的二十大报告明确指出:"培养造就大批德才兼备的高素质人才,是国家和民族长远发展大计。功以才成、业由才广。"思想政治理论课就是要锚定这一根本大计,聚焦人的培养,为建设中国式现代化和实现中华民族伟大复兴服务。习近平强调,"实现中华民族伟大复兴,坚持和发展中国特色社会主义,关键在党,关键在人,归根到底在培养造就一代又一代可靠接班人"。

社会主义建设者和接班人需要培养。青年大学生是马克思主义者的后备军和人才库,他们的特质和能量与社会主义建设者和接班人是相契合的。习近平在党的二十大报告中指出:"全党要把青年工作作为战略性工作来抓,用党的科学理论武装青年,用党的初心使命感召青年,做青年朋友的知心人、青年工作的热心人、青年群众的引路人。"我们也要看到掌握马克思主义理论,成为坚定的马克思主义者不是自动自发的,需要有组织的培养,尤其是对青年人来说。正如列宁所言:"只有把青年的训练、组织和培养这一事业加以根本改造,我们才能做到青年一代努力的结果将建立一个与旧社会完全不同的社会,即共产主义社会。"[1] 马克思主义是科学的理论,但理论需要被群众掌握才有力量,"理论一经群众掌握,也会变成物质力量"。思想政治理论课正是立德树人、培养社会主义建设者和接班人的关键课程。

(二)思政课的本质是讲道理

习近平在中国人民大学考察时指出:"思政课的本质是讲道理,要注重方式方法,把道理讲深、讲透、讲活。"这是对思政课本质属性的深刻剖析,同时也对思政课教学方式方法提出要求。对课程实质与实现路径的科学论述,是在实事求是基础上的精准判断,为新时代思政课实施提供了行为指南和基本遵循。

思政课要把道理讲深、讲透、讲活。思政课讲道理,就是要讲好马克思主义理论,马克思主义是科学的世界观和方法论,是人类智慧的结晶。中国共产党为什么能,中国特色社会主义为什么好,归根到底是马克思主义行,是中国化时代化的马克思主义行。马克思主义作为科学理论,具有时代性、特殊性、价值性、制度性和人类性等诸多特点和属性。思政课讲道理,还要把马克思主义基本原理同中国具体实际相结合、同中华优秀传统文化相结合,在中国特色社会主义进入新时代，就是要把马克思主义中国化的最新理论成果习近平新时代中国特色社会主义思想讲深讲透。习近平新时代中国特色社会主义思想是对马克思主义的继承和发展，以习近平同志为核心的党中央围绕中国特色社会主义新时代重大课题，继承优秀成果、解放思想、开拓创新，紧密结合新的时代条件和实践要求，以全新的视野深化对中国共产党执政规律、中国特色社会主义建设规律、人类社会发展规律的认识，取得的重大理论创新成果。

讲好思政课讲究方式方法。思政课本质是讲道理讲规律，讲好思政课也有自己的道理和规律。思政课教师讲好思政课，要了解世情、国情、学情，要遵循人才培养规律、遵循教学发展规律、遵循思想政治教育规律。马克思主义从一开始就重视思想政治教育方式方法问题，马克思和恩格斯最早提出了"灌输"概念，考茨基对"灌输论"做了初步论述，列宁在《怎么办？》中对灌输理论做了系统阐释，成为马克思主义理论最著名的方法之一。但灌输理论是基于当时工人阶级自身地位低、文化水平不高、知识储备和经济实力不足、没有时间和精力从事理论研究的基本前提，机械盲目的照搬照抄，势必造成"意识形态的漂浮"[2]。随着时代发展和教育对象的变化，新时代的思想政治教育方法必须与时俱进、创新发展。习近平在学校思想政治理论课教师座谈会上提出的"八个统一"，是对思政课建设的改革创新方法论，深刻总结了思政课建设长期以来形成的规律性认识和成功经验，为新时代思想政治教育搭建了具体路径。

二、基于价值目标和方式方法的综合改革

（一）基于价值目标的"八素养"改革

思想政治理论课是落实立德树人根本任务的关键课程，我们培养的是一代又一代社会主义建设者和接班人，一定是拥有健全人格的人，是理想崇高又脚踏实地的人，是笃定理论又辨析批判的人，是奋发自为又团结互助的人。思想政治理论课如果僵化保守、流于形式，那培养的人就会是政治教条的人，是思维断裂的人，是脱离生活的人，自然也就无法完成党和人民交付的历史重担。北京理工大学珠海学院马克思主义学院进行的教育教学改革强调，思想政治理论课在构筑大学生核心能力方面，要培养学生的8种核心素养：政治认同、知识拓展、逻辑思维、辨析批判、道德修养、法律意识、实践创新、团队合作。具体到"中国近现

代史纲要"课程,重点突出培养学生的(历史)逻辑思维、辨析批判、知识拓展、社会实践和团体合作能力。"八素养"改革的核心就是培养"全面发展"的而不是单向度的人,是培养新时代合格的学生和适应社会需要的人。因此在教学上要规避以往单纯注重知识性教育的倾向,以及思想政治理论课单纯注重政治性人格培养的倾向,寻求更科学合理的教育教学价值目标。"八素养"体现的是文化基础、自主发展和社会参与等三种基本能力,各有侧重又有机结合,共同统一于人的全面发展的价值归宿中。这八大素养是素质一般性要求与思政课特殊性的有机统一,比如政治认同放在第一位,就是课程的特点所决定的,也是我国社会主义国家性质所决定的,必须强调和突出。比如道德修养素质、遵纪守法意识既是作为全面发展的人的一般性要求,也是课程要求。

"八素养"	能力
政治认同、道德修养、法律意识	基础素养
知识拓展、逻辑思维、辨析批判	探究能力
实践创新、团队合作	社会参与

(二)基于教学方式的"五要件"改革

"五要件"教学法是思政课教学方式的改革,是对思政课传统课堂模式的分解与重构,具体是指将课堂分成 5 个有机组成部分"课前 5 分钟""重难知识点解析""视频案例""教学互动""教师讲评"。

"课前 5 分钟"是指课堂开始后未进入主体授课内容之前,用 5 分钟左右的时间进行课堂预热。高校课程设置普遍存在授课地点分散、课程周期长、课程门类繁杂、学生课外活动较多等现实问题,造成课堂一开始学生精神不集中、授课内容未衔接等现象,教师马上进入授课内容的教学效果并不好。因此通过 5 分钟的预热,可以集中学生注意力,逐步进入课程思维,达到事半功倍的效果。

"重难知识点解析"是指教学内容的提炼和把握。为了体现理论体系的完整性和知识的全面性,思想政治理论课的教材存在大而全、广而不精的问题,几门课之间也存在内容衔接不严谨、知识点重复等情况。"重难知识点解析"是对教材内容的解剖提炼,是教材体系向授课体系的积极转换。提炼与转换要小而精,把握重点和难点,并且将前沿热点问题融入其中。

"视频案例"是将视频等多媒体引入课堂,将知识点变得更形象生动,通过对视频的观看和分析来更好地理解和吸收知识。视频资料的选择要有一定的代表性，注意知识点的契合、对时间的把握、衍生的讨论点等。视频教学是辅助手段，目的是更好地服务课堂教学，因此不能喧宾夺主。

"教学互动"是指积极调动学生的主观能动性，参与到课堂教学中，师生互动、教学相长。思想政治理论课课程性质和教育目的的特殊性，导致在教学过程中学生成为知识的被动接受者。在此基础上形成的传统，"纲要"课的教学模式也特别强调教师在教学活动中的支配地位，片面强调灌输方式，一直采用"满堂灌""填鸭式"等低效的、落后的教学方法，通过教师灌输理论、学生识记答案使学生掌握所学知识，完成教学任务，过于关注知识的传授，忽略了学生的主体地位。

"教师讲评"是指教师对理论争鸣、视频资料、学生互动等课堂环节的讲解点评，是对课堂节奏的掌控、知识观点的总结、理念价值的回归。无论课堂教学怎么分解，教师还是最终的掌控者，是导演。视频教学、学生互动等环节是对课堂的"放"，教师讲评就是对课堂"收"的过程。"收"的不仅仅是知识点，更重要的是回归到思想政治理论课教学目的上，回归到马克思主义立场上。如果"放"出去而"收"不回，偏离轨道，教学效果会适得其反。

"五要件"	课堂结构
课前5分钟	起
重难知识点解析	炼
视频案例	转
教学互动	放
教师点评	收

三、"八素养"和"五要件"在"中国近现代史纲要"课中的具体应用

（一）地方优秀历史文化资源融入课堂

习近平总书记在庆祝中国共产党成立100周年大会上的重要讲话中，明确提出"把马克思主义基本原理同中国具体实际相结合、同中华优秀传统文化相结

合"的重大理论观点。地方历史文化是中华优秀传统文化的典型代表,深入挖掘珠海地方历史文化资源,是学习贯彻习总书记两个结合理论创新的重要理论实践,具有重要的学术价值。地方历史文化资源是一个地方历史底蕴的凝结,是地方软实力的重要体现,具有稀缺性和独特性,是立德树人培育大学生社会主义核心价值观的天然素材,在高校思政课教学中,地方优秀历史文化资源的融入,可以将"八素养"和"五要件"有机融合,既丰满了教学内容、又丰富了课程形式。分小组合作进行、现场实践参观,培养了学生们的团队沟通、组织协作、实践考察能力。收集资料、PPT 和视频制作,培养了学生们的知识拓展、资料整合、辨析批判能力。课堂展示和提问,培养了学生们的语言表达、逻辑思维、现场应变能力等。

教学设计具体要求是:在前 2 周时间内,大家按兴趣爱好、专业年级、时间安排等进行自由组队。每队不超过 10 人,产生队长 1 人,负责分工安排和组织协调。根据先到先得原则,每组选定一个实践地点,实践地点只能被选择一次,以保证实践地点的广泛性。小组内成员都要去实践地点进行参观,书写感想,制作 PPT 或视频,在相应上课周课程开始后上台进行展示,时长在 5~10 分钟。因前两周是选课时段,有人员的微调,所以此部分从第三周开始进行。展示期间学生和教师可以进行交流,最后任课教师进行总结和点评,并有机地导入课程。最后,由教师、组长进行分数认定,计入总成绩。

小组主题具体安排及对应章节和知识点如下:

周数	实践地点	对应历史人物和事件	对应章节	对应知识点
第三周	会同村	莫仕扬、莫藻泉、莫干生	第一章 进入近代后中华民族的磨难与抗争	资本帝国主义侵略下,近代买办阶级的产生
第四周	白石街	1833 年淇澳岛人民抗英斗争	第一章 进入近代后中华民族的磨难与抗争	资本帝国主义侵略下,中国人民的反抗
第五周	唐国安纪念馆、愚园	唐国安、徐润	第二章 不同社会力量对国家出路的早期探索	洋务运动

续表

周数	实践地点	对应历史人物和事件	对应章节	对应知识点
第六周	容闳故居、梅溪牌坊	容闳、陈芳	第二章 不同社会力量对国家出路的早期探索	戊戌变法
第七周	孙中山故居、中山公园	孙中山	第三章 辛亥革命与君主专制制度的终结	辛亥革命
第八周	共乐园	唐绍仪	第三章 辛亥革命与君主专制制度的终结	中华民国的探索
第九周	杨匏安陈列馆	杨匏安	第四章 中国共产党的成立和中国革命新局面	马克思主义在中国的传播
第十周	苏兆征故居	苏兆征	第四章 中国共产党的成立和中国革命新局面	中国共产党的成立
第十一周	珠海烈士陵园	1925年香洲兵变	第五章 中国革命的新道路	国共第一次合作及破裂
第十二周	三灶万人坟、古元故居	"二战"时日本制造的三灶岛惨案、古元	第六章 中华民族的抗日战争	日本侵略中国、全民族同仇敌忾
第十三周	凤凰山区革命烈士陵园	郑炎等烈士	第七章 为新中国而奋斗	解放战争
第十四周	罗三妹山	1992年邓小平视察南方	第九章 改革开放与中国特色社会主义的开创和发展	改革开放
第十五周	横琴新区规划建设展厅	新时代深化改革开放之横琴自贸区	第十章 中国特色社会主义进入新时代	中国特色社会主义新时代全面深化改革

（二）"八素养"在"中国近现代史纲要"课中的应用

我们将"八素养"和"中国近现代史纲要"课具体实际相结合，在教学实践中将其分解成两部分，并在具体教学进行落实：

1. 知识拓展 + 辨析批判 +（历史）逻辑思维

知识拓展，是指"中国近现代史纲要"课教学不仅仅局限于教材本身的知识点，而是围绕核心知识点进行相关知识体系的有机架构。纲要课知识拓展主要通过两方面展开，一个是知识点的历史相关性拓展，一个是知识点的最新前沿研究性拓展。比如以"西安事变"为例，教材为了编写需要及通盘考虑，对这一历史事件的描述是概括式的，跟中学教材叙述没有太大差异，很容易导致学生知识点的疲倦感，无法激发其兴趣点。这时候需要老师将西安事变的整个大背景，包括国民党、共产党、日本侵华等多方力量的博弈，事件中国民党方面采取的应对，事件的后续影响等进行系统深入而不冗余的介绍，而且将近 10 年有关西安事变的最新科研动态进行扼要插入，抵消学生"我知道"的刻板印象，使其享有具体的"获得感"。

辨析批判，是指对历史事件的评断要有思考辨析能力，从具体的历史辩证的逻辑和角度出发，不能简单人云亦云，或者毫无依据地标新立异。中国近现代史纲要课思辨能力比较容易展开，可以落实的途径主要通过两个：一个是与知识拓展能力相结合，在介绍观点尤其是最新研究观点的时候，将学界不同甚至针锋相对的观点进行同时介绍。一个就是在"五要件"教学法中的学生互动环节中进行充分实施，将这种针锋相对的观点丢给学生进行辩论，让学生组成正反和反方两队，各持观点、彼此阐述、互相挑错。比如抗日战争中，有人说抗日能够胜利，国民党的功劳最大，有人说共产党的功劳最大，你的观点是什么？将班级中相同观点的人进行组队辩论，最大限度地发挥学生的思辨能力。

（历史）逻辑思维，是指学生对历史脉络的系统逻辑把握能力，知道历史事件发生、变化、结束的内在逻辑体系，知其然也要知其所以然。其中包含两个层面，一个是具体历史事件的来龙去脉、内在逻辑发展。一个是相对整个历史阶段的通盘把握能力。比如理解中国特色社会主义的 5 个历史维度，要从中华五千年历史、鸦片战争以来的历史、建党以来的历史、新中国建立以来的历史、改革开放以来的历史等 5 个时段层面展开。其中中国近现代史纲要课中就涵盖 4 个时段，每个时段的历史逻辑要统筹把握、全局总览。理顺各个时段的内在逻辑关系，起承转合、环环相扣。再比如，对近代以来不同阶级救亡探索失败及前仆后继逻辑的把握，农民阶级、地主阶级、资产阶级维新派、资产阶级革命派、大地主大资产阶级、无产阶级等各自探索的内在逻辑及沿革逻辑等。

2. 实践创新 + 团队合作

实践创新，是指将实践放在整体历史知识结构的框架中来认识，通过实践培养能力，使实践能力成为人的品质之一。实践能力具体包含以下能力：收集处理信息的能力、获取新知识的能力；观察事物、发现问题、汇总现象、提出问题、体验实践、分析问题；思维参与、解决问题；发展提高、交流成果。团队能力，是指学习和实践过程中的相互配合、协调沟通、角色适应认同等一系列能力。"纲要"课教学中，我们将实践能力和团队能力统一于作业中。我们根据课程特点，将珠海市的历史遗迹和景点等相关教学资源，通过组队实践，以参观学习、理解吸收、课堂展示等方式融入教学中。学生自由组合，根据章节安排，分别奔赴孙中山故居、杨匏安陈列馆、苏兆征故居等地进行实践参观，并在查阅相关资料的基础上，制作 PPT，在相关课程周次中融入课堂教学，在"五要件"教学"课前 5 分钟"环节中展示演讲。

（三）"五要件"在"中国近现代史纲要"课中的具体应用

"课前 5 分钟"就是要"起"，激起学生积极参与课堂的兴趣。通常安排"珠海历史人物 PPT"环节，由学生分批次完成，重点选择与当天课程所讲内容相关的、历史与现实相对照的内容。此环节在于营造一种历史教学的氛围，使学生能更好地进入课程教学中。

"重难知识点解析"就是要"炼"，要提炼章节的知识节点，由教材体系向教学体系转化。由于中国近现代史纲要课程的性质，学生已经在高中有过一定学习和知识基础，很容易形成求知倦怠感。在大中小学思政一体化背景下，要通盘考虑、删去枝蔓、突出重点，而不是面面俱到、照单全收。

"视频教学"就是要"吸"，吸引学生注意力，活跃教学氛围。课堂教学持续时间长，从生理学角度讲，很难一直吸引学生注意力。视频教学通过变化信息接收方式，丰富教学手段，提高教学效果。中国近现代史纲要课程中可以有选择地节选《复兴之路》《百炼成钢》《百年中国》等视频中的精华部分，时间控制在 10 分钟左右，并设置相关的讨论题，加深学生的参与意识。

"师生互动"就是要"放"，是解放传统课堂，重构课程参与者的过程。课堂是师生共同构建的而不是教师的独角戏，学生不是被动接受者。"中国近现代史纲要"课堂中设置"历史观点 PK 擂台""模拟历史剧"等环节，鼓励学生参与并记录在考核体系中。

"教师点评"就是要"收"，要将放出去的课堂氛围和内容收回来，起到画龙点睛的作用。以"中国近现代史纲要"课为例，在全媒体传播背景下，学生会接收很多最新的研究成果，这些成果与传统的观点是有差异的，甚至是相悖的。因此观点争鸣和冲突是课堂无法回避的。在加以介绍、开阔学生的视野的同时，教师的总结回归至关重要，必须回到马克思主义的立场和观点上来，回归到主流价值阵地上来，否则事与愿违、适得其反，从而得不偿失。

（四）教学实践效果明显

"中国近现代史纲要"课程教学设计中融入珠海历史文化资源，已经进行了多年的教学实践和探索，取得了优异的教育教学成果。依托该设计，课程组成员相继获得各级各类教研课题 10 余项，发表了相关论文成果若干篇，获得相关教学比赛获奖 10 余项，具有相当的社会影响和效果。随着教学设计的不断完善和教学实践的不断深入，教育教学效果会变得更好，真正发挥思想政治理论课教育人、培养人的作用。

成果类型	题目	荣誉、级别、刊物
课题	粤港澳大学生近代历史观比较研究	教育部人文社科规划课题青年基金项目
课题	新时代高校铸牢中华民族共同体意识研究	国家民族委员会课题
课题	"置入式"教学法在"中国近现代史纲要"课中的应用	广东省教育教学成果奖（高等教育）培育项目
课题	高校思想政治理论课"五要件"教学法	广东省教育厅重点课题
课题	传承与创新：唐家湾历史文化的时代价值研究	珠海市社科联规划课题
课题	中国近现代史纲要	校级线下一流课程
课题	中国近现代史纲要	校级金课
课题	思政课功能拓展研究——以思政教育中的通识功能为探索路径	校级科研课题
课题	新媒体时代高校思想政治理论课"情景体验与互动"教学模式研究	校级科研课题
课题	"微课堂"在"中国近现代史纲要"课教学中的运用研究	校级教学奖励与发展基金项目
获奖	《中国近现代史纲要》第三章《辛亥革命与君主专制制度的终结》	粤桂琼赣滇五省（区）高校思想政治课青年教师教学基本功比赛三等奖

续表

成果类型	题目	荣誉、级别、刊物
获奖	《中国近现代史纲要》第四章《开天辟地的大事变》	广东省高校思想政治理论课青年教师教学基本功比赛一等奖
获奖	《中国近现代史纲要》第五章《中国革命的新道路》	广东省高校思想政治理论课青年教师教学基本功比赛三等奖
获奖	《中国近现代史纲要》第七章《为新中国而奋斗》	广东省高校思想政治理论课青年教师教学基本功比赛优秀奖
获奖	红船精神	广东省高校思政课区域协同创新中心（珠中江）讲课比赛特等奖
获奖	历史和人民为什么选择了马克思主义	广东省高校思政课区域协同创新中心（珠中江）讲课比赛一等奖
获奖	挖掘珠海历史文化资源，提升思想政治理论课质量	珠海市教育局"思政课建设"征文一等奖
获奖	中共一大到底有多少代表？	珠海市教育局大中小学思政课课例评选三等奖
获奖	家乡的变化	校"微党课"比赛一等奖
获奖	高校思政课"五要件"教学法的创新与应用	校级教学法论文比赛三等奖
获奖	"置入式"教学法在"中国近现代史纲要"课中的应用	校级教学法论文比赛优秀奖
获奖	"五要件"教学法在高校思想政治理论课中的应用	校级论文评比优秀奖
论文	粤港澳大学生近代史基本问题看法的比较与评析	《学术界》
论文	粤港澳高校学生近代史观比较研究	《中央社会主义学院学报》
论文	"置入式教学"在"中国近现代史纲要"的应用	《辽宁科技学院学报》
论文	"五要件"教学法在高校思想政治理论课中的应用	《集宁师范学院学报》
论文	高校思政课教学改革的背景和理论基础	《大庆社会科学》
论文	高校思政课"五要件"教学法的创新与应用	《渭南师范学院学报》

参 考 文 献

[1] 列宁选集,第4卷 [M].北京:人民出版社,2012:282.
[2] 何怀远.意识形态的内在结构浅论 [J].江苏行政学院学报,2001(2):13–17.

"四史"教育融入"中国近现代史纲要"课程教学的思考

项　梅

【摘要】"中国近现代史纲要"是新时代高校落实"四史"教育的关键课程。"四史"教育融入"中国近现代史纲要"课程是思政课教学打好"组合拳"的有效形式。在"四史"教育融入"中国近现代史纲要"课程教学中存在"融什么""如何融"的问题上，可以从将习近平历史观融入整个"中国近现代史纲要"课程的教学过程、创新教学方式、强化教学内容亲和力三方面进行路径探析。

【关键词】"四史"教育，"中国近现代史纲要"，融入，课程教学

十八大以来，党中央高度重视高校思政课教学工作。习近平总书记反复强调学习历史的重要性，学习马克思主义理论必须与学习历史相结合，2020 年 4 月 20 日，教育部等八部门联合印发《关于加快构建高校思想政治工作体系的意见》，明确提出要"加强党史、新中国史、改革开放史、社会主义发展史教育，加强爱国主义、集体主义、社会主义教育"，"办好思想政治理论课关键在教师，关键在发挥教师的积极性、主动性、创造性"[1]。面对实现第二个百年奋斗目标，以中国式现代化全面推进中华民族伟大复兴的迫切需要，如何将"四史"教育融入高校思政课堂，培养学生坚定历史自信，坚定理想信念，担当复兴大任的使命意识？近年来，"四史"教育融入高校思政课教育教学日益走深走实，但整体还存在不充分不平衡问题。如何将"四史"教育有效融入思想政治理论课建设，这是新时代对思想政治理论课的呼唤，也是新时代思政课教育教学改革的必然抓手。

一、"四史"教育融入"中国近现代史纲要"课程教学的难度与问题

"中国近现代史纲要"（以下简称"纲要"）课是加强"四史"教育的关键

课程，教师责任重大。但是由于"四史"包含了不同维度的历史进程，涉及的理论和实践问题对教师的综合素质提出了更高的要求、增加了课程教学难度。因此，在"四史"教育融入"纲要"课程的过程中存在着"融什么""如何融"的问题。

一方面，"融什么"。"四史"各有侧重，各有特点，我们既要弄清楚四史的来龙去脉，也要认识它们之间的密切关联。"纲要"课程教师尤其是新任教师在融入"四史"教育时往往把握不好"度"，找不到与"纲要"课程的契合点而出现"融得太少太浅"的问题；或因将"四史"内容大批量地融入"纲要"课程中而出现重复性讲述、"融得过多"的问题。"四史"融入"纲要"，融什么？首先，融的是马克思主义唯物史观。这对于我们深刻把握和揭示"四史"发展的内在规律，抵制历史虚无主义有重大指导意义。其次，融入的是中国共产党人的精神谱系和以人民为中心的历史观。

另一方面，"如何融"。根据"纲要"教材体系，统筹规划"四史"内容，设计专题式、问题式的教学内容，按照整体性原则找准"四史"与"纲要"的结合点，明确教学重点和难点，实现两者相互补充的良性互动。由于传统的"纲要"课程教学多采用班级授课、教师主导、灌输性教育的方式进行，导致学生出现学习积极性和主动性不高、学习效果不佳的现象。因此，"四史"教育如何融入"纲要"课程是"纲要"课教师面临的一大难题。

二、四史融入"中国近现代史纲要"课的价值底蕴

（一）"纲要"课是高校加强"四史"教育的关键课程

"四史"课与"纲要"课均属于以历史为基础的马克思主义理论教育课程。习近平总书记在党的二十大报告中开宗明义地提出，全党要"坚定历史自信、增强历史主动，谱写新时代中国特色社会主义更加绚丽的华章"，因此厘清两者的关系，避免"四史"各自为政，更要注意交叉重叠的部分，是教师必须思考的首要问题。从课程类型来看，"四史"课与"纲要"课在课程定位上是相对独立的，二者在落实立德树人的任务中存在的价值是不能互相替代的。"四史"是对党和国家改革开放及社会主义建设、发展历程的真实记录。具体来说，"党史"是中国共产党作为中华民族伟大复兴领路人的革命创业史，阐述中国共产党为什

么能;"新中国史"是党带领人民攻坚克难推进社会主义现代化建设的砥砺奋进史,阐述新中国为什么立;"改革开放史"是中国共产党带领全国人民自力更生、艰苦奋斗,逐步走向繁荣富强的创新发展史,讲述中国特色社会主义为什么好;"社会主义发展史"是社会主义由空想到科学、从理论到实践、自一国到多国的真理践行史,讲述马克思主义为什么行。"四史"各有侧重又内含联系,是辩证统一的有机整体,旨在"努力培养担当民族复兴大任的时代新人"[2]。"纲要"课主要认识近现代中国的历史进程及内在规律、中国共产党的执政规律、中国特色社会主义建设规律、人类社会发展规律。通过史论结合,理论联系实际,引导学生正确认识党领导人民推进革命、建设和改革事业发展的历史必然性,自觉抵制历史虚无主义。因此,"四史"教育与"纲要"课在教学目标上具有一致性,均以史实为基础来阐释历史规律,达到培根铸魂的育人目标。"纲要"与"四史"内容高度契合,"四史"内容融入是对"纲要"课的有益补充、延伸和扩展。

(二)是思政课教学打好"组合拳"的有效形式

把"四史"教育融入"纲要"教学,是贯彻落实《新时代爱国主义教育实施纲要》的实施路径。目前,开展"四史"教育,大多以课堂教学为主,以专题讲座、征文比赛、知识竞答等活动为辅的方式进行。这种教学方式虽涉及面广、内容丰富,但本质上仍旧是灌输式教学,不利于建构双向平等的师生关系,缺乏多样性和独特性,影响教学效果。"只有打好组合拳,才能讲好思政课,但无论组合拳怎么打,最终要落到把思政课讲得更有亲和力和感染力、更有针对性和实效性上来,实现知、情、意、行的统一,叫人口服心服。"[3]要把思政课讲得更有亲和力,既要学深悟透辩证唯物主义和历史唯物主义的世界观与方法论,又要丰富教学方法,提升教学的吸引力和感染力。

三、"四史"教育融入中国近现代史纲要课程教学路径

(一)要将习近平历史观融入整个"纲要"课程的教学过程

1. 教师要帮助学生树立正确党史观和科学思维

"唯物史观是我们共产党人认识把握历史的根本方法……要旗帜鲜明反对历

史虚无主义……"[4]只有树立了正确党史观,我们才能正确地认识我们的历史,才能够满怀信心地干好当前的事儿,走好我们长远的路,也才能对历史虚无主义等错误观点有所警惕,并且做到旗帜鲜明地反对。因此教师在教学中要引导学生学会用正确的党史观分析历史。二是思维要新,思政课要教会学生科学的思维。"思政课教师给予学生的不应该只是一些抽象的概念,而应该是观察认识当代世界、当代中国的立场、观点、方法……无论怎么讲,最终都要落实到引导学生树立正确的理想信念、学会正确的思维方法上来。"[5]习近平总书记在2019年的"3·18"讲话中,对思政课教师提出了"思维要新"的要求,即要求思政课教师教会学生科学的思维,即马克思主义分析问题、解决问题的立场、观点、方法。学生只有掌握这种科学的思维方法,当出现思想困惑时,他们就可以用正确的历史观化解开,让他们的理想信念不断得以巩固提升。实现思政课知识传授、能力提升和价值观引领的三位一体。加强"四史"教育的融入,更直观的数据和深厚的史料能更有效地激发学生的爱国主义情感,厚植学生的爱国主义情怀。因此,教师在授课过程中,一定要做到选择的历史与历史的选择二者有机统一。这里说的"历史的选择",指的就是中国人民确立并始终坚持党的领导、马克思主义指导、走社会主义道路、坚持改革开放等重要内容。"选择的历史"指的是在做出上述选择的时候,是一个历史的进程。从一定意义上来说,中国近现代史就是一个选择的历史和历史的选择的统一。教师在授课的过程中最终让学生明确历史的选择,但是如果我们对选择的历史讲得不够深、不够透、不够活,也会影响学生对历史选择的结论的认知认同。因此,教师讲述的过程中,只有做到二者的有机结合,才能够真正实现习近平总书记所强调的价值性与知识性相统一。

2. 强调以人民为中心

以人民为中心的发展思想,体现了我们党的初心和使命。以党史教育为重点的"四史"实际上是一部党与人民心连心、同呼吸、共命运的历史。我们党成立后,就带领中国人民夺取新民主主义革命的胜利。1949年中华人民共和国成立后,实现了人民的当家做主,党团结带领人民建立和完善社会主义制度。党的十八大以来,中国特色社会主义进入新时代,我们各方面都取得了重大成就。我们的国家制度和国家体系始终坚持以人民为中心的发展思想。在"纲要"课程中,要让学生充分认识到党在革命、建设和改革的历史进程中始终坚持以人民为中心,实现好、维护好、发展好人民的根本利益。

（二）创新教学方式

在"四史"融入"纲要"课程的教学过程中，创新教学方式方法，对于激发学生学习兴趣、提高学生学习成效至关重要。教学方式是教师把教学内容传递给学生的桥梁，教学方式影响着教学效果的好坏。

1. 坚持理论性和实践性有机统一

实践是理论的活水源头。马克思主义的本质属性是实践性，从实践中来，到实践中去。思想政治教育应牢牢把握马克思主义实践性这一基本原则，把理论教学与实践教学有机统一起来，合理调整二者的结构比例，既要避免只学习理论知识而忽视实践教学的"教科书主义"，又要避免过分强调实践教学而轻视理论修养的"实用主义"。一方面，"四史"教育融入"纲要"课程离不开教师在课堂中对"四史"理论知识的讲授，教师的系统讲解，有助于学生在头脑中形成严密的逻辑架构，对"四史"有一个清晰的认知。另一方面，"四史"是在我国社会革命、建设和改革的实践过程中形成的，教师在教学中也要注重理论和实践相结合，重视"四史"教育的实践性。可以组织学生参观爱国主义教育基地，亲身感受革命先烈抛头颅洒热血的英雄事迹；还可采访革命老兵，听他们讲述艰苦历程，让学生真切感受国家复兴和人民幸福生活的来之不易。对学生进行理想信念教育，只举刘胡兰、董存瑞、黄继光等英雄人物远不济事，要能贴近生活，可组织学生近距离接触全国道德模范、见义勇为英雄、劳动模范等，让学生感知崇高理想信念的力量。此外，在社会热点问题的教学上，教师可把教学主导权交给学生，由学生以小组的形式开展社会调研，以论文、调研报告、纪实文学等形式展现实践教学的成果。从实践教学中得出的认知，更容易使学生入脑入心。此外，理论教学要在实践教学基础上注重教育话语的转变，用具有亲和力的话语替换具有命令色彩的话语，用令学生倍感亲切的话语替换令学生心理疏离的话语，以教学话语的亲和力提升思想政治教育的亲和力。

2. 坚持主导性和主体性相统一

"四史"教育融入"纲要"课程一方面需要发挥教师的主导作用，另一方面也要以学生为中心，充分发挥学生的主体作用。在课堂教学过程中，可以围绕"四史"开展课前演讲活动，学生通过分享"红色故事"让大家真正体会到什么是共产党，通过分享《真理的味道非常甜》感悟信仰的力量。这些生动具体的小故事能触动学生心灵、坚定学生的理想信念。2021年是中国共产党成立100周年，2022年党的二十大胜利召开，可以组织学生自发谈感受、谈成长、谈未来，开展"当20岁遇上二十大""10年——我的二分之一人生"等活动，激发大学生既关注天下事，又关注身边事，将个人成长和国家发展联系起来，让"小我"在"大我"中得到价值实现。除此之外，也可以采用探究式学习、小组研学的方式激发学生学习的主动性。

（三）强化教学内容亲和力

1. 强化教师学识素养建设

扎实的学识素养是教师亲和力的基础。思政课教师要向学生"传道"，使学生"信道"，自己要能"明道"，成为专家，也要成为杂家，既要专，也要博。学生对教师的信赖和亲近首先就源自对教师学识的敬佩。思政课教师要有理论钻研的干劲、持续学习的韧劲，秉持与时俱进、与事俱新的态度，不断夯实理论基础、创新学习思维、拓宽拓深知识结构。思政课教师不但要学好理论知识，还要用好理论知识，提高理论解释现实、理论指导实践的能力，不做掉书袋的"老学究"。思政课教师不但要种好专业内的"责任田"，还需引"多段渠"到"责任田"中来，丰富人文社会科学甚至自然科学的知识，这样在课堂上才能收到旁征博引、高屋建瓴之效，教师才更具有亲和力。

2. 教学内容应抓重点、破难点、强弱项

"四史"教育内容丰富，每一"史"都是一个大的研究领域。教学过程中如果抓不住重点，则会"眉毛胡子一把抓"，教师讲得烦、学生听得乱。学生在学习过程中遇到的理解不透、认识不清的问题更是教学重难点。如在"纲要"课程中，学生常会疑问为什么要把"纲要"纳入思想政治教育范畴，而不是历史教学范畴。这就要求思想政治课教师在授课中牢牢抓住"纲要"课重难点，讲清讲透民族救亡复兴的历史重任如何落在中国共产党的肩上、历史和人民怎样选择了马克思主义、社会主义和改革开放。抓不住这个重点，"纲要"课就会变成近现代史课，就会与课程设置的初衷相悖。如在讲述"四史"中的"两个结合"，不少学生反映对于基本原理"记得住却理解不够"，教师在授课中应综合课程自身重难点和学生学习的弱项，在"讲透"上下足功夫，增强理论的亲和力。

3. 教学内容应关注社会热点问题，为学生纾解心理困惑

关注社会热点问题是思想政治教育生命力的体现，是提升思想政治教育亲和力的重要方式。部分思政教师本本分分地"教"书，缺乏对社会热点问题的关注和解读，把理论教学和现实生活打成两橛，导致思政课变成了理论灌输工具。思政教育一旦失去了对现实的回应，也就失去了亲和力和影响力。百年党史是"四史"融入"纲要"课的核心内容。教师在讲授第十章"新时代的内涵"时，可以结合党的十八大以来我们取得的历史性成就、发生的历史性变革来更深入体会新时代10年来在党史、新中国史、改革开放史、社会主义发展史、中华民族发展史上的里程碑意义。

思想政治工作是做人的工作，育人是根本目的。满足大学生成长发展需求和期待，发挥答疑解惑的作用，是思政"育人"的基本体现。近年来，历史虚无主义借新媒体之势大行其道，否定中国革命、抹黑革命领袖和英雄人物的观点在网络上蔓延，大学生在黑白颠倒的言论中难辨是非。教师应在"纲要"课中厘清中国革命史，讲明英雄人物在历史中的地位，分析共产党在抗战中发挥的作用，明辨是非，激浊扬清。只有纾解了学生的心理困惑，思想政治教育才能散发出魅力，彰显出亲和力。

参 考 文 献

[1] 习近平. 以史为镜、以史明志，知史爱党、知史爱国 [J]. 求是，2021（12）：2.

[2][3] 习近平. 思政课是落实立德树人根本任务的关键课程 [M]. 北京：人民出版社，2020：7.

[4] 习近平. 在党史学习教育动员大会上的讲话 [J]. 求是，2021（7）：2.

[5] 习近平. 思政课是落实立德树人根本任务的关键课程 [J]. 求是，2020（7）：4-16.

"五要件""八素养"教学改革下"中国近现代史纲要"课程的教案设计

——以"太平天国运动的起落"为例

陈莉莉

【摘要】 习近平总书记在学校思想政治理论课教师座谈会上提出"八个统一"的教学理念,是新时代高校思政课教学改革应该坚持的方向。北京理工大学珠海学院马克思主义学院"五要件""八素养"思政课教学改革正是坚持这一导向,让课堂活起来,使育人效果好起来,提升学生课堂获得感和满意度。本文以"太平天国运动的起落"为例,通过学情、教学目标、教学重难点等综合因素分析,科学运用"五要件""八素养"教学改革法,使学生把握历史规律的同时提升综合能力素质。

【关键词】 教学改革,太平天国运动,教案

一、教学说明

(一)课程名称及对应章节

《中国近现代史纲要》第二章第一节 太平天国运动的起落

(二)学情分析

本课程面向普通院校本科生开设,基本学情如下:

(1)学生基本特征:"00后"大学生思想活跃,学习能力较强,接受新事物快,综合素质较高,但个人主义思想浓厚、合作意识薄弱、理性思辨能力不够,需要教师根据其特征激发学生学习兴趣和愿望,又要引导学生理性思辨,深化对理论和规律的认识。

（2）学生知识水平：学生在中学阶段已经学过中国近现代史，对太平天国运动基本史实有所了解，但对于农民斗争的历史意义、失败原因、历史教训等理论认识并不深刻。与此同时，他们基础知识相对薄弱，尤其在我校实行的是学生自由选课制度，全校中国近现代史纲要课堂都是文理混合班，要求教师对于关键史实要讲清楚。

（3）学生心理状态：本节课是第二章第一节内容。通过前面第一章的学习，学生已经掌握了一个基本历史情境：随着资本-帝国主义的入侵，中国开始逐渐沦为半殖民地半封建社会。面对着空前的民族危机和社会危机，社会各阶层都面临怎么办的问题。在这一背景下学习农民阶级对国家出路的探索方案和主张。

（三）教学理念

思政课是落实立德树人根本任务的关键课程。习近平总书记在学校思想政治理论课教师座谈会上提出"八个统一"的教学理念，是新时代高校思政课教学改革应该坚持的方向。中国近现代史纲要作为大学本科生必修思政政治理论课之一，坚持立德树人、"八个统一"的教学理念，紧扣教学目标和教学过程进行创新，培养堪当民族复兴重任的时代新人。

（1）在教学目标上，坚持以学生为中心，在立德基础上不断提高学生走向社会的持续生存和发展能力，着重打造政治认同能力、知识拓展能力、逻辑思维能力、辨析批判能力、道德修养素质、实践创新能力、团队协作能力、遵纪守法意识等八大综合素养能力，实现创新驱动学生成才目标。

（2）在教学过程中，围绕"学生是主体、教师是主导"的理念，教师结合学生认知特点和行为习惯，针对学生思想困惑、关注点以及发展和成才的需求，来组织教学内容和教学方法革新，从而激发学生内在潜力和学习动力，提升课堂实效性和针对性。

（四）教学目标

（1）知识目标：使学生了解太平天国运动发展历程以及农民阶级的探索方案和主张，深刻认识农民斗争的伟大历史意义及失败的根本原因。

（2）能力目标：帮助学生掌握历史唯物主义分析方法，能够运用科学历史观和方法论来评价太平天国运动，抵制和反对历史虚无主义思潮影响；帮助学生深刻理解单纯农民战争不可能完成民族独立和人民解放的历史任务，从而懂得历史选择马克思主义和中国共产党的必然性；帮助学生提升逻辑思维、辨析批判、实践创新、团队合作等综合素养能力。

（3）价值目标：学习中华民族面对外来侵略和压迫不屈不挠的反抗和斗争精神，促使学生进一步坚定理想信念，勇担实现中华民族伟大复兴的历史使命。

（五）教学重点和难点

（1）正确认识太平天国农民起义的历史意义。（重点）
（2）科学评价太平天国农民起义失败的原因和教训。（重点）
（3）辨析、批判社会上存在的关于太平天国运动的历史虚无主义观点。（难点）

（六）学时安排：2 学时

（七）教学方法和手段

通过"五要件"教学法、BOPPS 六步教学法、PBL 问题导向教学法、TBL 团队学习法等教学方法，激发学生学习兴趣，鼓励学生充分参与到课堂中来，成为课堂主人。此外，同时配备学习通、微课、智慧树慕课等教学工具。

（八）教学资源

包括教材、阅读书目、慕课、微课、地方红色资源（会同村莫氏家族、白石街、唐国安孙列馆、珠海孙中山故居、唐绍仪故居、杨匏安纪念馆、烈士陵园等）等。

二、教学过程

【教学导入】
小组课堂实践作业汇报：珠海淇澳人民抗英斗争
1833 年，珠海淇澳岛村民面对英国鸦片贩子的进犯，奋起进行集体反抗，他们沿着海边架起土炮和钢炮，击中并击沉敌船 2 艘。英商鸦片贩子最后不得不举起白旗投降，并赔付村民 3 000 两白银。淇澳村民用这笔钱修建了白石街。因此，白石街成为晚清时期中国人民不惧列强奋起斗争的缩影。

教师点评：面对资本-帝国主义的入侵，中国人民开始奋起反抗挽救民族危亡。国家的出路到底在哪里？不同社会阶级和阶层展开探索，他们从自己立场出发分别提出救国方案。今天我们要学习的内容是农民阶级的探索方案。他们发起了太平天国运动，企图通过绝对平分土地的方案在中国建立起"四有二无"的理想社会。太平天国农民起义最终失败了，为什么会失败？其斗争的伟大历史意义是什么？给我们留下了什么样的教训和启示？在这节课我们将一一为大家揭晓。

（教学说明：根据教材时间脉络和历史逻辑，教师在本学期初就在本市及周边精选13个社会实践地点和主题，并将全班分为13个小组，每个小组按照要求前往选定地点考察和调研，回来后制作PPT汇报成果。全部13个主题与教学主线一一对应，每次上课前由一个小组做汇报。通过这样的方式将地方资源纳入"纲要"课堂，同时拓展了教学内容。另外，通过小组合作式学习，让学生在做中学，强化教学效果，做到理论与实践相结合。）

【教师讲授】

（一）太平天国运动爆发的社会背景

（1）地主阶级与农民阶级矛盾的尖锐化。
（2）外国的侵略激化了阶级和社会矛盾。
（教学说明：简单介绍，让同学们了解太平天国运动发生的时代背景即可。）

（二）太平天国运动发展历程

（1）洪秀全及拜上帝教。太平天国起义领袖洪秀全，广东花县（今为广州市花都区）人，因多次考试落第，开始信仰上帝。他把原始基督教教义中反映的平等思想和某些宗教仪式，从农民斗争的需要出发，加以改造，创立了"拜上帝教"。拜上帝教的主要内容体现在《原道救世歌》《原道醒世训》《原道觉世训》等书里。洪秀全在这些书中将社会划分为两个根本对立的阵营，认为"皇上帝"与"皇上帝子女"是农民阶级利益的代表者，而将清朝统治者斥为"阎罗妖"和"妖徒鬼卒"，号召大家共击之。这为太平天国运动的兴起提供了理论武器。

课堂辨析：拜上帝教的实质是什么？是不是邪教？有学者从拜上帝教的内容做推论，认为它是邪教，搞神权政治，是洪秀全为了满足个人一己私利而实行的愚民政策。你认可这种看法吗？

教师总结：这是典型的历史虚无主义观点。在评价历史人物或事件时，我们必须坚持唯物史观。利用宗教来组织和发动农民符合历史实际，其目的是反抗清朝统治者，具有反帝反封建的革命性，我们应该予以肯定。

（教学说明：如何评价拜上帝教是本节难点部分。将拜上帝教看作邪教更是典型的历史虚无主义思潮。通过课堂辨析，教师将问题抛出来让同学们各抒己见，然后进行总结评析，引导同学们用科学历史观方法论来分析解决问题，反对历史虚无主义。）

（2）起义经过。1844年初夏，洪秀全和好友、信徒冯云山等进入广西，以传教为掩护，向农民宣传反清思想，利用拜上帝教发动和组织群众。

1851年1月，洪秀全率拜上帝教教众在广西省桂平县（今为桂平市）金田村发动起义，建号太平天国。随后，太平军从广西经湖南、江西、安徽，一直打到江苏，席卷6省。1853年3月，占领南京，定为首都，改名天京，正式宣告太平天国农民政权的建立。

太平天国定都天京后，先后进行了北伐、西征和天京城外的破围战。到1856年上半年，除了北伐失利外，太平军在湖北、江西、安徽、和天京附近等战场都取得了重大胜利，控制了大片地区，达到了军事上的全盛时期。

在太平军取得重大胜利的同时，其内部潜在的矛盾和弱点也暴露了出来。1856年9月，天京事变爆发，成为太平天国由盛转衰的分水岭。

（教学说明：讲授起义经过，中间播放《天京事变》视频，通过视频案例教学方式提高学生思维活跃度和学习热情。）

（三）太平天国农民起义的历史意义

太平天国起义虽然失败了，但它具有重大历史意义，表现在：

（1）沉重打击了封建统治阶级，强烈撼动了清政府的统治根基。这次起义历经14年，转战18个省，动员起百万农民大军，建立起与清政府相对峙的政权，颁布了完整的施政纲领，沉重打击了清政府政权。对于清政权的撼动与搅动是统治阶级无法平复的。正是因为太平天国运动的打击，造成了晚清政治格局的一个重大变化，那就是中央集权衰落，地方汉族督抚势力崛起，间接促使地方政权出现相对于中央统治自立的倾向，最终导致北洋系成为清政府难以架空的政治力量，袁世凯成为清政府的掘墓人。另外，在思想文化上表现为反孔子权威和儒家经典，在一定程度上削弱了封建统治的精神支柱。

(2) 是中国旧式农民战争的最高峰。

(3) 有力地打击了外国侵略势力。

(4) 是19世纪中叶亚洲反对殖民主义斗争中规模最大、时间最长的一次，对当时的亚洲民族解放运动有着很大影响。

(5) 对日后反帝反封建起到鼓舞作用。在戊戌维新期间，金田起义常被康有为借来作为迫使皇帝变法的力量，这是用反衬来促进革新；辛亥革命时期，孙中山自觉接受了太平天国反清的正面影响和因争权夺利而导致分裂火并的反面教训，提出了三民主义。太平天国留给历史的余响是长久的。

（教学说明：该部分是本节重点，通过深化并拓展相关内容，让同学深刻理解太平天国运动拉开了中国近代民主革命的序幕，具有伟大历史意义。）

（四）太平天国农民起义失败的原因和教训

(1) 失败原因。

小组讨论：

马克思对于太平天国有一段"变脸"的评价：

1850年，马克思认为这次变革，必将给这个国家的文明带来极其重要的结果。"他们说不定就会看见这样的字样：中华共和国——自由，平等，博爱。"特别是太平天国定都"天京"后，预言道："中国革命，将把火星抛到现代工业体系即将爆炸的地雷上，使酝酿已久的普遍危机爆发。这个危机一旦扩展到国外，直接随之而来的，将是欧洲大陆的政治革命。"

1862年马克思笔锋一变："（太平天国）除了改朝换代以外，他们没有给自己提出任何任务，他们没有任何口号……他们的全部使命，好像仅仅是用丑恶万状的破坏来与停滞腐朽对立，这种破坏没有一点建设工作的苗头……太平军就是中国人的幻想所描绘的那个魔鬼的化身。但是，只有在中国才有这类魔鬼。这类魔鬼是停滞的社会生活的产物！"

马克思对于太平天国运动这段先扬后抑的评价，表现了他对后期太平天国运动的失望之情，同时点出了其失败的部分原因。请结合马克思主义对于太平天国运动"变脸"评价，讨论太平天国运动失败的原因有哪些。

具体原因：太平天国领导阶层后期的腐败享乐；战略、政策的重大失误；指导思想的局限性；未能正确对待儒学；对西方侵略者缺乏理性认识。

根本原因：农民阶级局限性。农民阶级不是先进生产力和生产关系的代表，无法克服小生产者固有的阶级局限性，缺乏科学理论的指导，没有先进阶级的领导，因而无法从根本上提出完整的、正确的政治纲领和社会改革方案。

（教学说明：该部分亦是本节重点。通过创设情境，提出问题，要求学生采用小组讨论形式，搜集资料，分享信息，最终解决问题。教师将小组代表发言在黑板上进行板书，引导大家进行总结分析，得出太平天国失败的具体原因和根本原因。）

（2）**历史教训**。在半殖民地半封建的中国，农民具有伟大的革命潜力，但它自身不能担负起领导反帝反封建斗争取得胜利的重任。单纯农民战争不可能完成争取民族独立和人民解放的历史任务。中国历史和人民必须选择新的指导思想和领导阶级，才可能有出路，由此凸显了选择马克思主义和中国共产党的历史紧迫性和必然性。

（3）**课堂思政（启示）**。习近平总书记在党的二十大报告中，提出"三个务必"，要求全党同志务必不忘初心、牢记使命，务必谦虚谨慎、艰苦奋斗，务必敢于斗争、善于斗争，坚定历史自信，增强历史主动，谱写新时代中国特色社会主义更加绚丽的华章。

近代以来，面对资本-帝国主义入侵和腐朽的清政府，农民阶级最先起来奋起抗争，拉开了近代中国民主革命的序幕。作为新时代的青年，我们肩负建成社会主义现代化强国、实现中华民族伟大复兴的历史责任和时代使命，这同样需要我们敢于斗争、善于斗争。新时代新征程，让我们发扬斗争精神，在斗争中担当、在斗争中成长，向着新的奋斗目标，继续前行！

（五）课堂总结

太平天国运动是鸦片战争后资本帝国主义入侵导致原已激烈的阶级矛盾进一步激化的结果，是农民阶级反对封建主义统治、反对列强入侵的集中体现。太平天国起义历时14载，转战18省，建立起与清政府相对峙的农民阶级政权，具有伟大的历史意义。但是由于农民阶级固有的阶级局限性，太平天国运动最终失败了。

三、课后作业

有学者认为太平天国是绝对的暴力集团，依赖神权、极权、愚昧的统治，只为满足高层人物的无限欲望，丝毫不顾及大众的福利，所造成的是遍野白骨、满地荆棘。这是一场中国历史上的浩劫惨剧。你如何看待这种观点？如何正确评价太平天国运动？

四、阅读拓展资料

（1）《天朝田亩制度》（1853 年）
（2）洪仁玕：《资政新篇》（1859 年）
（3）毛泽东：《中国革命和中国共产党》（毛泽东选集第 2 卷）
（4）罗尔纲：《太平天国史》，中华书局 1991 年版
（5）夏春涛：《天国的陨落——太平天国宗教再研究》，中国人民大学出版社 2016 年版

五、教学效果强化

（一）教学评价

本节课教学效果通过智慧树慕课预习任务点得分、小组实践作业汇报得分、课堂发言得分、学习通课后作业得分等予以呈现。

（二）效果强化

通过课后作业、阅读资料、预习任务等再次检验并强化学习效果，重点考查学生能够运用唯物史观批判太平天国运动中的历史虚无主义观点，能够科学认识和评价太平天国农民战争的意义、失败原因和教训。

"置入式教学法"在"中国近现代史纲要"课程中的应用

——以北京理工大学珠海学院为例

王庆华

【摘要】 "置入式教学法"是"中国近现代史纲要"(以下简称"纲要")课程教学中教学实践经验的总结,是思想政治理论课课堂改革的有益探索。"置入式教学法"是从"纲要"课既是历史课又是政治课的课程特点出发,从学校学生的认知能力和知识结构实际考虑、因材施教,把教学资源和教学手段有机结合的实践教学法。叙事式讲授法、突出区域史人物史、翻转课堂、历史与现实相结合等方式是其具体实现路径。

【关键词】 置入式教学法,"中国近现代史纲要",应用

引言

"置入式教学法"是对"中国近现代史纲要"课程教学过程中教学成果的提炼和总结,同时又是科研成果指导实际教学的教育理念和方法。"置入式教学法"指的是通过环境置入、内容置入、语言置入、情境置入、时空置入等方式,使学生在具体的历史与现实的氛围中感受历史、把握今天、展望未来,形成使"纲要"课真正成为培养人、教育人、塑造人的教育教学体系,使思想政治理论课的精神被学生内化吸收。"置入式教学法"将教学目的与课程特点相结合、教学内容与教学对象相结合、教学资源和教学手段相结合,突出课程教学的价值性、实效性、多样性。

一、"置入式教学法"的内涵与教育理念

"置入式教学法"是在"纲要"课程的实际教育教学过程中提炼的新概念,

接近但又不同于一般意义上所讲的"体验式教学"。体验式教学，更多的关注教学对象的感知，而"置入式教学"首先强调教育教学过程中的"顶层设计"，即增强教师在教学过程中的方向性和设计性，再突出教学对象在这一过程中的主体性和实效性，形成实践教学中教育环境、教育主体、教育客体的有机统一。

"置入式教学法"是根据"纲要"本身的课程特点，创新教育教学方法，从历史课的教学视角和规律出发，落实于思想政治理论课的教育目的与宗旨，将两者特点有机结合，统一于具体教学实践中。"纲要"课是高校思想政治理论课教学体系中的重要部分，有其自身的学科特点，它是历史课，更是政治课。"纲要"既不同于"毛泽东思想和中国特色社会主义理论体系概论（以下简称'毛概'）"课，也不同于历史专业课。"毛概"重在理论阐释，而"纲要"则是要用历史去阐明中国近现代的基本问题和相关的理论观点[1]。专业历史课的主要任务是讲清基本史实，揭示历史发展的客观规律；而"纲要"课更重要的使命是通过了解国情国史，增强大学生对于中国共产党、对于马克思主义、对于社会主义的信念，更强调科学性与政治性的统一。这要求教师在讲授中更加注重总结经验教训，注重历史发展的必然性，注重理论性。这也使教师们容易忽视了其历史课的特性，使课程变成一味的说教，必然降低教学效果，甚至引起学生反感。因此必须将历史课教学的优势融入其中，并达到政治课的教学目的，"置入式教学法"就是将两者的优点相融合而提炼出来的。

"置入式教学法"是结合学生特点，因材施教、量身打造的教育教学方法。北京理工大学珠海学院是理工科为主的学校，从知识结构来看，理工科学生高中阶段偏重于理科的学习，文科知识功底相对薄弱，尤其是对历史基本知识有所欠缺。人们对理工科学生的一般概念就是抽象逻辑思维能力强，形象思维能力弱。这恰恰是"纲要"课教学的误区，我们使用的全国高校通用的高教出版社的教材，注重对理论和历史规律的总结，打破原有的历史时间顺序。这样讲授的前提是需要对基本历史知识的熟练掌握，而也正是我们学校的学生所欠缺的。因此在教学实践中一定要增加历史史实等基本知识的讲授，否则效果会适得其反。"置入式教学法"就是让学生置身于具体而鲜活的历史环境中，进而获取历史经验与教训。

"置入式教学法"将教学资源与教学手段有机结合。历史虽然是过去时，但同时也是具体的、现实的、鲜活的。我们要让学生于现实时空中感怀历史，在身边可触及的范围内应用历史给予的启迪。"置入式教学法"打破从书本到书本、从概念到概念的传统教学格局，突出学生的体验性与可触性。这种体验性除了将历史遗迹、区域人物等资源融入教学外，还包括历史与现实时空的交错，用历史反思现实、以今天对比历史。习近平总书记经常说"历史是最好的教科书，也是最好的清醒剂"，我们学习历史不是目的，而是吸取经验、指导现实。因此历史学习一定要与现实相结合，与今天我们的生活相结合，从感同身受中学习历史。

二、"置入式教学法"的具体操作路径

叙事式讲授法。叙事式讲授法是从理工科学生历史基础知识比较薄弱的现实状况出发，规避现有教材注重规律总结、理论性过强等弊端，通过形象生动的故事性叙事等方式把历史史实呈现给学生，在分析史实的基础上再进行规律总结和理论提升，效果更明显。比如在第一章"反对外国的侵略斗争"中，教材是按照横截面的方式将资本帝国主义对中国的侵略概括为军事侵略、政治控制、经济掠夺和文化渗透四种方式，内容贯穿中国近代历史上的众多事件和人物，打破了历史的时间顺序，纯粹是结果的罗列而没有过程的描述。这种概括性强和理论线索归纳为主的编写方式，在教材中普遍存在，理工科的学生理解和接受起来十分困难，并容易产生混乱和厌倦。因此结合学校学生的具体特点，讲授各种历史理论的同时首先将所涉及的历史人物、历史事件等基本史实进行完整或重点讲述，在此基础上才能分析和理解，进而增强认同。我们将第一章横截面的总结变成通过战争串联起来线性的时间描述，更接近学生的思维认知，效果更明显。叙事式教学一定要避免落入教师填鸭式的窠臼，而是进行知识点的分割与重构，突出现代微型教学的基本特征。所谓微型教学，就是"将复杂的教学过程分解成许多容易掌握的具体单一的技能，并对每一技能提出训练目标，在较短的时间内对学生进行反复训练，以提高受训者能力的教学模式"[2]。通过微型教学来进行教学内容的整合和课堂组织的重构，会更增强教学效果。

突出人物史、区域史。人是历史活动的主体，任何历史事件与进程都是以人为核心构筑的。以历史人物为中心的案例教学有助于把枯燥、干瘪、结论式、符号化的"教科书历史"还原成鲜活、生动、丰富、有血有肉学生喜闻乐见的"真实历史"，使学生穿越时空，与历史人物对话。将"纲要"课进行以历史人物为核心的解构，围绕林则徐、洪秀全、李鸿章、慈禧、袁世凯、孙中山、蒋介

石、毛泽东等人物的事迹与思想进行有序展开，将同学们带进一个个鲜活生动的历史画卷中。将区域人物带入课程讲授中，广东历史名人在中国近现代历史中具有举足轻重的地位，珠海市也是人才辈出。地方史和乡土历史资源融入中国近现代史纲要课教学时，采用专题教学法，能够把乡土历史与课程教学内容有机地结合在一起，把单薄的零散的乡土历史知识综合起来[3]。比如上编"综述"中讲述近代中国社会阶层的分化、买办阶级的出现这部分，可以结合珠海市会同村买办家族莫仕扬、莫藻泉、莫干生三代的传奇人生进行讲解；第二章"洋务运动"中阐述珠海历史名人唐廷枢、徐润等近代实业家；第三章"辛亥革命"中对中华民国第一任总理唐绍仪进行重点介绍；第四章"开天辟地的大事变"中介绍珠海市的红色三杰：杨匏安、苏兆征、林伟民。用身边的人物阐述历史，能给学生很强的代入感，增强教学效果。

翻转课堂、学生参与。"置入式教学法"强调教学主体的转换，由学生被动接受变为主动介入。法国教育家法斯普朗格说过："教育的最终目的不是传授已有的知识，而是要把人的创造力量诱导出来，将生命价值感唤醒，直到精神生活之根。""知识并不能简单地由教师或其他人传授给学生，而只能由每个学生根据自身已有的知识和经验主动地加以建构。"结合"纲要"课的特点设置学生参与课堂教学的环节，课程一开始，我们设置 5 分钟左右的学生展示部分，内容为"历史人物 PPT"或"历史上的今天"等，以学生的视角和方式将学生迅速带入历史情境中，教师在进行分析点评的基础上展开课堂教学。人的情感总是在一定情境和氛围中产生的，创设情境目的在于通过创设一种历史氛围，使学生能穿越历史，产生一种身临其境的感觉，从而激发学生的主动探究欲望[4]。学生最懂学生的需求与兴趣点，并能与专业知识相结合。如计算机专业的学生运用 Perzi 软件进行课件制作，既有效讲解历史内容又展示相关软件的性能和操作性；软件专业的学生用游戏过关的形式来讲解抗日战争的过程，新颖而生动；艺术专业的学生进行历史人物的艺术创作；法学专业的学生进行"模拟东京审判"情景剧，等等。"置入式教学法"不仅仅是学生主体角色的介入，更主要的思维和理念是以学生的视角影响课堂，启发教师灵感，教学相长，提高教学效果。

历史与现实相结合。2013 年 6 月 25 日习近平总书记在中共中央政治局就中国特色社会主义理论和实践进行第七次集体学习讲话中指出："要继续加强对党史、国史的学习，在对历史的深入思考中做好现实工作、更好走向未来，不断交出坚持和发展中国特色社会主义的合格答卷。""置入式教学法"除了将学生置入于历史环境与氛围中，还主张让学生在现实的现象与环境中，立足现在回望历史，将历史与现实相结合，从而实现"纲要"课教学的目的性与价值性。教师不仅要注意历史转折点中的重大事件，而且更要关注当今国内外与历史关联的现实问题，尤其要注意联系社会上流行的各种思潮以及对大学生的学习生活有影响或使大学生感到困惑的重大问题[5]。比如第一章讲到鸦片战争后中国屡次失败的原因，让同学们反过来结合现在中国的飞速发展，分析大国崛起与衰落的关键因素，在现实与历史的对比中加深感悟；第七章讲解放战争时期国民党的腐败，结合习近平总书记上台后"打老虎拍苍蝇"的一系列反腐举措与成效，使学生更加深了对历史的认知，同时坚定了对党中央反腐的信心。"置入式教学法"所包含的历史与现实相结合，不仅是内容上的，也是形式上的。我们从当下大学生的心理与行为出发，用其更易于接受的语言来讲授历史，即"用流行语解释历史"，收到意想不到的效果。比如把"有木有""不作死不会死""元芳，你怎么看？""也是醉了"等流行语运用到课堂教学中，做到"今为古用，古为今用"，使流行语在课堂起到"润滑剂"的作用，达到课堂高效且生动的目标。把流行语作为一种教学资源加以利用，宗旨是让学生更加容易、更加贴切地理解本课的内容。

三、"置入式教学法"的效果反馈

"置入式教学法"是作者所在课程组教师集体智慧的结晶，是在具体的教育教学实践中总结提炼的，更是得到了同学们的普遍认可和接受。每学期学生评教分数逐年提升，以 0.5 分的趋势递增，近 3 年评教优秀率 100%。北京理工大学珠海学院"纲要"课学生满意度调查中，"很满意"比例达到 43.3%，"比较满意"比例达到 48.4%，满意率达到 91.7%。在思想政治理论课几门课程中受欢迎程度最高。

同时我们也努力使"置入式教学法"系统化和理论化，《"置入式教学法"在"中国近现代史纲要"课程中的应用研究》获广东省教育教学成果奖培育项目。我们希望不断改进完善，使之真正形成培养人、教育人、塑造人的教育教学体系，使"纲要"课成为教育教学改革的排头兵。

附："置入式教学法"在"纲要"课程中应用效果相关数据（见表1～表3）

表1 "纲要"课程组各教师各学期评教分数表

学期 教师	2008—2009—2	2009—2010—2	2010—2011—2	2011—2012—2	2012—2013—1	2012—2013—2	2013—2014—1	2013—2014—2
教师1	89.451	89.908	90.159	91.658	91.874	90.89	91.604	91.457
教师2		89.517	88.608	90.774	90.657			90.537
教师3		90.619	90.736			91.007	92.341	91.738

表2 "纲要"各学年评教平均分数及增长表

学年	2008—2009学年	2009—2010学年	2010—2012学年	2012—2013学年	2013—2014学年
平均分数	89.451	90.015	90.525	91.107	91.609
分数增加值		0.564	0.510	0.582	0.502

表3 北京理工大学珠海学院"纲要"课学生满意度调查表

效果		频数	百分比	有效百分比	累计百分比
有效	很满意	308	43.3	43.6	43.6
	比较满意	344	48.4	48.7	92.2
	不满意	47	6.6	6.6	98.9
	厌恶、反感	8	1.1	1.1	100.0
	总计	707	99.4	100.0	
缺失	系统缺失	4	0.6		
	总计	711	100.0		

参 考 文 献

[1] 李良玉. 关于"中国近现代史纲要"的几点思考 [J]. 阜阳师范学院学报（社会科学版），2007（2）：108.

[2] 余文森，洪明. 课程与教学论 [M]. 福州：福建教育出版社，2007.

[3] 严兴文. 乡土历史融入中国近现代史纲要课教学探讨——以粤北地区史料为例 [J]. 韶关学院学报，2009（5）：148.

[4] 涂雪峰，李萍凤. 三明治教学法在高校思想政治理论课教学中的应用 [J]. 经济与社会发展，2014（1）：117.

[5] 邱秀华.多元文化背景下"高校思想政治理论课"的教学改革与创新兼论"中国近现代史纲要课"的创新教学方法[J].东北大学学报(社会科学版),2009(6):535.

注:本文发表于《辽宁科技学院学报》2016年第1期。

在思想政治理论课教学中宣讲"四个全面"

——以"中国近现代史纲要"课程为例

王庆华

【摘要】"四个全面"是以习近平同志为总书记的党中央继承和发扬中国特色社会主义理论体系,依托新国情提出并形成的治国理政的战略布局,高校作为意识形态领域重要的宣传基地,要积极在思想政治理论课教学中进行宣讲贯彻。本文以"中国近现代史纲要"(以下简称"纲要")课为例,课程的教学宗旨和"四个全面"是一脉相承的。结合两者特点,我们在"纲要"课中宣讲"四个全面"时把滴漏灌溉式隐性教育、置入式教学、问题意识等理念融入其中,对"纲要"课中宣讲"四个全面"进行具体分析。

【关键词】"四个全面",思想政治理论课,宣讲

"四个全面"是以习近平同志为总书记的党中央,科学运用马克思主义思维和方法论,解决当代中国和世界面临的重大课题,实现中华民族伟大复兴中国梦的顶层设计和战略布局;是中国特色社会主义理论体系的完善和发展;是新时期新形势下与时俱进的成果。"四个全面"战略布局的学习和宣讲是一项长期的政治任务,高校是意识形态教育的重要基地,特别要在思想政治理论课教学中积极宣传贯彻"四个全面"战略布局,使之真正在大学生中内化于心。以"中国近现代史纲要"课为例,阐述如何将高校思想政治理论课教学与贯彻宣传"四个全面"有效衔接。

一、"四个全面"与"中国近现代史纲要"教学之间的关系

"中国近现代史纲要"课教学目的与"四个全面"战略是承递有序、与时俱进的关系。两者的精神内核是一致的,都是为了坚信和坚持中国共产党的领导、

实现中华民族伟大复兴的中国梦。教育部颁布的《中国近现代史纲要课教学大纲》明确指出课程的目标是"两个了解、三个选择",即"帮助学生了解国史、国情,深刻领会历史和人民怎么选择马克思主义、共产党领导和走社会主义道路"。在中国共产党成立 90 周年大会的讲话中,又增加了"选择改革开放",由"三个选择"变成"四个选择"。"四个全面"战略是新时期基于对国情的深入了解、吸取历史经验教训而形成的。党的十六大提出全面建设小康社会奋斗目标以来,我国经济社会发展取得了巨大成就,但仍存一些社会问题:经济总量可观,但人均依然落后;法治不健全、贪污腐败依然存在;贫富差距扩大、官民关系紧张、群体性事件频发等社会问题增多;生态环境恶化、非传统安全加剧;等等。因此,提出"四个全面"战略布局,是马克思主义中国化与时俱进的体现,是中国特色社会主义道路的战略指引,只有进一步落实"四个全面"才能将社会主义事业推向新高度。中国共产党"四个全面"战略的提出,是新时期党的领导能力的集中体现,同时从严治党又是"四个全面"的有机组成部分。进一步改革开放是推进"四个全面"战略的基本推动力。因此"四个全面"战略是新时期坚信马克思主义、坚定中国共产党的领导、坚持中国特色社会主义道路、坚持改革开放的充分体现,是"两个了解、四个选择"与时俱进的体现。

中国近现代史的历史任务与"四个全面"战略布局是一脉相承的,"四个全面"是近现代史历史任务在新时期的延续发展。中国人民近代以来的两大历史任务是"争取民族独立、人民解放,实现国家富强、人民富裕"。争取民族独立和人民解放的问题是近代史主要解决的问题,而现代史主要解决的国家富强和人民富裕。民族独立和人民解放实现之后,主要任务就是实现国家富强和人民富裕。"四个全面"就是新时期新形势下进一步寻求国家富强和人民富裕的战略布局,是其任务的升级版。要更深刻地理解"四个全面"必须要学习近代以来中国人民所追求的历史任务,两者是一致的。

二、"四个全面"进课堂的教学理念

"滴漏灌溉"式隐性教育。滴漏灌溉是现代农业领域的专业技术术语,特点是灌溉时流量小、水分集中于作物根系周围土壤、水分利用率高。结合中国近现代史纲要课和思想政治理论课的特点,我们提出实行滴漏灌溉式的隐性教育,达到润物细无声的效果。"纲要"是历史课,更是政治课,进行政策理论传播是课程设立的应有之义。但如果完全把课程变成理论宣讲，效果适得其反。因此我们引入滴灌式隐性教育，指教育者通过隐蔽的、潜藏的、间接的方式，有意识地引导被教育者，在潜移默化中接受教育。心理学家活切尔和布雷姆做过的政治宣传实验表明：思想政治教育的目的越明显，就越容易引起人们的逆反心理或对抗心理。滴漏灌溉式的教育思维，将教育目标散播在各个知识点，化整为零、潜移默化，能有效规避可能出现的抵触情绪，同时又将教育目融入其中，成效最大化和阻力最小化。同时根据需要，可以适时地进行重点的系统讲授，实现知识整合和画龙点睛。

"置入式教学法"。这是指通过环境、内容、语言、时空等内容和方式的置入，使学生在具体的情境与氛围中感受历史和今天，使思想政治理论课的核心精神被学生内化吸收[1]。同时学历史、知历史不是目的，而要以史为鉴、古今结合、史为今用。因此教师要更关注与历史关联的现实问题，特别是一些对大学生的学习生活有现实影响或使其感到困惑的问题，以其为切入点开展教学更能引起他们的共鸣。历史与现实相结合，要落实在内容上也要体现在形式上。我们模拟大学生的思维方式和语言习惯，从形式上拉近师生之间的距离，收到出奇制胜的效果。比如把"顶层设计""既得利益集团"等时事语言，"世界那么大，我想去看看""元芳，你怎么看？""重要的事儿说三遍"等流行语言运用到课堂教学中，做到"今为古用，古为今用"，学生"秒懂"且有趣，从而丰富课堂。

"问题意识"的培育。问题意识在思维过程中占有非常重要的地位，既是思维的起点，也是思维的动力。作为思维的起点，问题意识体现了个体思维品质的独立性和创造性。在思想政治理论课教学中宣讲"四个全面"战略强调"问题意识"的培育，首先是基于学生学习过程中的思维惰性。长期应试考试的学习习惯和传统思政课灌输式的教育方式，使得学生在学习中处于知识填塞的过程，是被动的。在这样的思维环境中，让学生把历史知识与现代内容进行不同时空的链接，难度很大。通过教师有效引导的"问题意识"能很好地把学生的思维调动起来。作为思维的动力，问题意识体现了个体思维品质的活跃性和深刻性。在"纲要"课中突出"问题意识"不是简单地提出问题和解决问题，是人们对宏观历史发展脉络进行自觉反映的心理过程，是揭示历史发展规律和社会发展本质的过程。将散落在不同章节不同部分的知识点，进行主动的专题式总结，从而自觉构建知识体系、总结历史和社会发展规律。

三、"四个全面"在"中国近现代史纲要"宣讲的具体操作

"全面建成小康社会"是战略布局的目标指向，是社会建设的价值追求。在中国实现现代化是近代以来先进的中国人所追求的理想，贯穿于整个中国近现代史的始终。但是在经济文化落后又发展不平衡的现实基础上，我们对实现现代化的价值目标、路径进程、方式方法，有一个逐步深化的认识过程。比如第二章讲太平天国中的"天朝田亩制度"对"有田同耕、有饭同食、有衣同穿、有钱同使，无处不均匀、无处不饱暖"理想社会的描绘。第二章戊戌变法中康有为写的《大同书》，构想出了一个大同的世界。第三章辛亥革命里孙中山的三民主义之民生主义，主张平均地权、社会革命。中国共产党二大的革命纲领的制定，党的最低纲领，即党在民主革命阶段的纲领：消除内乱，建立国内和平；推翻国际帝国主义的压迫，统一中国为真正的民主共和国；党的最高纲领：建立劳农专政的政治，渐次达到共产主义社会等等。这些与全面建设小康社会相联系的知识点，逐步渗透讲解、最后系统梳理，加深印象。

"全面深化改革"是战略布局的动力来源，是社会发展的推动机。中国近现代历史过程中，无处不体现着深化改革的必要性和重要性。比如第一章讲到鸦片战争后中国屡次失败的原因，让同学们结合改革开放后中国的飞速发展，分析大国崛起与衰落的关键因素，在古今对比中感悟清政府的内部腐朽、对外封闭与现代的改革开放之间的差距。第二章洋务运动，单纯吸收西方技术，改革单向度、片面性导致的失败，与"四个全面"强调政治经济社会生态全面全方位改革的对比。戊戌变法中改革的顶层设计与当改革开放推进的策略性对比，可以让学生了解到中国当代的改革是渐进式改革，而不是疾风骤雨式、不分轻重主次。

"全面依法治国"是战略布局的重要保障。对于包含"实现社会公平正义"要求的全面小康来说，依法治国是实现这一目标的重要保障。没有法治保驾护航，国家就不能有序运行，社会生活也就难以和谐稳定，更何谈全面建成小康社会？中国近代社会法制建设也是不得不觉醒和建设的过程：鸦片战争中林则徐禁烟本身就凸显了法治体系的无力感，林维禧事件导致清政府丧失了司法主权；清末新政中《钦定宪法大纲》是中国法制史的突破，打破了中华法系的传统结构，使宪法作为根本大法独立于普通法之外，规定了国家与社会制度的基本原则；中

华民国的《中华民国临时约法》被废除破坏，袁世凯制定《中华民国约法》；宋教仁被刺杀后的"二次革命"与法律途径解决纷争、五四运动中火烧赵家楼的法治反思；等等。

"全面从严治党"是战略布局的领导力量。中国共产党的建设和领导是中国共产党的事业不断取得胜利的法宝。党的发展历史就是不断加强建设、从严治党的过程，并在历史对比中取得优势地位。比如从国共第一次合作到国共破裂，国民党叛变革命的原因之一，就是因为国民党组织散漫、纪律不严，而中国共产党组织严密、富有生机活力，强大的吸引力使国民党左派青年纷纷加入共产党和社会主义青年团，致使国民党感到威胁而大举屠刀。第六章延安时期整风运动，三大作风建设从学风、党风、文风入手极大提高了党的建设，增强党的战斗力。第七章中解放战争时期国民党内部腐败导致大陆政权倒台与中国共产党的党建工作与成就对比，等等。

参 考 文 献

[1] 王庆华．"置入式教学法"在"中国近代史纲要"课程中的应用［J］．辽宁科技学院学报，2016（2）：72–74．

注：本文发表于《武汉商学院学报》2016年第3期。

把握课程学情特点 聚焦学生综合素养 创新教学思路方法

张 龙

【摘要】 思想政治理论课是全面贯彻党的教育方针，落实立德树人根本任务的关键课程，担负着培养中国特色社会主义事业建设者和接班人的重要任务。"毛泽东思想和中国特色社会主义理论体系概论"（以下简称"概论"）课程是高校思想政治理论课的重要组成部分，在教学中必须深入阐释理论的系统严谨、充分展示历史的厚重深刻，全面呈现时代的鲜活发展。北京理工大学珠海学院马克思主义学院在高校思政课教学中创新性地提出并实践了"五要件"教学法和"八素养"培养目标。本文将从课程特点和学情特点、教学内容体系和逻辑、教学总体思路和教学方法手段创新三个方面系统梳理"概论"课程教学改革。

【关键词】 立德树人，系统逻辑，能力素养，教学创新

习近平总书记在 2019 年 3 月 18 日召开的学校思想政治理论课教师座谈会上，强调"思想政治理论课是落实立德树人根本任务的关键课程"[1]，"要坚持马克思主义思想指导地位，贯彻新时代中国特色社会主义思想"[2]，"用新时代中国特色社会主义思想铸魂育人，引导学生增强中国特色社会主义道路自信、理论自信、制度自信、文化自信，厚植爱国主义情怀，把爱国情、强国志、报国行自觉融入坚持和发展中国特色社会主义事业、建设社会主义现代化强国、实现中华民族伟大复兴的奋斗之中"[3]。

习近平总书记强调要"推动思想政治理论课改革创新，要不断增强思政课的思想性、理论性和亲和力、针对性"[4]，提出了思政课教学改革原则性的"八个统一"要求，即"要坚持政治性与学理性相统一""要坚持价值性和知识性相统一""要坚持建设性和批判性相统一""要坚持理论性与实践性相统一""要坚持统一性和多样性相统一""要坚持主导性和主体性相统一""要坚持灌输性和启

发性相统一""要坚持显性教育和隐性教育相统一"[5]。"八个统一"为高校思政课改革明确了方向。

2015年以来，北京理工大学珠海学院马克思主义学院聚焦学生能力素质培养，高度重视思政课教学改革创新，逐渐形成了以"五要件"教学法和"八素养"培养目标为核心的思政课综合教学改革方案，并在每门课程每次课堂的教学实践中不断细化深化。

"五要件"教学法，即由引起意向的"课前5分钟"、突出重点的"重难知识点解析"、增强效果的"视频案例"分析、体现主体的"教学互动"、把握方向的"教师讲评"组成，旨在通过优化课堂结构，合理组织安排教学环节，突破传统教学模式，以有效增强教学吸引力和感染力，增强思政理论和现实问题的阐释力。

"八素养"培养目标，聚焦学校建设高水平一流大学的目标和培养高水平一流人才中心工作，在坚持"立德树人"，培养担当民族复兴大任的时代新人，培养德智体美劳全面发展的社会主义建设者和接班人的根本任务前提的基础上，着重培养学生走向社会的持续生存和发展能力，即重点打造政治意识、知识拓展、逻辑思维、辨析批判、道德修养、法律意识、实践创新和团队合作等综合素养。在教学实践中鼓励学生树立崇高的政治立场，始终坚定"四个自信"，胸怀高尚的爱国情怀和强烈的报国志向；教育学生建构扎实的理论素养，努力培养求真务实的科学精神和勇于探索的创新精神；引导学生形成严密的思维，不断锤炼严谨的逻辑思维和系统的整体思维，形成精准凝练的表达能力；训练学生培养务实的实践能力，坚持打造脚踏实地的工匠精神、善于实践的动手能力和善于合作的团队精神。

在"概论"课程的具体实践中，我们严格遵循习近平总书记关于思政课有关指示的原则要求，全面落实学校学院关于思政教学改革创新的具体要求，围绕"概论"课程特点，充分分析学生学情，聚焦学生发展需要，全面梳理课程内容体系和教学逻辑，形成了在教学方法和手段上的一系列探索创新。

一、"概论"课程特点和新时代学生学情特色

教学是由教师的"教"和学生的"学"所组成的一种特殊的传播活动。在教学过程中，教师围绕课程教学内容有目的、有计划、有组织地引导学生学习和

掌握课程知识，引导学生认识、分析、解决实际问题，促进学生能力养成和素质提高，使之成为社会所需的人才。在教学过程中，教师需要全面把握课程特点和学生学情，才能有的放矢，实现传播知识、阐释理论、解释政策、分析现实和培养学生成才的教学目标。

（一）"概论"课基本定位

"概论"课是 2005 年中宣部、教育部《关于进一步加强和改进高等学校思想政治理论课的意见》及实施方案确定的思想政治理论课核心必修课之一，具有较强的政治性和理论性，在人才培养上，具有特殊而重要的功能。

具体而言，"概论"课是历史性、理论性、时代（实践）性相统一的一门课程，在教学过程中要全面阐释理论的系统严谨，展示历史的厚重深刻，呈现时代的鲜活发展。这就要求教师在授课中，把理论逻辑、历史逻辑和实践逻辑有机融合起来，在历史进程和时代实践的发展中体现理论的逻辑自洽、创新发展和重大意义。

通过该课程的学习，学生可以了解马克思主义中国化时代化的历史进程，加深对中国共产党领导全国各族人民进行的实现中华民族伟大复兴各个阶段的历史进程、历史成就的认识，深刻理解中国共产党在中国特色社会主义新时代的指导思想、基本路线和基本方略的理解，深刻认识毛泽东思想、中国特色社会主义理论体系和习近平新时代中国特色社会主义思想是马克思主义中国化时代化三次飞跃的重大理论成果，尤其是深刻认识和理解习近平新时代中国特色社会主义思想是当代中国的马克思主义、21 世纪的马克思主义、中华文化和中国精神的时代精华。

通过该课程的学习，要使学生正确认识马克思主义中国化时代化理论成果在指导中国实现中华民族伟大复兴历史进程中的重要历史地位和作用，掌握中国化马克思主义的基本理论和精神实质，引导学生掌握运用当代中国马克思主义观察世界、分析国情的思维方法，正确看待和分析我国在实现中华民族伟大复兴过程中遇到的各种复杂问题和矛盾，全面提高政治理论素养和分析判断能力，帮助学生确立科学社会主义信仰和建设中国特色社会主义的共同理想，增强"四个自信"的自觉性和坚定性，激发学生成长为担当民族复兴大任的时代新人，投身于中国特色社会主义现代化事业的积极性、主动性和创造性。

（二）当代学生的基本学情

1. 基本政治素养

当代高校学生主体是 2000 年之后出生的新一代。他们是我国改革开放取得突飞猛进的成就之后出生的一代，与其父辈相比，充分享受到了改革开放的红利，物质条件更为优越，精神生活更加丰富，眼界阅历更加开放。因此，他们无须"仰视"西方发达国家，更习惯于"平视"中西方发展差异，具有强烈的朴素的爱国主义情怀和制度认同。

2. 现实传播环境

当代高校学生处于网络传播，尤其是自媒体传播的大时代，一方面造就了他们广阔的视野，知识积累、认知水平远超其前辈；但另一方面，网络传播的特点，如数字性、即时性、多元性、开放性、互动性及选择性，又造成学生在认知过程中对于参与的强烈渴望、在信息选择过程中的茧房效应，以及认知特点上的碎片化倾向。这些特点，对思政课理论教育形成了巨大的挑战和机遇，一方面学生不再接受传统的灌输模式，质疑、反诘成为教学中教师面临的常态，尤其是茧房效应造成认知的片面化倾向，更加剧了学生对灌输的反感；另一方面，长期的互动式传播使学生形成了强烈的参与热情，有助于教师进一步打破传统课堂"一言堂"的沉闷。

3. 意识形态的挑战

中国共产党已经走过百年历程，世界正处于百年未有之大变局，实现中华民族伟大复兴需要依靠坚定的文化自信提供思想保证、智力支持和精神动力。当前，意识形态领域的斗争日趋激烈，随着美国主导的中美战略竞争骤然升级，美国及其盟友在意识形态领域利用其在网络技术、传统和新兴媒体平台、传统西方价值观等优势之下，与我国展开了激烈的意识形态对抗。2020 年年初新冠疫情突袭而至以来，基于中西方制度、文化等元素差异的意识形态斗争更加激烈，在网络中形成了多轮舆论热点纷争，对我们构建文化自信、凝聚共识、开启中国特色社会主义现代化强国建设新征程，提出了一系列复杂而严峻的挑战。我校地处粤港澳大湾区，既是改革开放的前沿，又是意识形态较量的主阵地之一，学生容易基于一些热点事件，受到线上线下境外势力在意识形态领域的影响，从而对思政课教学形成不利影响。

二、"概论"课教学内容逻辑的整体性构建

"概论"课程实际教学过程中,应注重从多个层次在整体上构建课程内容体系的内在逻辑,引导学生养成纲举目张的线索意识、培养学生的整体性思维。

(一)整体性历史逻辑

"概论"课教学过程,尝试将马克思主义中国化时代化三次飞跃的重大理论成果,在三个层次构建基本历史逻辑。

一是基于实现中华民族伟大复兴的历史进程,将马克思主义中国化时代化三次飞跃的重大理论成果置于中国共产党百年奋斗史的宏大视角,梳理马克思主义中国化时代化三次飞跃的重大理论成果对于中华民族伟大复兴不同阶段任务和成就的指导意义及其贡献,理清其前后接续发展的内在逻辑。

二是基于马克思主义理论发展的历史进程,将马克思主义中国化时代化三次飞跃的重大理论成果置于社会主义发展史和国际共运史的宏大视角,梳理马克思主义中国化时代化三次飞跃的重大理论成果在学习、借鉴苏联经验到实现对马克思主义理论的原创性贡献,阐释中国特色社会主义发展的历史贡献。

三是基于人类社会发展的历史进程,将马克思主义中国化时代化三次飞跃的重大理论成果置于人类社会发展史的宏大视角,充分比较东西方发展模式、发展方案对于人类社会发展的不同意义和价值,并加深对中国式现代化和人类文明新形态的价值认同。

(二)整体性理论逻辑

"概论"课教学过程,尝试将课程主要内容即马克思主义中国化时代化三次飞跃的重大理论成果,在两个维度构建起内在的整体性理论逻辑。

一是要构建与马克思主义之间的内在逻辑。抓住"中国化"的核心问题,运用马克思主义哲学、政治经济学和科学社会主义三大板块的核心理论,阐释马克思主义中国化时代化的必要性,梳理马克思主义中国化时代化三次飞跃的重大理论成果对马克思主义理论的继承和发展,尤其是要运用马克思主义唯物史观关于生产力与生产关系、经济基础与上层建筑基本矛盾的理论,关于人民是历史创造者的理论,解释中国共产党在革命、建设、改革各个时期和新时代各项路线、

方针、政策的必然性和合理性。

二是要构建马克思主义中国化时代化三次飞跃的重大理论成果之前内在的整体逻辑。要抓住既一脉相承又与时俱进的关系，阐释清楚三大理论成果之间"承"了哪些，"进"了什么，要从党的思想路线理清其内在的理论精髓的统一，要从人民至上阐释其价值取向的统一，要从统一战线解释其力量源泉的统一，要从人类命运共同体展现其胸怀天下的统一，要从应对风险挑战说明其敢于斗争、善于斗争的统一，要从党的建设彰显其自我革命的统一。

（三）整体性时代/实践逻辑

"概论"课教学过程，尝试将课程主要内容即马克思主义中国化时代化三次飞跃的重大理论成果，围绕中国共产党百年历史不同阶段的具体实践，构建起内在的整体性时代（实践）逻辑。

社会基本矛盾是推动社会发展的根本动力。社会基本矛盾贯穿于人类社会发展的始终，推动着人类社会由低级走向高级。社会主要矛盾源自社会基本矛盾，是社会基本矛盾的体现。在不同历史时期，呈现不同的、复杂的表现。

"概论"课教学要基于社会基本矛盾，抓住社会生产力和生产关系的矛盾、经济基础和上层建筑的矛盾，也要聚焦于不同时代社会发展过程中所表现的不同的主要矛盾。这是一个政党构建理论、制定政策的实践出发点。

"概论"课教学实践中，要充分把握中国共产党百年奋斗每个历史时期的主要矛盾的演变，引导学生思考其背后的社会基本矛盾，从而从整体上把握马克思主义中国化时代化理论在每个阶段发展的实践基础，理解理论发展的内在联系，明确理论发展的现实合理性。

综上所述，"概论"课的教学，要在中共党史、新中国史、改革开放史、社会主义发展史和中华民族发展史的宏大视野中，聚焦不同历史时期的主要矛盾变化，坚持马克思主义基本原理，与中国实际结合起来，与中国优秀传统文化结合起来，深刻阐释马克思主义中国化时代化三次理论飞跃重大成果既一脉相承，又与时俱进的历史逻辑、理论逻辑和实践逻辑的内在统一。

三、"概论"课教学手段和方法的创新

为了更好地实现思政课在立德树人根本任务上的政治价值，实现思政课在人

才培养上的具体目标，必须要对传统的教学方法和手段改革创新。习近平总书记在 2021 年 3 月 6 日参加全国政协医药卫生界、教育界联组会时明确指出，要善用"大思政课"，"拿着一个文件在那儿宣读，没有生命、干巴巴的，谁都不爱听，我也不爱听"[6]。

"五要件"教学法是马克思主义学院思政课教学方法改革的原则性思路。具体到每门课程中，应该结合课程特点，形成针对性的具体运用。"八素养"培养目标是马克思主义学院人才培养的总体性方向，各门课程根据其课程内容和特点，在全面兼顾的前提下也应有所侧重。"五要件"教学法是形，"八素养"培养目标是实，需在教学的每个环节中，以形带实，充分践行落实人才培养目标。

近年来，在"概论"课改革探索中，主要做了以下尝试：

（一）充分利用翻转课堂，调动学生积极性，发挥学生主动性，尊重学生创造性

在"概论"课教学实践中，将"课前 5 分钟"与教师讲评融合起来，与每次课的课程内容紧密结合起来，给学生布置开放性和规定性题目各一轮，要求学生自由分组，通过深入的小组讨论，协同分工，收集资料，梳理逻辑，整合内容，并派代表小组汇报讲解。其中开放性题目在学生汇报结束后，教师围绕其内容、形式、逻辑以及表达优缺点全面点评，并结合课程内容进行总结。规定性题目，以翻转课堂方式，要求学生结合现实热点，以学生视角讲解理论，在学生讲解过程中，教师以教师视角即时予以补充，师生视角相互启发，实现有效的教学相长。通过这种小组作业汇报方式，辅之以教师点评，有效践行了主导性和主体性、灌输性和启发性的统一，有效训练了学生知识拓展、逻辑思维、辨析批判、团队协作和表达能力，并坚持了政治性和学理性、价值性和知识性、建设性和批判性的相统一，坚定了学生的政治素养。

（二）全方位利用多元教学资源，构建认知体系，阐释理论逻辑

在"概论"课教学实践中，全面分析学生的认知习惯，全方位利用多元教学资源，如各种经典视频、时下热点事件、学生关注的影视剧、课程相关经典文献和领导人著作、地方各类经济政治文化社会资源等，构建"概论"课教学资源库，并及时更新，紧跟时代热点，紧随学生关切，充分体现"概论"课的现实性，也有效调动起学生对课程的关注度。

"概论"课内容极其丰富，同时受限于教师的学科背景、研究方向等客观条件，在有限的学时内无法面面俱到。因此，在实际教学中，围绕前文所述"三个逻辑统一"，通过"重难知识点解析"，给学生构建对课程理论的认知体系，阐释最核心的理论逻辑。通俗地讲就是给学生理一条清晰的线索和主干，针对学生的不同关注和专业特点，引导学生在主干之上，开枝散叶，开花结果，达到举一反三、纲举目张的效果。也就是要全面践行政治性和学理性的统一，体现统一性和多样性的统一，使学生感受理论性和实践性的统一。

（三）探索合理的考核评价体系，尊重学生努力，体现价值肯定

在"概论"课教学实践中，基于教学改革各个环节的实际，在考核评价体系构建中着重体现在以下几个方面：

1. 过程性评价和结果性评价相结合，强化过程性评价

在过程性评价中，充分尊重学生在每个教学环节的参与，优化包括考勤、课堂参与、小组作业、读书报告等各个教学环节的评价权重，体现每个教学环节对学生能力培养的作用。

2. 优化结果性评价方式，切实体现培养目标

在结果性评价中，淡化、弱化中学阶段记忆性题目，强化运用理论解释分析实际问题类型题目的考核要求，强调综合性和系统性考核要求，服务于"八素养"培养目标。

3. 尝试评价主体多元性，调动学生积极性主动性

在评价体系中，增加学生评价的比重。如在小组作业环节的评价中，既坚持教师综合性评价的主导地位，又引入学生自评和小组间、小组内互评环节，尤其是强调自评、互评环节中的态度性评价，尊重学生的付出和努力，调动学生参与的积极性和主动性。

2016年以来，习近平总书记高度关注思政课，围绕加强思政课建设做出了全面部署和系统安排。按照习近平总书记关于思政课的一系列指示和中央加强思政课建设的精神，在学院教学改革的总体原则方案指导下，笔者在"概论"课教学中做了一定的探索，取得了一定的成绩。但必须充分意识到，讲好思政课，落实好立德树人根本任务，还面临着巨大的挑战，理论的蓬勃发展，学生学情的持续变化，现代教学技术的快速更新，意识形态领域的尖锐斗争，都给"概论"课的教学提出了新的课题，唯有久久为功，不断守正创新，按照"六要"标准

做学生的表率,践行"八个统一"讲好思政课,才能真正做到为党育人、为国育才,守好意识形态的责任田。

参 考 文 献

[1][2][3][4][5] 习近平. 习近平谈治国理政(第三卷)[M]. 外文出版社,2020:329,328,329,330,331.

"五要件"教学法在高校思想政治理论课教学中的应用路径探索

——以"毛泽东思想和中国特色社会主义理论体系概论"课为例

李雪丽

【摘要】 "五要件"教学法是基于模块化教学的一种尝试,具体是将课堂分为5个既独立又统一的环节。本文基于"五要件"教学法在"毛泽东思想和中国特色社会主义理论体系概论"课中的具体实践路径进行阐述并提出改进措施,以期继续深化教学,提升教学效果,更好地实现思政课引导教育功能。

【关键词】 "五要件"教学法,思想政治理论课,毛泽东思想和中国特色社会主义理论体系概论课

思政课是落实立德树人根本任务的关键课程,习近平强调:"思政课的本质是讲道理,要注重方式方法,把道理讲深、讲透、讲活,老师要用心教,学生要用心悟,达到沟通心灵、启智润心、激扬斗志。""五要件"教学法突破以往的传统课堂,优化课堂结构,将课堂模块化,使课堂中主体、客体、时间、空间、内容、形式等所有要素充分联动,打造立体化、多元化课堂,力图实现把道理讲"深"、讲"透"、讲"活"。本文将以"毛泽东思想和中国特色社会主义理论体系概论"(以下简称"概论")课程为例探讨"五要件"教学法实施过程中的具体路径及进行相关思考,以期进一步总结经验,提升理论水平,反哺教学。

一、以"五要件"教学法打造模块化课堂

"五要件"教学法将课堂分解为:"课前5分钟""重难知识点解析""视频案例""教学互动""教师讲评"5个既独立又统一的教学模块。

（一）"五要件"教学法充分尊重学生主体性特点，将教师的主导性和学生的主体性相统一，将教和学更好地结合

"五要件"教学法充分尊重学生的主体性特点。习近平说，"思想政治工作从根本上说是做人的工作，必须围绕学生、关照学生、服务学生"，因此尊重学生的主体性特点是上好思政课的根本前提。"00 后"被称作"网络原住民""数字土著"，是被网络影响的一代人，他们受到短视频等新媒体影响，喜欢碎片化阅读，喜欢短而有趣的视频，对枯燥且冗长的理论避之唯恐不及。"五要件"教学法中的"课前 5 分钟"环节利用有吸引力的内容或相应环节将学生思维引进课堂；"重难知识点解析"将广而大的理论拆解，抓重点拎主线；"视频案例"把思政课传统课堂与信息技术深度融合，抓住学生的眼睛与思维，增强课堂效果；"教学互动"更迎合了"00 后"自信、开放、敢说敢做的性格；"教师讲评"最后将课堂回归政治属性，实现思政课的引导教育功能。5 个环节环环相扣，又各具功能，使课堂既严肃又活泼，既有多元化的形式又有深刻的内容，充分尊重了"00 后"学生的主体性特点，又实现了思政课应有的作用。

"五要件"教学法充分发挥教师的主导性，使课堂有"质"有"序"，"质""序"井然。教学过程是教师的主导性与学生主体性的有机结合。教师的主导性是苏联教育学家凯洛夫在《教育学》中提出的，我国教育学家又提出了教学中学生主体性的观点，形成了教师的主导性和学生的主体性有机统一的观点。教师的主导不是传统意义上的教师上面讲，学生下面听，一根粉笔一节课，而是指教师对于课堂的方向、节奏、内容、气氛的掌控。"五要件"教学法正是顺应了教育教学规律，发挥教师主导作用，将课堂模块化，通过"课前 5 分钟"的引导，"重难知识点解析"的梳理，"视频案例"的刺激，"教学互动"的活跃使课堂内容由浅入深，由易到难，由晦涩到生动，最后归于"教师讲评"，教师讲评把握课程走向。所以"五要件"教学法使教师既掌控了课堂的"序"，又把控了课堂的"质"。

（二）"五要件"教学法进一步提升了思政课教师的教学能力

"五要件"教学法每一次进入课堂都锻造提高了思政课教师的理论认知能力、课堂管理能力、教学认知能力、教学操作能力、教学创新能力。"五要件"教学法的模块化设计就是对课堂如何引入，如何解析，如何互动，如何导向进行

设计，一堂好的思政课包含了教师对学生的分析，对教学内容的解析，对课程目标的分析，等等，充分反映了教师的教学认知能力、教学创新能力。其中"课前5分钟"着重体现了教师的教学操作能力，"重难点解析"着重体现了教师的理论认知能力，"视频案例""教学互动""教师讲评"着重体现了教师的课堂管理能力。

二、以"五要件"教学法打造"概论""新"课堂

课堂教学创新是提升思政理论课教学质量的关键，"五要件"教学法把传统课堂模块化，优化课堂环节，突出问题导向，形成了"课前5分钟""重难知识点解析""视频案例""教学互动""教师讲评"5个教学模块相互衔接、立体动态的课堂教学体系。以下为"五要件"教学法在"概论"课上的具体实施过程。

（一）课前5分钟，宁心凝神

这一环节旨在将学生快速引入课堂，"概论"课中运用以下几种方式：

坚持问题导向，将"新闻热点"引入课前5分钟环节。"00后"大学生生长在中国经济发展最为快速的时代，家庭环境相对优越，思想上开放、包容，能与这个多元化的时代很好地相处。但因为学习过程中极为"内卷"的环境，"00后"大学生进入大学后有"躺平"的倾向，加之受网络新媒体等影响，他们缺乏独立思考能力，这种情况极易形成两种极端：一种是对社会漠不关心，"两耳不闻窗外事，一心只读圣贤书"；还有一种就是看待问题不够全面，成为网上所谓的"键盘侠"。因此在"课前5分钟"环节中，我们坚持以学情特点为依托，以学生关注的问题为导向，以小组为单位，选取近期发生的国际国内新闻事件进行详细分析，深刻反思，要求每组必须就相关新闻产生的原因、过程及结果进行总结和分析。课前新闻选择要结合课程特点避免多，讲解避免平，反思避免浅。也可以运用"超星"等平台发布对近期热点新闻看法的调查问卷并就问卷结果一起讨论。如"面对疫情，我们是否能躺平？""书法变为一级学科，你怎么看？"等话题引起学生的兴趣，引导学生正确理解国家的方针政策背后的深意，引导学生全面、辩证地看问题。

坚持政治导向，以"红色经典"补精神之钙。习近平在二十大报告中指出：我们要"弘扬以伟大建党精神为源头的中国共产党人精神谱系，用好红色资源，

深入开展社会主义核心价值观宣传教育,深化爱国主义、集体主义、社会主义教育,着力培养担当民族复兴大任的时代新人"。党的百年奋斗锻造了走在时代前列的中国共产党,形成了以伟大建党精神为源头的精神谱系。在"课前5分钟"这一环节分小组讲述"红色故事",诵读"红色经典",学习"精神谱系",演唱"红色歌曲"。以讲、诵、学、唱等多种形式将党史融入"概论"课中,通过"红色经典"引导新时代大学生坚定信仰,勤学笃行,为实现中华民族伟大复兴贡献自己的力量。

另外,也可用与课程相关的微视频,用"学习通"发布随堂练习等方式激发学生的思维。

通过课前5分钟的引导,使学生宁心凝神,从而顺利进入课堂的下一个环节。

(二)"重难知识点解析"环节抓重点,拎主线

在这一环节中以问题为导向,抓重点,拎主线,将"概论"课重难点问题讲清讲透。

"概论"课具有不同于其他政治课的鲜明特点即政治性与科学性的有机统一、理论和实践的有机统一、理论的深度和广度的有机统一、真理性与实效性的有机统一。"概论"课的特点决定了在讲课过程中无法做到面面俱到,因此要抓重点、拎主线,设置问题,引导学生思考。

拎主线,清脉络。"概论"课理论深且范围广,因此需要拎出课程主线,搞清课程脉络。如"马克思主义中国化历史进程"就是本门课程主线,"中国化马克思主义"就是本门课程的主题。以主线的推进带动主题的讲解,以实践过程引出理论的解析,最终使学生能够深刻理解马克思主义中国化与中国化的马克思主义的辩证统一关系。使学生能更深刻领会中国共产党为什么"能",中国特色社会主义为什么"好",归根到底是马克思主义"行",是中国化时代化的马克思主义"行"。

抓重点,设问题。"概论"课三大专题对应不同的时代之问,可在每专题开始前先设问,引导学生思考。如绪论部分可设置:"为什么马克思主义要中国化?"第一专题可设置:"为什么说没有共产党就没有新中国?"第二专题可设置:"如何理解中国特色社会主义?"第三专题可设置:"如何理解习近平所说'现在是中华民族最接近伟大复兴的时刻'?"等等。

设置问题可通过微信群,也可通过"学习通"提前布置,或者现场发布已经设置好的随堂练习。通过设置问题,可引导学生关注重点问题,探究答案真相,教师亦可做到纲举目张。

(三)视频案例,画龙点睛

习近平总书记强调:"要运用新媒体新技术使工作活起来,推动思想政治工作传统优势同信息技术高度融合,增强时代感和吸引力。"自媒体时代,学生对于视频的接受度要远远高于课堂讲授,在教学中适当穿插视频可以增强教学效果。

视频的选择应恰如其分。教师课前应充分备课,选取与课程相符的相关视频,并符合"三准"要求,即政治准、时长准、内容准。避免出现消极应付课堂而选择长时间视频,避免为满足学生猎奇思维而选择内容偏差的视频,更不能选择政治上有错误的视频。

视频的使用应各尽其职。教师课前应进行精心的教学设计,一堂完整的思政课不仅包括课堂的几十分钟,还应包括课前预习和课后巩固。因此,视频案例可以进行全方位融入。"概论"课视频案例引入主要采取课前中长视频、课中短视频、课后系列视频等方式,达到在课前引导思考、课中加深理解、课后巩固提升的效果。如课前提前通过"学习通"等软件发布与本节课相关的预习视频,时长可达 20~30 分钟,如《零容忍》《巡视利剑》等。课中可选择 5~8 分钟的短视频,如《百炼成钢》等。课后可选择电影或者电视剧等系列视频作为巩固,如《觉醒年代》《历史转折中的邓小平》等。

(四)教学互动,打造生动课堂

以新工具为杠杆打造线上线下混合联动的立体课堂。课堂中随时可通过"学习通"等教学软件发布与课堂相关的调查问卷、投票、随机选人回答问题等方式增加与学生的互动,把传统以"教"为主的课堂变成"教"与"学"的双向互动,增强学生的参与感与获得感,真正打造以学生为主体、以教师为主导的新课堂。比如在讲到新民主主义革命思想形成背景时可以提前设置题为"你如何看待侵华有功论?"的调查问卷,可投屏现场查看问卷情况,并有意请不同观点的同学详述观点、现场辩论,最后教师讲评,引导学生正确看待此类问题,让思政课真正发挥"讲道理"的功能。

以新媒体为媒介打造新时代新课堂。"00后"学生从小生活环境优越，又是互联网时代的原住民，所以他们自信，开放，国际化，爱玩，爱尝试，爱创造。思政课可以利用"00后"大学生的特点，改变传统的"写论文"等作业模式，让他们"做"和"讲"。"概论"课把整班学生分为若干小组，发布多种形式的小组作业，用多元化手段打造思政课的多元化模式。比如发布与课程相关的主题，让学生围绕主题去创作，可以采用各种形式，比如舞台剧，或拍摄微视频，微党课等方式，多角度、多形式去调动挖掘学生的天赋、兴趣和团队合作精神。

小组作业成品需在课堂展示PK。作业展示时需所有组员参与汇报，讲述制作过程，参与工作，经验分享。展示作品后全体同学参与评价，取其精华，弃其糟粕。展示后本组组长总结经验，反思缺陷，最后教师点评，把握政治方向。经过这样的布置、制作、展示、交流、反思、点评，学生们会有极强的团队意识，会有极强的获得感。比如曾经布置过的"大学生活""反腐倡廉""为建党100周年献礼""精准扶贫"等课题均获得了很好的成果，有的学生还把五四运动搬上了课堂，有的拍出了质量很高的微视频。

通过新工具、新媒体的互动方式使学生完成了理论与实践的双向互动。通过"小组作业"驱动，学生在深入理解主题的过程中实践，又在实践中加深了对理论的认识，通过这样的双向互动潜移默化地使"概论"课内容入脑入心，由此教师做到了把道理讲"活"。

（五）教师讲评，把握政治方向

政治引导是思政课的基本功能。习近平总书记强调，思政课无论怎么讲，"最终都要落到引导学生树立正确的理想信念、学会正确的思维方法上来"。青少年处在人生"拔节孕穗期"，形成怎样的理想信念，是胸怀大我、与党和国家的前进方向相一致，还是沉浸在自己的"小小悲欢"之中，甚至误入歧途，这不仅对个人，而且对国家和社会，都至关重要。"概论"课程中课前演讲、视频案例、小组作业如果是课堂的"放"，那么"教师讲评"就是课堂的"收"。"收"就是要回归到思政课的政治引导功能上来。2018年腾讯QQ携手《中国青年报》发布了《"00后"画像报告》，显示"00后"绝大多数人认同传统价值观和主流价值观，对当下中国评价较高。通过"概论"课程的学习，应该进一步增强青年学生对于中国特色社会主义道路、理论、制度、文化的自信，鼓励大学生把实现中国梦与个人梦有机结合，成为中华民族伟大复兴的中坚力量。

三、"五要件"教学法在"概论"课实践过程中的启发

经过几年的实践,"五要件"教学法在"概论"课教学实践中效果良好,但也有一些问题及启发。

(一)"课前5分钟"内容选取要精准

这一环节主要是快速把学生的思维拉进课堂,所以内容选择上一定要考虑学生的兴趣点,如选择学生不感兴趣的话题则起不到"宁心凝神"的效果。

(二)"视频案例"选择不宜过长过多

学生虽然对视频感兴趣,但过长的视频会使学生产生思维涣散、注意力不集中的后果,所以视频案例选择上内容一定要紧贴主题,时间把控在5分钟左右,不可时间过长,但可多次穿插。

(三)"教师点评"是课堂的画龙点睛

习近平说:"思政课教师,要给学生心灵埋下真善美的种子,引导学生扣好人生第一粒扣子。""教师点评"是每堂课的收尾,有句俗语"编筐编篓,全在收口",所以能够让学生把道理学深学透全在最后的这一环节。大学生的"三观"仍未成熟,看问题不够深刻和全面,教师应该引导学生树立正确的人生观、价值观,引导学生增强四个自信,做个自信的中国青年。

习近平总书记强调:"思想政治理论课要坚持在改进中加强,提升思想政治教育亲和力和针对性,满足学生成长发展需求和期待。""五要件"教学法是起点但不是终点,对于"概论"课如何真正能入脑入心,我们将继续探索,与时俱进。

对"八素养"培养目标和"五要件"教学法在高校思政课课堂教学中应用的探析

——以"毛泽东思想和中国特色社会主义理论体系概论"课程为例

石 霖

【摘要】 习近平总书记在2019年3月18日主持召开的学校思想政治理论课教师座谈会上提出思政课要坚持"八个统一"。2022年4月25日，习近平总书记在中国人民大学考察调研时指出："思政课的本质是讲道理，要注重方式方法，把道理讲深、讲透、讲活。"党的二十大报告指出："全面贯彻党的教育方针，落实立德树人根本任务，培养德智体美劳全面发展的社会主义建设者和接班人。"北京理工大学珠海学院马克思主义学院以"立德树人""培养德智体美劳全面发展的社会主义建设者和接班人"为核心，按照"学生为主体、教师为主导"的教学理念，提出"八素养"培养目标和"五要件"教学法。"毛泽东思想和中国特色社会主义理论体系概论"（以下简称"概论"）课程和中国发展联系紧密，理论体系庞大，涵盖范围广，时间跨度长，在课堂教学中结合课程特点应用"八素养""五要件"教学法，取得了让理论入耳、入脑、入心，让学生真懂、真学、真用的可喜效果。

【关键词】 高校思政，课堂教学改革，"八素养"，"五要件"

一、引言

"培养什么人、怎样培养人、为谁培养人是教育的根本问题。育人的根本在于立德。"[1]思政课在立德树人方面，发挥着不可替代的作用，是铸魂育人，为党培养一批又一批社会主义合格建设者和可靠接班人的关键课程。因此，思政课教育搞得好不好，关乎党和国家的前途命运，关乎全面建设社会主义现代化强国的第二个百年奋斗目标能否顺利实现，关乎个人的幸福和长远发展，是国之大计、党之大计、民之大计。当今世界正经历百年未有之大变局，中华民族伟大复兴正处于关键时期，两个大局相互交织、相互激荡。"中国特色社会主义进入新时代，我国社会主要矛盾已经转化为人民日益增长的美好生活需要和不平衡不充分的发展之间的矛盾。"[2]与此同时，"经过全党全国各族人民持续奋斗，我们实现了第一个百年奋斗目标，在中华大地上全面建成了小康社会，历史性地解决了绝对贫困问题，正在意气风发向着全面建成社会主义现代化强国的第二个百年奋斗目标迈进"[3]。面对错综复杂的国际环境带来的新矛盾新挑战，面对我国社会主要矛盾变化带来的新特征新要求以及全面建成社会主义现代化强国、实现第二个百年奋斗目标的中心任务，通过创新课堂教学模式，用"八素养"培养目标和"五要件"教学法，让思政课入耳、入脑、入心，让学生真懂、真学、真用。引导学生深刻认知中国共产党为什么能，中国特色社会主义为什么好，归根到底是马克思主义行，是中国化时代化的马克思主义行；深刻认知新时代党和国家事业取得的历史性成就、发生的历史性变革，做有理想、敢担当、能吃苦、肯奋斗的新时代好青年。

二、"八素养"培养目标和"五要件"教学法的内涵解析

习近平总书记在 2019 年 3 月 18 日主持召开的学校思想政治理论课教师座谈会上，明确提出思政课要坚持"八个统一"，即政治性和学理性相统一，价值性和知识性相统一，建设性和批判性相统一，理论性和实践性相统一，统一性和多样性相统一，主导性和主体性相统一，灌输性和启发性相统一，显性教育和隐性教育相统一，明确指出"只有打好组合拳，才能讲好思政课"。根据这一指导思想，北京理工大学珠海学院马克思主义学院提出基于"八素养"培养目标和"五要件"教学法（以下简称"八素养""五要件"）的思政课教学改革方案。

何谓"八素养"？即重点培养、提升学生政治认同、知识拓展、辨析批判、逻辑思维、道德修养、法律意识、实践创新和团队合作八种素质。"八素养"层次分明，目标明确，涵盖了学习、工作、生活多个方面。提升政治认同的同时，注重学生个人能力的提高、个人修养的提升以及对未来职业发展必备素质的培养，实现思政课铸魂育人的效果。

何谓"五要件"？按照以学生为主体、以教师为主导的教学理念，坚持"主体性与主导性的统一"，围绕"八素养"培养目标，建构"课前5分钟""重难知识点解析""视频案例""教学互动""教师讲评"5个紧密联系、前后贯通、有机统一的课堂教学体系。增强思政课的思想性、理论性、针对性和亲和力。

结合这一教学改革方案，在"毛泽东思想和中国特色社会主义理论体系概论"（以下简称"概论"）课程课堂教学中实践"八素养""五要件"，激发学生思维活力，推动思政课提质增效，效果明显。

三、"八素养""五要件"在"概论"课中的具体应用

在各门思政课中，"概论"课和中国发展联系最为紧密，理论体系庞大，涵盖范围广、时间跨度长。要充分考虑课程特点，把握好原则性和灵活性的统一。

（一）激发活力的"课前5分钟"

良好的开端是成功的一半，一堂课的效果是否理想，起始很重要。不同于传统的案例、视频、问题以及课前展示等课程导入方式，"课前5分钟"按照学生自由组队、提前按小组布置与课程内容相关的主题、学生上台分享成果、教师和其他小组提问、小组成员相互打分、各小组互相打分、教师点评的流程开展。要求学生将主题学习成果、讨论过程，制作成视频在课前进行分享并配以PPT讲解。从学生拍摄的视频中，可以明显感觉到学生针对不同的主题所表达的情绪，或充满自豪，或义愤填膺，或深情告白。同时要求分享成果必须由小组成员共同完成，分享时要明确每个小组成员的分工，奖勤罚懒是小组成员内部打分最高原则。通过"课前5分钟"，不但在上课伊始就调动学生迅速进入学习、思考状态，还可以极大地调动学生课后学习的积极性和主动性，提高学生的实践创新能力和团队合作精神。

"课前5分钟"的质量重点取决于主题设置、教师对气氛的把控和教师点评。主题一定要和课程内容紧密结合，可以和本次课程内容相关，也可以和前后几次课的同一个大专题相关。比如"毛泽东思想"中的"新民主主义革命理论"部分，可以设置关于中国革命道路或者新民主主义文化等主题，也可以设置关于"实事求是、群众路线、独立自主"毛泽东思想活的灵魂的主题。但切忌跨专题

设置主题,从而导致"课前5分钟"同之后的环节无法衔接。同时,"课前5分钟"的形式应多样,气氛应轻松,但主题要严肃,师生态度要认真。活泼放松不代表课堂一团乱,教师要时刻注意把控节奏,严肃活泼都要有度。教师点评要从小组成果的原创性、创新性、表现力、逻辑思维缜密性、图像声音清晰度、流畅性及回答问题的表现等方面展开,有的放矢。

(二)抓住关键问题的"重难知识点解析"

"概论"课理论体系庞大,涵盖范围广,时间跨度长,内容同其他几门思政课存在很多交叉。因此,要尽量避免知识的重复讲授,授课过程中要抓住重点、难点。"我们党的历史,就是一部不断推进马克思主义中国化的历史,就是一部不断推进理论创新、进行理论创造的历史。"[4]"实践告诉我们,中国共产党为什么能,中国特色社会主义为什么好,归根到底是马克思主义行,是中国化时代化的马克思主义行。"[5]"概论"课要讲清楚每一个理论形成的时代背景、社会历史条件,回答了哪些重大时代课题,理论的一脉相承如何体现。让学生深刻理解中国特色社会主义道路、制度、理论、文化如何得来,中国为何必须走自己的路,进而使学生坚定"四个自信"、增强"四个意识"。

(三)理论与现实相契合的"视频案例"

理论是抽象的,但是科学的理论一定是来源于实践并且经过实践检验的。一个重大指导理论被创造出来必须能解决现实矛盾,所以理论也是具体的。我们在不同时期、不同阶段都面临着不同的社会主要矛盾,这些矛盾如何得出?如何在理论的指导下解决矛盾?因此,讲道理不能光有抽象的理论,一定要将理论联系实际。一方面要紧紧围绕理论重点、难点进行解析,一方面要辅以具体事例。结合重大历史事件、重大现实热点事件,去分析成败、得失。案例一定是具体的、准确的、鲜活的,要和讲授内容紧密结合并且可以凸显主题,避免为了举例而举例,更要避免在课堂上出现理论与现实无法契合的两条线的情况。

(四)以学生为主体的"教学互动"

真理越辩越明。通过讨论、辩论来获取知识,让学生在探讨问题的过程中了解中国的发展历程,体会中国特色社会主义制度的优越性,更容易使学生产生共鸣。需要注意,"教学互动"环节的问题设置十分重要,直接决定了学生是否愿意积极主动参与讨论。因此,问题要真,要敢于触碰深层次的复杂性问题,要能通过对问题的探讨帮助学生破除思想迷雾、解答疑惑。

比如通过讨论近代中国为什么会爆发革命,如何看待鸦片战争之后西方的思想、技术传入中国促使近代中国爆发了革命的论断,使学生看清侵略有功论的本质。通过讨论如何看待当下神化毛泽东和妖魔化毛泽东的现象,如何理解不能用改革开放后的历史时期否定改革开放前的历史时期,也不能用改革开放前的历史时期否定改革开放后的历史时期,引导学生坚定地反对历史虚无主义。通过讨论资本主义民主和社会主义民主的区别,使学生清楚明白:"我国是工人阶级领导的、以工农联盟为基础的人民民主专政的社会主义国家,国家一切权力属于人民。人民民主是社会主义的生命,是全面建设社会主义现代化国家的应有之义。全过程人民民主是社会主义民主政治的本质属性,是最广泛、最真实、最管用的民主。"[6]

此外,问题的设置还需注意紧扣主题,因为无论什么样的问题,什么样的讨论方式,归根结底,是要为内容和理念服务的,避免为了提问而提问。通过互动让课堂活跃起来,但不是一锅热粥式的乱沸,而是营造一种轻松的讨论氛围。整个过程教师要注意把握节奏,引导学生紧紧围绕核心议题发表观点。最终通过"教学互动"环节,锻炼学生分析问题时理论知识的运用能力,不断提高学生的政治认同、法律意识、道德修养,培养学生的逻辑思维和辨析批判能力。

(五) 发挥主导作用的"教师讲评"

无论设置多少环节、形式多么丰富、课堂气氛多么活跃,教师主导地位不能丢。"教师讲评"就是针对以上各个环节的总结、梳理、讲解、点评。"教师讲评"不是一个独立的环节,而是要贯穿于课堂教学各个环节之中,起到答疑解惑、引导学生回归价值理念和马克思主义立场的作用。这个作用发挥得好不好,关键看道理讲得透不透。习近平总书记在中国人民大学考察时指出:"思政课的本质是讲道理,要注重方式方法,把道理讲深、讲透、讲活。"不把本质的东西讲清、讲透,直接向学生抛出结论,理论就会流于表面。

思政课不是简单的政治宣传,不是简单的唱唱赞歌,一味地喊口号、唱赞歌并不能使学生信服。要聚焦问题,摆事实、讲道理,通过分析现象和理论的底层逻辑,引导学生探究其本质,使学生正确把握党的百年奋斗历程的历史逻辑、实践逻辑、理论逻辑,理解中国特色社会主义事业来之不易,正确认识实现中华民族伟大复兴过程中遇到的复杂问题和矛盾,进而帮助学生树立政治意识、大局意识、核心意识、看齐意识,激发学生主动投身于中华民族伟大复兴事业的积极性、主动性、创造性。

四、结语

"八素养""五要件"是一个紧密联系、前后贯通、有机统一的课堂教学体系。在具体实施过程中,必须坚持政治性与学理性的统一,建设性与批判性的统一。要坚持学生主体和教师主导的统一,教师主导是关键,要做到语言生动、讲解到位、答疑精准、举例鲜活、方式灵活。这就要求任课教师自身的知识储备既要有广度,又要有深度,既要不断加强理论学习,又要随时观察新事件、新现象,要有胸怀天下的大格局和贯通古今中外的大视野。在世界百年未有之大变局和两个一百年的历史交会期,任课教师自身对历史、现实、未来都要有更加准确的把握。要善于"用党的科学理论武装青年,用党的初心使命感召青年,做青年朋友的知心人、青年工作的热心人、青年群众的引路人"[7]。

参 考 文 献

[1] [5] [6] [7] 习近平. 高举中国特色社会主义伟大旗帜 为全面建设社会主义现代化国家而团结奋斗——在中国共产党第二十次全国代表大会上的报告 [M]. 北京:人民出版社,2022.

[2] 习近平. 习近平谈治国理政(第三卷)[M]. 北京:外文出版社,2020.

[3] 习近平. 习近平谈治国理政(第四卷)[M]. 北京:外文出版社,2022.

[4] 习近平在党史学习教育动员大会上的讲话 [EB/OL] (2021-02-20) [2023-02-05] http://www.qstheory.cn.

"五要件""八素养"思政课教学改革实践探究

——以"毛泽东思想和中国特色社会主义理论体系概论"课程为例

邱继伟

【摘要】 思想政治理论课是落实立德树人根本任务的关键课程，而"毛泽东思想和中国特色社会主义理论体系概论"（以下简称"概论"）课又是高校思政课体系中一门重要的核心课程。针对思政课"抬头率不高、认同度不够、获得感不强"等痛点，学院于2015年推行"五要件""八素养"思政课教学改革方案。"概论"课教师团队依据"概论"课理论性、历史性、时政性等课程特点和具体学情分析，积极探索、守正创新，形成按照"三大逻辑相统一"原则的教学内容专题化和教学形式多样化的改革特色。本文旨在总结教改经验、寻求解决现实困境的科学对策，增强"概论"课教学改革的实效性，提高学生的抬头率和点头率，增强学生学习思政课的获得感，努力培养堪当民族复兴大任的时代新人。

【关键词】 专题化，混合式，翻转课堂，困境对策

十八大以来，国家高度重视思政课建设，在2019年3月18日召开的全国高校思想政治工作会议上，习近平总书记强调思政课要坚持在改进中加强，在创新中提高，及时更新教学内容、丰富教学手段，不断改善课堂教学状况，防止形式化、表面化，等等[1]。2019年8月，中共中央办公厅、国务院办公厅印发的《关于深化新时代学校思想政治理论课改革创新的意见》，进一步强调落实思政课立德树人的根本任务，把加强和改进思政课建设摆在突出位置。

2022年10月16日，习近平总书记在中国共产党第二十次全国代表大会上作报告，强调"要把青年工作作为战略性工作来抓，用党的科学理论武装青年，用党的初心使命感召青年，做青年朋友的知心人、青年工作的热心人、青年群众的引路人"。青年和青年工作被再次提到如此重要的战略高度，为思政课改革指明

了方向。

针对思政课"抬头率不高、认同度不够、获得感不强"等痛点，2015年学院主动推行"五要件""八素养"教学改革。"五要件"即指"课前5分钟""重难知识点解析""视频案例""教学互动""教师讲评"5个教学要件[2]；"八素养"即指政治意识、知识拓展、逻辑思维、辨析批判、道德修养、法律意识、实践创新和团队合作等综合素养。"五要件"改革侧重于教学手段、教学方法的改革，"八素养"改革侧重于教学内容，在教学改革实践中二者形成有机整体，相互协调，不可分割。

一、教学内容专题化，强调"三个逻辑相统一"

伴随着思政课教学改革的推进，近年来高校思政课专题式教学、互动式教学、实践性教学、多媒体教学，以及慕课、微课、微电影、文艺展演等教学方式不断涌现，大大地提升了教学效果。

2013年1月5日，习近平总书记在新进中央委员会委员、候补委员学习贯彻党的十八大精神研讨班上指出："中国特色社会主义，是科学社会主义理论逻辑和中国社会发展历史逻辑的辩证统一。"[3]在党的十九大报告中，习近平总书记强调"中国特色社会主义政治发展道路是近代以来中国人民长期奋斗的历史逻辑、理论逻辑、实践逻辑的必然结果，是坚持党的本质属性、践行党的根本宗旨的必然要求"[4]。

从"两个逻辑相统一"到"三个逻辑相统一"的提出，为我们全面理解马克思主义中国化理论成果的科学内涵、精神实质，深刻认识中国化马克思主义既一脉相承又与时俱进的理论品质，系统把握马克思主义中国化时代化理论成果所蕴含的马克思主义立场、观点和方法，坚定中国特色社会主义道路自信、理论自信、制度自信、文化自信，提供了重要的方法论意义。

历史逻辑是理论逻辑的基础，历史逻辑产生了理论逻辑，理论逻辑贯穿于历史逻辑中，指导历史逻辑的发展，并在历史逻辑中发展自身。理论逻辑、历史逻辑统一于实践逻辑，都是实践逻辑的科学反映。

按照"三个逻辑相统一"原则，通过专题化教学改革不断地凝练教学内容，将教材体系转化成教学体系，积极引导学生运用"三个逻辑"分析问题、解决问题，树立正确的大历史观，坚定"四个自信"，做中国特色社会主义事业的建设者和可靠接班人。这与党的十九届六中全会通过的《中共中央关于党的百年奋斗重大成就和历史经验的决议》中强调的"三个逻辑"也是相符的。

依据教材结构及其内在逻辑,牢牢抓住"马克思主义中国化时代化"这一主线,重构教学内容。第一至四章为专题一:毛泽东思想,是马克思主义中国化的第一次历史性飞跃;第五至七章为专题二:中国特色社会主义理论体系(邓小平理论、"三个代表"重要思想、科学发展观),是马克思主义中国化的第二次历史性飞跃;第八至十四章为专题三:习近平新时代中国特色社会主义思想,依然属于中国特色社会主义理论体系,是马克思主义中国化新的飞跃。

因专题三的理论内容丰富,继续按照"三个逻辑相统一"原则进一步凝练出七个问题:第一,"新时代"——"新思想"产生的时代背景;第二,"中国梦"——"新时代"的总任务;第三,"新思想"——主要内容和历史地位;第四,"五大发展理念"——贯彻落实"新思想"的顶层理念,在教学中将"五大发展理念"的内容多角度地融入,可以融入"五位一体"总体布局各方面以及人类文明新形态等内容,实现教学内容的融通,培养学生的系统思维;第五,"四个全面"战略布局——贯彻落实"新思想"的战略抓手,重点强调党的建设新的伟大工程,从坚持和加强党的领导到改善党的领导再到党的自我革命的逻辑必然进行系统梳理,从而加深学生对重要理论的系统认识和理解;第六,总体国家安全观——贯彻落实"新思想"的保障;第七,中国特色大国外交——贯彻落实"新思想"的外部环境。

教学内容专题化重构,使得三大专题之间和各专题内部逻辑更加清晰,每一专题都注重科学社会主义理论逻辑和中国社会发展历史逻辑、实践逻辑分析,围绕不同时期中国共产党面临的主要历史任务和中国社会主要矛盾,坚持把马克思主义基本原理与中国具体实际相结合,与中华优秀传统文化相结合,运用马克思主义基本立场、观点、方法回答中国革命、建设和改革实践中的重大时代课题,形成不同历史时期马克思主义中国化的理论成果,实现理论逻辑、历史逻辑、实践逻辑的有机统一,结合"五要件"教学改革中的具体环节,整体提高学生政治意识、知识拓展、逻辑思维、辨析批判、道德修养、法律意识、实践创新和团队合作等综合素养。

中华文明5 000多年的历史、世界社会主义500多年的历史、中华人民共和国70多年的历史、改革开放40多年的历史逻辑充分证明,没有中国共产党,就没有新中国,就没有中华民族伟大复兴。

在中国特色社会主义发展中坚持马克思主义科学社会主义理论逻辑，关键就在于坚持马克思主义世界观、方法论，坚持无产阶级解放乃至人类解放的价值取向，坚持运用马克思主义立场、观点、方法分析社会主义实践。

中国社会发展的实践逻辑，即中国共产党的百年奋斗史、中国共产党的百年理论创新史，都是围绕解决中国革命、建设、改革的实践问题而展开。

总之，"三个逻辑相统一"是理论学习和理论教学中一种行之有效的方法，掌握这种综合分析方法，有助于科学把握各种理论形成的社会历史条件、理论的内容及其历史地位，在逻辑分析中深刻掌握中国化马克思主义理论既一脉相承又与时俱进的关系，培养系统思维、辩证思维、比较思维，教学中通过社会热点和现实案例的结合，增强学生的政治意识、法律意识，在辨析批判中提高学生的道德修养，在课内实践中提升学生的团队合作和实践创新能力。

二、教学形式多元化，强调灵活综合运用

（一）课前 5 分钟

基于"概论"课时政性强的特点，引入热点新闻和鲜活案例将为概论课堂注入生机活力，"课前 5 分钟"主要通过组织各组选派一名学生代表，上台进行 3 分钟左右的新闻播报、时政新闻眼、热点追踪等主题演讲，给学生创造展示自我和公开表达的机会，演讲后请同学现场点评，通过点评提高学生即兴表达能力和逻辑思维能力，点评中也可碰撞出思想的火花，随后教师进行综合点评。通过该教学环节，使学生在知识拓展、辨析批判、政治意识、法律意识等综合素养方面有所提高。

（二）基于线上线下混合式教学的重难知识点解析

"概论"课内容繁多，要想在有限的学时内系统深入地完成全部理论学习，几乎不可能。而现代信息技术的广泛应用，为思政课学习扩展了空间，如今在教育领域已经形成了"思政课+"和"互联网+"的教育新理念。传统教学模式已经无法适应现实社会的受教育需求，教师不能再以填鸭式的教学方式授课，学生已经不再是被动接收者[5]。线上线下混合式教学模式克服了传统式教学模式的弊端，学生成为学习知识的主动者，主要通过"学习通"平台开展线上自主学

习，拓宽学习视野，教师设定自主学习内容，学生在规定时限内完成学习任务、提交课程作业，线上学习的综合得分将成为平时考核的重要依据，以此充分调动学生线上自主学习的积极性，培养学生良好的学习习惯。师生间可通过"学习通"平台、微信班群、QQ群等进行及时有效的沟通和信息反馈，增进师生感情。

（1）自建线上课程。教师根据教学内容，联系教材与现实，精心制作线上课件，挑选优质课程资源，包括音频、视频、拓展阅读部分书目、时事热点、领导人重要讲话等，教师可以通过网页版和手机版、电脑终端、手机App等自建课程，实现课程资源、试题库、作业库共享。资源重点突出理论逻辑、历史逻辑、现实逻辑，培养学生自主学习能力和系统思维。

（2）设定自学任务。教师依据教学内容、教学目标设计自学任务，任务点难度呈阶梯递增，教师通过教学平台发布学习通知，强调任务点完成的截止时间，督促学生养成良好的自主学习习惯。同时，将任务点的完成情况以及资源点击率与平时成绩挂钩，借助学习平台最大化地实现学生考核指标的公平。

（3）跟进学生答疑。教师可根据学生在学习平台上的学习、讨论等参与活动情况，及时了解学生学习动态，为学生答疑解惑，增进师生互动，增进师生间的感情和信任，形成良性的沟通模式。同时，教师可以根据学生线上自学数据统计，更加详细地了解学生的理论困惑，在线下教学中重点讲授，真正地实现教学重难点的有的放矢，让学生更有获得感。

学习通平台将记录学生自主线上学习任务点的完成情况以及单元测验的整体完成情况，教师通过平台可以及时发现学生预习知识点的掌握情况，在课堂教学中将进行有针对性的讲解，突出重难点，帮助学生答疑解惑，提高教学效果。

（三）视频案例注入课堂活力

"概论"课内容多、覆盖广，视频案例资源丰富，因此教师需要精挑细选与课程内容相关的典型案例和微视频，讲课过程中坚持问题导向，引导学生带着问题观看微视频，通过视觉冲击，提高课堂抬头率，并加深对理论的理解。

（四）教学互动之翻转课堂

除了课堂提问环节师生进行教学互动外，翻转课堂是新形势下教学模式与教学方式的创新，优势在于能够充分调动学生学习的积极性[6]，培养学生的资源整合能力、阅读能力和问题意识，培养学生的团队合作精神，教师为学生搭建展示自我的平台，通过小组成员集体思考、选出代表进行主题汇报的形式，活跃课堂氛围，同时，培养学生的系统思维、逻辑思维和团队合作意识，使学生能够辩证分析、科学判断现实社会问题，为未来步入社会、积极投身到工作岗位奠定坚实的思想基础。

各小组选出1~2位学生代表进行专题演讲，演讲后教师、各小组组长、全班学生进行线上线下同步点评，教师对线上线下学生的点评应给予适当的表扬鼓励，同时，对所讲的主题内容进行有理论深度的补充讲解，注重历史逻辑、现实逻辑、理论逻辑的统一，使学生更加透彻地理解所讲的专题内容，实现教师主导性和学生主体性的有机统一，更好地提升课堂教学效果。

（五）教师讲评

教学活动中，每当学生进行课堂参与，如演讲、汇报等展示后，师生点评是必要环节，尤其是教师讲评对于学生来说具有非常重要的意义，展示的同学希望听到教师客观真实的鼓励和肯定，同时也希望教师指出不足，避免下次出现类似的问题，教师在理论深度上的讲评，更是同学们心之所盼，因此，教师讲评环节是对教师理论水平和逻辑思维等方面的综合考验，需要教师在日常的学习、工作中不断地提升自己的讲评能力。

三、"概论"课"五要件""八素养"教学改革的困境对策

思政课的政治性、思想性、学术性、专业性是紧密联系在一起的，其学术深度广度和学术含金量不亚于任何一门哲学社会科学。伴随着教学改革实践的不断推进，在教学改革中同样面临一些困境。

首先，思政课不同课程间存在内容交叉问题，"概论"课与"中国近现代史纲要"课、"马克思主义基本原理概论"课都存在知识交叉问题，如何减少知识交叉、避免重复学习，需要思政课程教师集体研讨，早日确立各门课程逻辑严谨、系统完整的内容讲授方案。

其次，在混合式教学改革实践中，线上课程的精心打造和实时更新，确实需要花费大量的课余时间，与教师科研投入时间会产生一定的冲突，需要教师集体合作，进行适当任务分工，减轻个人建课的负担，同时避免个人知识和思维的

局限。

尽管教师积极搭建了学习平台,但部分学生依旧未养成自主学习的好习惯,就任务点的完成情况来看,还存在个别学生未能及时完成的现象,进而影响到学生的平时成绩。因此,还需要教师通过学习平台或班级微信群发布任务未完成的通知或群公告,提醒学生及时完成学习任务。可见,混合式教学需要教师投入更多的时间和精力。

再次,在翻转课堂的教学实践中,仍然存在个别同学"划水"的现象,要想充分调动每一位同学参与的热情,还需要在考核评价指标上不断创新,营造各组竞争的课堂氛围,激励同学认真地对待自己的课堂表现,获得更优的平时成绩,尽可能地减少"划水者",培养学生对自己负责、勇于担当的优秀品质。

最后,"概论"课程内容涉及的领域过多,教师受专业知识局限,必然对某些领域知识的理解存在理论欠缺的情况,对某些信息技术的应用存在不够熟练等情况,必须转变观念,增强科研意识,积极申报课题进行理论研究,提升自身的理论水平,有效结合现实问题阐释理论,使学生的学习真正地入脑入心。

在全国学校思想政治理论课教师座谈会上习近平总书记强调"办好思想政治理论课关键在教师",思政课教师使命光荣、责任重大,思政课教学改革创新仍在路上。

参 考 文 献

[1] [3] [4] 习近平. 思政课是落实立德树人根本任务的关键课程 [EB/OL]. (2020-08-31) [2022-12-09]. https://www.gov.cn/xinwen/202008/31/content_5538760.htm.

[2] 王庆华."五要件"教学法在高校思想政治理论课教学中的应用——以"中国近现代史纲要"为例 [J]. 集宁师范学院学报, 2016, 21 (4): 95-97.

[5] 耿雪莲. 高校思政课混合式教学模式实施路径探析 [J]. 兰州教育学院学报, 2019, 35 (8): 130-131.

[6] 李柳. 高校思想政治课自建在线课程及混合式教学探索——以"毛泽东思想和中国特色社会主义理论体系概论"课为例 [J]. 产业与科技论坛, 2020, 8 (2): 173-174.

高校思政课教学改革实践探索

——以"五要件"教学法应用研究为例

任 艳

【摘要】 本文围绕教师在思政课教学改革"五要件"教学法实施过程中应用不充分,"五要件"整体融合度不高,各环节设置贴合度不强,"以学生为中心"理念在教学实践中贯彻运用深度、广度不够的问题展开研究,在保持"三大原则"的基础上,探索"五要件"教学法高效灵活应用的方法途径,以便更好地推进大学生"八素养"能力培养,打造新时代"硬核"思政课。

【关键词】 高校思政课、教学改革、"五要件"教学法、应用研究

一、研究意义

2022年10月,习近平总书记在党的二十大报告中指出:"教育是国之大计、党之大计。培养什么人、怎样培养人、为谁培养人是教育的根本问题。育人的根本在于立德。"由"教育"到"育人"再到"立德",有着深刻的理论逻辑。我们讲"立德",就是指德育发展,即在政治、思想与道德等方面发展。思政课在这些方面起关键性主导作用。可见,思政课在"立德树人"要求及整个教育发展规划中有着举足轻重的作用。

2022年8月,教育部等十部门关于印发《全面推动"大思政课"建设的工作方案》的通知指出:"党的十八大以来,特别是习近平总书记亲自主持召开学校思想政治理论课教师座谈会以来,思政课在党中央治国理政战略全局中的地位日益凸显,发展环境和整体生态发生根本性转变。"面对这些变化,思政课程唯有不断创新改革,才能适应社会主义现代化强国发展中人才培养的战略目标。

2019年3月18日,习近平总书记在学校思想政治理论课教师座谈会上的讲话中指出:"思政课是落实立德树人根本任务的关键课程,思政课作用不可替代,思政课教师队伍责任重大。"[1]因此,要充分发挥好思政课主渠道功能,筑牢大学生思想政治教育坚强堡垒,不断改革创新教学理念、教学实践。

思政课教学设计和教学方法的创新是新时代上好思政课,培养大学生增强中国特色社会主义道路自信、理论自信、制度自信、文化自信的重要手段。本文以思政课教学创新"五要件"教学法应用为例,针对"五要件"整体融合度不高,各环节设置贴合度不强,"以学生为中心"理念在教学实践中贯彻运用深度、广度不够"的问题展开研究,旨在让"五要件"更加高效灵活地运用到思政课教学实践中,更好地推动大学生"八素养"能力培养。

二、"五要件""八素养"定义

思政课教学涉及马克思主义哲学、政治经济学、科学社会主义,涉及经济、政治、文化、社会、生态文明和党的建设,涉及改革发展稳定、内政外交国防、治党治国治军,涉及党史、国史、改革开放史、社会主义发展史,涉及世界史、国际共运史,涉及世情、国情、党情、民情,等等。这对思政课教师综合素质要求较高,既要抽丝剥茧,理顺逻辑,抓住重点,有的放矢,把知识点融合到45分中课堂上,又要培养学生综合素养,实现全面发展。因此,思政课教师队伍建设尤为重要,配套的线下课堂教学设计也是重中之重。

"五要件"教学法是一种创新课堂教学设计,把握课堂教学规律,把握"00后"注重个性发展、追逐更多自我话语权的特性,因时而变,因人施教,契合当下教学要求。如何推动"五要件"教学法系统联动,是本文研究的重点。

所谓"五要件",是指将传统课堂进行分割重构,由五部分组成,即"课前5分钟""重难知识点解析""视频案例""学生互动""教师讲评"。

与"五要件"相对应的是"八素养",指通过创新思政课教学设计,培养学生走向社会的持续生存和发展能力,即重点培养大学生的政治意识、知识拓展、逻辑思维、辨析批判、道德修养、法律意识、实践创新和团队合作八大综合素养,实现学生全面发展的目标。

三、存在的问题

（一）"五要件"教学法整体融合度不高，各环节设置贴合度不强

"五要件"整体融合度不高，指的是"五要件"中的5个部分不能很好地融入课堂教学。比如"课前5分钟"做些什么能让学生思维更快速地进入课堂教学中，部分教师往往不重视这一环节，认为5分钟做不了什么教学设计，或者只是为了教学设计而设计，没有发挥"课前5分钟"的实质性作用。比如"重难知识点解析"部分，没有对重难点做一个较为清晰的区分，"重点"不一定是"难点"，教学过程中容易出现重点当难点讲解，造成课程进度拖沓。比如"学生互动"环节，学生互动是为了引发学生思考、发散思维，培养学生的表达能力、语言整合能力、对问题的理解与知识的重构能力等。思政课课堂中会出现学生理论知识不足或羞于表达、互动"冷场"的情况，学生互动逐渐被弱化、边缘化。因此，该环节不再是简单地提出问题、回答问题的模式了。

"五要件"各环节设置与课程关联度不够、指向性侧重点与课程贴合度不够。比如"视频案例"环节，辅助视频不能直观地表达需要学生理解的知识点，或者视频不合大学生"口味"，继而使学生对相应的问题不感兴趣，对相应的知识点理解不够透彻，那么这一环节便是无效的。比如"学生互动"环节，教师对学生提问或者讨论，对问题的设置，是否环环紧扣教学内容，讨论的内容是否有针对性、有助于理解知识，达到讨论的效果。比如"教师讲评"环节，评价是否能一针见血地指出问题所在，把握整体逻辑，揭示事物本质，回归教学知识点。这一环节是重中之重，是教师和学生对问题的共同思考，学生更容易进入状态，求知欲和对教师评价结果的渴望度更高。这些问题直接影响思政课教改效果。

（二）"以学生为中心"理念在教学实践中发挥不充分

教师面向大班教学，一般来说，对每一位学生基本上都是统一的标准，但是每一位学生对于思政课理论的了解程度、理解程度、接受程度、消化程度却有一定的差异，跟不上"统一标准"的学生，久而久之就会对本门思政课失去学习的积极性，无法继续通过本门思政课完成"八素养"能力的锻炼与培养。思政

课属于理论类的学科，在教学过程中对"00后"学生思政课学习兴趣培养方面还有待提高，"兴趣点"与思政课结合不够。部分学生只是为了完成作业、考试通过而学习，随着考试通过而"结束"学习，对这部分学生的教学实践中没有完全达到思政课铸魂育人的效果。"以学生为中心"，要注重学生对思政课教学的感知度，从学生的角度出发，思考"五要件"教学设计在不同层次的学生群体中如何应用，达到思政课教学效果。

四、总体原则

要运用好"五要件"教学法，把握好以下三大原则，是"五要件"教学法实施的重要保障。

（一）抓住问题导向

搞清楚每一专题、每一章节要研究什么问题，顺着问题摸清逻辑主线，讲清楚逻辑关系、理论观点。对于问题要深入研究，才能更好地引导学生思考和探索，不一定讲得多全面，一定要讲得透彻，习总书记说"要经得起学生各种'为什么'的追问"，这样的思政课效果才能好。

（二）注重教育引导

思政课培养辩证批判思维，实例分析和讲解过程中，要引导学生正确看待、辩证认识、理性分析，教育学生树立正确的价值观，要寓价值观引导于知识传授之中。比如，在讲授疫情对我国的影响时，要辩证地看待疫情下，我国经济下行、中小企业受挫、就业压力增大、人类生命健康受损、西方媒体的肆意攻击诋毁等现象。但是挑战和机遇并存，这次全球疫情大考中，我国交出了满意的答卷，中国特色社会主义制度优势凸显。同时，伟大抗疫精神闪现着光芒，要引导学生逐步形成"万众一心、同舟共济、英勇战斗、逆行而上、积极乐观"的精神品质。

（三）强化"以学生为中心"的教学理念

"以学生为中心"是指将学生作为教学活动的核心，基于学生的兴趣和能力来规划学习内容、方法、节奏，使学生从被动知识接收者变为主动的知识发现者。在"五要件"教学法实施过程中,要注重学生思政课的融入和参与,激发学生的兴趣点,从"迎合学生的关注点、贴近学生喜好、回应学生诉求"切入,将学生逐步带入思政课堂,朝着预期教学目标培养。教学实践中应注意勿把"迎合"学生置于教育目标之上,反而阻碍了思政课教学改革;要提高思政课亲和力,教师教学过程中要有一定的情感张力和感染力,内容更接地气、更有趣味,能够引起学生情感共鸣,使得学生愿意听、愿意学,不仅仅为了应付考试而学习;对学生分层次划分,通过学生自主选择小组作业难易程度来初步判断学生对知识的掌握程度以及学习积极性,可以对不同层次的学生开展不同的教学引导与作业布置。

五、"五要件"教学法应用路径

(一)课前5分钟

要充分利用"课前5分钟",学生自行选择感兴趣的时政新闻热点评论、优秀共产党员先进事迹、自己的故事进行分享,也可由教师引导并互动,一起回顾上次课学习内容,也可播放与教学相关的电影剪辑、纪实片、直播等,阐述自己的观点看法。目的是让学生尽快进入状态,激发本次课学习热情,促使学生有意识地关心国家、集体和他人,同时为学生提供思考和锻炼的机会。利用"课后5分钟",做小结或者对需要了解的内容做补充说明,从而提高整节课教学效率,做到首尾呼应。

(二)重难知识点解析

要区分好重点和难点知识,要讲清楚内在的联系、前后逻辑、相互对比、知识拓展,注重理论联系实际;重难知识点所涉及的不仅仅是教学内容,还包含学生学习过程中所关注的、有疑惑的问题,要建立好师生问答通道和课堂讨论环节;调动学生积极性,提前布置下去,让学生有充足时间主动思考重难点知识,培养学生的分析解读能力、知识运用能力,并在潜移默化中养成运用理性、辩证思维看待事物的习惯。

(三)视频案例

视频案例是一种辅助教学的多媒体教学法,可集中注意力,活跃思维,缓解疲劳，强化和巩固教学内容。选取前可对学生展开调研，调查哪类视频、哪些网站更受学生关注。选取视频时应注意时长一般不超5分钟，根据教学内容适当选取，紧扣主题，具有启发性、贴近实际。教师应根据教学内容和所用视频案例具体情况加以必要的辅助教学，将视频和教学知识点关联起来说明；同时设置一些问题，引导学生带着问题观看，结束后请学生谈自己的观后感，或者开展课堂讨论，锻炼学生综合素养；最后对视频本身及学生发言、讨论情况进行总评，甚至做一些延伸，对课程内容适当提升，使学生的印象更加深刻。

（四）学生互动

培养教师和学生之间良好的情感基础，为学生课堂发言互动提供轻松的氛围；在课堂教学过程中，提问题要具有启发性、引导性，让学生跟着教师的思路走，既能及时了解学生对知识的掌握情况，又能让学生检查自己的学习效果，激发求知欲；对于不积极主动互动的学生，可以借助多媒体手段进行抽点，使问题简单化，并说明相应的激励加分机制，鼓励学生积极参与课堂互动；提倡学生提前预习课本，使课堂互动更加顺畅。

（五）教师讲评

思政课教师在讲评时要把握好思政课的思想性、理论性、亲和力和针对性，将党的二十大精神、习近平新时代中国特色社会主义思想融入思政课教学实践中，着力在"讲得好""听得进"和"入脑入心"上下功夫，同时引导学生透过现象看本质，分析问题注重历史逻辑与理论逻辑、实践逻辑的系统结合，是师生互动和情感交流带动的高阶阶段。此环节要真正做到内化于心，外化于行。

参 考 文 献

[1] 习近平. 用新时代中国特色社会主义思想铸魂育人 贯彻党的教育方针落实立德树人根本任务 [N]. 人民日报，2019-03-19.

"毛泽东思想和中国特色社会主义理论体系概论"课混合式教学实例研究

——以北京理工大学珠海学院为例

姚 红

【摘要】 进入全媒体时代，信息技术与学科教学的深层次融合，使混合式教学模式应运而生。毛泽东思想和中国特色社会主义理论体系概论（以下简称"概论"）课作为本科院校的必修课程，是对大学生进行思想政治理论教育的主渠道、主阵地，是每个大学生必修的公共基础课。通过教学实践，混合式教学在"概论"课程的运用中，取得了良好的教学效果：增强了学生的主体意识，激发了学生的学习兴趣，细化了"八素养"为核心的人才培养目标体系建设，深化了"五要件"教学改革，培养了学生的综合能力。

【关键词】 "概论"，混合式教学，线上线下

一、"毛泽东思想和中国特色社会主义理论体系概论"课程线上线下混合式教学概述

"毛泽东思想和中国特色社会主义理论体系概论"课是高校思想政治理论教育的重要课程，是本科及高职高专学生的必修课程。本门课程旨在从整体上阐释马克思主义中国化理论成果，既体现马克思主义中国化理论成果形成和发展的历史逻辑，又体现这些理论成果的理论逻辑；既体现马克思主义中国化理论成果的整体性，又体现各个理论成果的重点和难点，力求全面准确地理解毛泽东思想和中国特色社会主义理论体系，尤其是马克思主义中国化的最新理论成果——习近平新时代中国特色社会主义思想，引导学生增强中国特色社会主义道路自信、理论自信、制度自信、文化自信，努力培养德智体美劳全面发展的社会主义建设者和接班人。

（一）课程内容

北京理工大学珠海学院"概论"课是学校思想政治理论课的重要组成部分，是对大学生进行思想政治理论教育的主渠道、主阵地，是每个大学生必修的公共基础课。根据概论课总体 5 个学分的要求，课程组将"概论"课设计为课堂教学 3 个学分、社会实践 2 个学分。按照教学内容把"概论"课课堂教学总体设计为 18 个专题、45 个学时，每个专题 2~3 个学时，另有 3 个学时查缺补漏。

专题 1　理论先导：马克思主义及马克思主义中国化（2 学时）
专题 2　东方破晓：毛泽东思想（2 学时）
专题 3　旗帜道路：新民主主义革命道路的理论（3 学时）
专题 4　一体两翼：社会主义中国的诞生（3 学时）
专题 5　继往开来：邓小平理论（2 学时）
专题 6　人间正道："三个代表"重要思想（2 学时）
专题 7　以人为本：科学发展观（2 学时）
专题 8　时代呼唤：习近平新时代中国特色社会主义思想（3 学时）
专题 9　复兴之路：奋力实现中国梦，建设社会主义现代化国家（3 学时）
专题 10　创新驱动：实现经济高质量发展（2 学时）
专题 11　筚路蓝缕：发展社会主义民主政治（2 学时）
专题 12　文化自信：建设社会主义文化强国（2 学时）
专题 13　和谐社会：加强以民生为重点的社会建设（2 学时）
专题 14　美丽中国：坚持人与自然和谐共生（2 学时）
专题 15　同心勠力：迈向"四个全面"新征程（6 学时）
专题 16　重要保障：坚持总体国家安全观，建设世界一流军队（2 学时）
专题 17　同舟共济：开启大国外交构建人类命运共同体（2 学时）
专题 18　定海神针：坚持和加强党的领导（3 学时）

（二）课程模式

按照"以学生为主体、以任务为中心"的理念，从课前、课中、课后三个方面入手，打通线上和线下的隔阂，建立课内知识与课外学习相结合、目标性评价与过程性评价相结合的动态学习机制。做法如下：

一是精心打造线上课程，丰富教学资源。首先在学习通上建课，每章节围绕教学重点和难点设置任务点，包括学习任务、电子教材、电子课件、阅读书目、学习视频、章节测验。其中章节测验用以检测学生对章节内容的掌握情况，并设定了3次试做机会，学生若未达到60分，系统会自动打回让其重做，若达到60分但自我感觉分数不理想可自行选择重做，系统会记录最好的成绩。另外，还收集整理了诸多优秀资源作为配套教学资源提供给学生，如"人民网公开课""超星数字马克思主义学院"精品课程，以此达到拓宽学生视野的目的。

二是组织战队，培养学生的团结协作能力和竞争意识。针对学生多且专业背景不同的情况，如何消除隔阂，让学生彼此熟悉，对营造和谐轻松的课堂氛围以及顺利开展后续教学活动极为重要。鉴于此，首先建立班级微信群和QQ群并发出组队公告，让学生5~7人一组自由组队，并选出组长和学习委员，为后续教学活动的开展铺平道路。

三是善用平台，打通线上线下隔阂。为确保线上线下教学同质等效，以课前、课中、课后为时间维度确定每阶段的教学重点。课前通过学习通班群、微信群、QQ群发布预习通知，学生接到预习通知后，查看相应章节任务点进行自主学习，拓展学习的时间和空间。课中将线下课堂教学和学习通结合使用，课堂教学有针对性地讲解章节重点、难点，用学习通进行课堂互动。如通过"课堂测验"检测学生预习的效果，对学生暴露出的问题在课堂中及时解决；通过"选人"和"抢答"进行提问，调动学生学习的积极性和主动性；通过"主题讨论"引导学生深入思考，让和而不同的主张在讨论中展现；通过"分组任务"培养学生的团队意识和理论联系实践的能力。课后发布作业，并随时查看学生学习进度，对进度落后的同学及时发布预警通知，回复学生的提问并解决学生遇到的各类问题。如图所示：

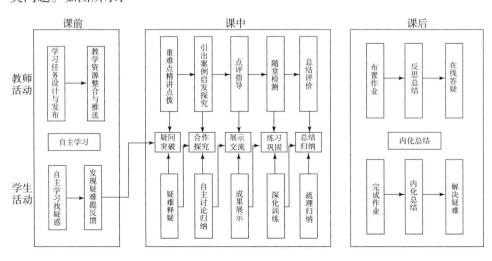

（三）课程成绩评定方式

（1）平时成绩 100 分，占课程总评 40%。

$$平时成绩 = 线上成绩 60\% + 线下成绩 40\%$$

$$线上成绩 = 专题线上学习（课程音视频 20\% + 阅读 10\% + 讨论 5\% +$$
$$章节学习次数 5\% + 作业 40\% + 分组任务 20\%）$$

$$线下成绩 = 课堂学习（课堂出勤 20\% + 课堂表现 40\% +$$
$$小组活动主题汇报 40\%）$$

成绩按百分制计算，录入教务系统时，线上成绩 + 线下成绩对应录入平时成绩。

（2）期末考试 100 分，占课程总评 60%。

（3）最终成绩构成：学期总评成绩 = 平时成绩（线上 + 线下）×40% + 期末考试成绩 ×60%。

二、毛泽东思想和中国特色社会主义理论体系概论课程线上线下混合式教学研究结论

通过 3 年多的混合式教学模式的尝试与探究过程，北京理工大学珠海学院"概论"课线上线下混合式教学模式开展情况越来越好，混合式教学应用于"概论"课程是行之有效的，产生了良好的教学效果，具体体现为以下几个方面：

（一）有效激活了学生的主体意识

通过线上线下混合式教学模式，以学生为中心的教学模式解决了"概论"课授课单项输出的问题，使课堂"活"了起来，使"概论"课程更具有针对性和亲和力；同时提升了学生课堂和课外学习的参与度和积极性，启发学生展开开放式、批判性思考和自主性学习；教师也进一步掌握了学生对于教学过程和教学相关知识点的前认知水平，便于课堂和线上的课程设计调整，利于与学生产生良性沟通与互动。不仅如此，引入了混合式教学模式的"概论"课程在考核方式上更加全面系统，不仅考查了课堂表现，还考查了学生的课外自主学习与小组参与，促进了学生学习自觉性的提升。

通过线上线下混合式教学的实施，"概论"课程激活了学生的主体意识。传

统教学中，整个课堂就像是一个剧场，教师是舞台上闪耀的演员，而学生是默默无闻的观众。整节课下来，学生都处于被动地位，思维很难得到激发，而混合式教学正是对于传统教学师生关系的有力突破。在课前阶段，教师遵循教育规律，根据学科特点和学生认知发展规律认真进行教学设计和教学资源的开发、整合，给学生设计科学的学习任务清单，学生在教师的指引下明确教学目标和教学任务，有针对性地进行自主学习。在课中阶段，教师把课堂让位于学生，通过小组讨论、自主探究等激发学生的思维，教师仅给予适当的干预和引导。在课后阶段，学生回顾课程知识，在头脑中形成知识建构，对疑惑和盲点进行及时提问，并自主完成课程作业。无论课前、课中、课后，教师和学生都在发挥着各自的作用。教师的作用是若隐若现的，仿佛就在学生的身旁，但是一切活动却由学生自己来完成，由学生主动去参与。在自主学习的过程中，学生获得了新的学习体验，增强了学生的主人翁意识。

（二）细化了"八素养"为核心的人才培养目标体系建设

习近平总书记在 2019 年 3 月 18 日主持召开的学校思想政治理论课教师座谈会上明确提出，思政课要坚持"八个统一"，明确指出"只有打好组合拳，才能讲好思政课"[1]。北京理工大学珠海学院马克思主义学院聚焦"立德树人"的根本任务，始终坚持正确政治方向，始终坚守思政课教学的价值追求，遵循教育规律、思政工作运行规律、学生成长成才规律，明确"以学生为中心"的教学出发点和立足点，把"立德树人""培养德智体美劳全面发展的社会主义建设者和接班人"细化为"八素养"核心能力培养目标，即重点提升学生政治思想、知识拓展、逻辑思维、辨析批判、道德修养、法律意识、实践创新和团队合作八种素质，使学生具有终身学习和持续生存发展的根本能力，实现思政课浇花浇根、育人育心、春风化雨、润物无声的效果。

自 2015 年提出"八素养"培养目标后，在马院统一部署下，"概论"课程组根据课程的教学实际，逐步形成了精细的"八素养"核心能力培养实施方案，细化到每一个专题、每个课次，细化到每次作业、每次展示。通过"五要件"教学法，把能力培养落实到每一节思政课中。

"概论"课，每次课都会结合教学内容和社会热点开展学生分组讨论活动，直面社会现实，分析成与败、得与失，让学生在问题讨论中了解中国的发展，感悟中国特色社会主义制度的优越性，坚定"四个自信"，增强"四个意识"，做到"两个维护",着力培养学生的政治思想、爱国情怀。

例如,针对每个专题的教学重点、难点问题结合社会热点,设置不同议题,分两轮以小组任务方式布置下去开展主题播报,以 2022—2023 学年第一学期为例,第一轮小组任务共发放 10 个小组选题:

要求:围绕社会热点话题,密切结合所学理论展开论证分析。

(1)抽签确定小组选题,小组成员分工合作共同完成;

(2)作业以 5~8 分钟微课或微电影呈现(微课或微电影可以多种形式手法综合呈现,如 PPT 结合影视资料片段,综合采用新闻播报、演讲、辩论、诗朗诵、演唱、舞蹈等形式,可设计海报、创作书法、绘画作品等)。

选题如下:

(1)毛泽东在《实践论》中说:"客观现实世界的变化运动永远没有完结,人们在实践中对于真理的认识也就永远没有完结。马克思列宁主义并没有结束真理,而是在实践中不断地开辟认识真理的道路。"请结合马克思主义中国化的历史进程,阐述对毛泽东思想、中国特色社会主义理论体系、习近平新时代中国特色社会主义思想是一脉相承又与时俱进的关系的认识和理解。

(2)近来贾浅浅的"屎屁尿诗"引发众议,针对当前文艺创作低俗化现象,谈谈对 1942 年毛泽东《在延安文艺座谈会上的讲话》的认识和理解。

(3)从炮轰"紫石英"号事件谈对毛泽东外交思想的认识和理解。

(4)请从"两弹一星"精神等所彰显的"自力更生、奋发图强",结合当下现实,谈对"独立自主是毛泽东思想活的灵魂"的认识,阐述坚持独立自主的现实性和重要性。

(5)1949 年,在中共中央即将离开西柏坡之际,毛泽东提出要"进京赶考"。在中国革命即将取得全面胜利、新中国成立前夕,毛泽东为什么把入驻北平、建立新中国比喻为"赶考"?结合当下现实,阐述加强党的建设的重要性。

(6)结合当前中国发展现状谈对《论十大关系》的认识和理解。

(7)从新中国成立初期发出"向现代科学进军"的号召,到改革开放初期提出高技术研究发展计划,到 1995 年实施科教兴国战略,再到新时代实施创新驱动发展战略,我国科技发展突飞猛进,结合当下现实,阐述科技发展的重要性。

(8)对毛泽东的认识和评价是一个重大的政治问题。由于历史虚无主义思潮的兴起,妖魔化毛泽东成为当代中国思想意识形态领域的一个重大问题,当代中国的历史虚无主义最集中的表现就是抹黑毛泽东以及中国共产党的历史。有力回击各种历史虚无主义观点，已经成为正确认识毛泽东以及中国共产党的一个重大任务。作为当代大学生该怎样正确认识和评价毛泽东以及认识毛泽东思想的重要历史地位？

（9）怎样正确理解"正确处理改革开放前后两个历史时期的关系，不只是一个历史问题，更主要的是一个政治问题"？

（10）1978年《实践是检验真理的唯一标准》的发表，掀起了全国对真理标准问题的大讨论，呼唤和迎来了改革开放；1992年邓小平的南方谈话，掀起了改革开放和社会主义现代化建设事业的新高潮；党的十八大以来，以习近平同志为核心的党中央推进全面深化改革、全面扩大开放，中国共产党的治国理念在历史演变中传承、在时代背景下创新。请结合当下现实，阐述改革开放的缘起、发展、重大成就及面临的问题。

"八素养"核心能力培养目标的构建，让课堂教学活起来了，不仅让学生收获知识，更让学生形成严谨的思维，提升了解决问题的实际能力；不仅让学生完善个人的修为，更让学生担负起社会的义务，坚定了"四个自信"，敢于且能于承担国家和民族的大任。同学们越来越爱上思政课。2019级翻译2班苑力超说："在未学习概论课之前，我仅仅对课程的内容有一些狭义和粗浅的了解，且对其中某些知识点不能进行正确辨析，对现实中存在的一些问题不能正确理解。学习了'概论'课之后，不仅对该课程内容形成了系统性了解，能够熟练把握和辨析其中重要的和易混淆的知识点。最重要的是，我掌握了学习'概论'课的思维方法，并且懂得了如何将这种思维方法触类旁通应用到其他相关课程的学习中以及正确认识和处理现实中遇到的困惑和问题。"

（三）深化了"五要件"教学改革

中共中央办公厅、国务院办公厅印发的《关于深化新时代学校思想政治理论课改革创新的若干意见》明确指出："坚持守正和创新相统一，落实新时代思政课改革创新要求，不断增强思政课的思想性、理论性和亲和力、针对性。"北理珠马院秉承"敢闯、敢冒、敢试、敢为天下先"的特区精神，积极探索，创新教学方法，形成了"课前5分钟""重难知识点解析""视频案例""教学互动""教师讲评"5个教学模块相互衔接、立体动态的"五要件"课堂教学体系。

"五要件"教学法不仅是教学技术和教学方法的创新，更重要的是通过灵活的授课方式，直面当前中国社会发展中的重大理论问题和热点问题，摆脱单纯的理论说教和枯燥的理论灌输，以灵活的形式、亲和的语言、严谨缜密的理论逻辑引导学生直面现实问题，解答学生的疑问，实现对学生思维能力的训练，引导学生形成理论分析能力和解决现实问题的能力。

综上所述，在全媒体时代，信息技术与教育教学深度融合使线上线下混合式教学为思想政治理论课教学改革提供了新的机遇，北理珠马院"概论"课将继续深化线上线下混合式教学改革，细化"八素养"为核心的人才培养目标体系建设，深化"五要件"教学改革，使思政课真正活起来，实现了对学生进行思想政治教育的目的。

参 考 文 献

[1] 习近平. 思政课是落实立德树人根本任务的关键课程［M］. 北京：人民出版社，2020：23.

注：本文发表于《教育科学》2022 年第 5 期。

培育核心素养　面向学生未来

——新时代"马克思主义基本原理概论"课教学模式创新研究

刘小容

【摘要】 "马克思主义基本原理概论"课是"思政课"的核心课程，着重引导学生系统掌握马克思主义基本立场、基本观点和基本方法，树立科学的世界观、人生观和价值观；培养学生运用马克思主义的世界观和方法论观察、分析和解决问题的能力；使学生坚定"四个自信"，做到"两个维护"，捍卫"两个确立"，树立共产主义远大理想和中国特色社会主义共同理想。针对学生"抬头率不高""认同度不够""获得感不强"等问题，以及教学理念、教学目标、教学内容、教学方法、考核方式等方面的"痛点"，"马克思主义基本原理概论"课在"八素养"培养目标、"五要件"教学法改革基础上，创新出一套"面向学生未来"具有高度可操作性的教学方案，全面提升了课程教学质量，为思政课教育教学改革探索了一条可供借鉴的路径。

【关键词】 马克思主义，基本原理，教改，创新，成效

一、课程简介及教学"痛点"问题

（一）课程简介

"马克思主义基本原理概论"课是高校思想政治理论课核心课程之一。该课程紧紧围绕"什么是马克思主义，为什么要始终坚持马克思主义，怎样坚持和发展马克思主义"这一主题，以阐述马克思主义世界观和方法论为重点，以人类社会发展的基本规律为主线，全面讲授马克思主义基本原理。旨在帮助学生从整体上把握马克思主义，培养学生运用马克思主义理论观察、分析和解决实际问题的

能力；引导学生树立共产主义远大理想和中国特色社会主义共同理想，为实现中国式现代化，进而实现中华民族伟大复兴努力奋斗。

（二）教学"痛点"问题

传统教学过程中的"痛点"问题严重影响课程的教学质量和教学效果，阻碍教学目标的实现。本校教学实践证明，要提高教学质量和教学效果，实现教学目标，需解决以下五点教学"痛点"问题：

1. 侧重知识内容传授，未能兼顾课程的价值性和实践性

作为理论性较强，涵盖内容较多的基础课，传统教学仅围绕知识目标展开，存在重知识教育，轻能力和价值观教育；重政治性结论，轻学理性分析；重理论教育，轻实践教育；重灌输式教育，轻启发式教育；重理论教条，轻思辨方法；重教师主导，轻学生主体等情况，习惯于从教的角度看待学，而不是从学的角度看待教，以知识传授为主。

2. 侧重政治教育目标，未能兼顾学生能力和素养的培育

作为公共必修课，主要教学目标是帮助学生系统地把握马克思主义基本原理，树立正确的世界观、人生观和价值观，学会运用马克思主义的立场、观点和方法观察、分析和解决问题。不少老师认为达到政治认同的教育目标即可，传统的知识型讲授往往也忽视了学生理论素养的提升、实践能力的提高和思想品德的养成。

3. 侧重各部分单独讲解，未能体现马克思主义的整体性

马克思主义基本原理包括马克思主义哲学、马克思主义政治经济学和科学社会主义等丰富内容。在日常教学中，不少老师根据自己的专业背景，侧重讲授马克思主义哲学部分的讲解，未能更好地体现马克思主义的整体性逻辑。同时，具备高中政治知识的学生对课程重复知识点存在理解的误差，使得马克思主义理论知识很难转变为学生的具体能力素养。

4. 侧重教师主导教法，未能体现学生主体地位

传统的教学方法主要以"填鸭式"灌输法为主，教师照本宣科，教师居主导地位，学生被动接收，课堂死气沉沉。教师唱"独角戏"，偶尔也会提问学生诸如"有没有听懂"之类的问题，而学生怕挨批评，或者担心陷入其他同学听懂了而自己没听懂的窘境，听懂没听懂都会说"听懂了"。如此这般，教学质量可想而知。

5. 侧重卷面知识考核，未能发挥考核指挥棒的作用

以往的考核方式主要通过期末考试，以考核知识点为主。而平时成绩大多数围绕考勤展开，除此之外没有其他多样化的考核方式，这就导致了学生参与课堂的积极性不高，在能力提升方面大打折扣。

二、课程教学创新与改革

教学团队针对上述"痛点"，对标习近平总书记在全国学校思想政治理论课教师座谈会上重要讲话精神，深入分析我校学生学情，提出了"八素养"核心能力培养目标和"五要件"教学法，坚持以知识性与价值性和实践性相统一，政治教育和能力培养相统一，从整体上把握马克思主义，坚持教师主导和学生主体相统一，坚持过程考核和结果考核相统一。

（一）坚持知识性与价值性和实践性相统一

以习近平总书记在学校思想政治理论课教师座谈会上提出的"八个统一"和"六个要"为引领，紧密结合我校应用型大学的人才培养目标，秉承"以学生发展为中心"的初心，抓住"培养什么人、怎样培养人、为谁培养人"这个根本问题，牢记习近平总书记政治要强、情怀要深、思维要新、视野要广、自律要严、人格要正的嘱托，在教学中做到知识性与价值性相统一，理论性与实践性相统一，实现立德树人的根本任务。

（二）坚持政治教育和能力培养相统一

在我校思政课改革总体思路基础上，围绕学校人才培养目标，立德树人，把思政课、专业课培养目标和同学们自身成才目标结合起来，力求实现学生知识有增长、能力有提高、情感有升华。

（三）坚持从整体上把握马克思主义

整合教材内容，解决丰富内容与有限课时之间的矛盾，以专题化教学将教材体系转化为教学体系，最大程度地呈现马克思主义理论的整体性，同时将"八素养"融入教学专题中，并将更多的积极健康的思想政治元素融合到教学过程中。

（四）坚持教师主导和学生主体相统一

该课程形成了"课前5分钟""重难知识点解析""视频案例""教学互动""教师讲评"等"五要件"教学法，这5个教学模块构建起相互衔接、立体动态的课堂教学方法体系，旨在增强思政课的思想性、理论性、针对性和亲和力。同时引入"朋辈学习法"，让同学们以学习小组为单位完成各个项目活动，既充分发挥同学们的自主性，又不失教师的主导作用。

1. "引人入胜"的"课前5分钟"——学生主题演讲

"课前5分钟"这一环节，引入翻转课堂教学的理念，让学生自由分组，按小组布置与课程内容相关的"热点案例分析""历史人物介绍""读书心得展示"以及"经典篇目诵读"等项目，每次课安排一组上台展示，这样可以迅速让学生集中注意力，激发学习兴趣，进入积极的学习状态。

2. "突出重点"的"重难知识点解析"——教师重难点解释

"重难知识点解析"通过分析教材内容，实现由教材体系向教学体系的积极转换。转换时，以教学大纲为蓝本，把握重点和难点，并将前沿热点问题融入其中。

3. "增强效果"的"视频案例"——播放精选视频

充分挖掘和利用现代信息技术。网络时代、自媒体时代，学生理性认知兴趣被感性认知偏好所取代。对此，教师在备课时，选择政治正确、具有典型意义的"视频案例"，将多媒体引入课堂，将抽象的知识点变得更加形象生动，使学生通过观看视频更好地理解和吸收知识，激起对理论的深入思考和积极讨论的热情。

4. "体现主体"的"教学互动"——学生学习通平台讨论

当今时代的学生，越发不满足于被动接收知识信息，参与意愿日益强化。如何坚持灌输性与启发性的统一，主导性与主体性的统一，让学生想发声、敢发声、能发声？本课程充分利用现代信息技术，在超星学习通上设置"我要上精选"的讨论环节，学生将自己的观点发表在讨论区，并给予课堂表现加分。

5. "把握方向"的"教师讲评"——教师讲评点题

教师通过对理论争鸣、视频资料、学生互动等课堂环节的讲解点评，既是对课堂节奏的掌控，也是对知识观点的总结，更是对政治导向的把握和理念价值的升华。如果说视频教学、学生互动等环节是对课堂的"放"，那么教师讲评就是对课堂"收"的过程，使本课程始终坚持正确的政治方向和立场。

（五）坚持过程考核与结果考核相统一

采取"过程考核法"，避免期末"一考论成败"的片面性，考核结果更加公平合理。坚持过程考核与结果考核相统一，成绩构成为卷面成绩占60%，平时成绩占40%。平时成绩的构成为：20%主题演讲+10%经典诵读+20%辩论赛+15%学习墙报展示+20%个人课堂表现加分+10%考勤+5%小组长给组员评分。

三、教学成效及推广

（一）教学效果显著增强

学生通过学习，实现能言、善辩、勤思、笃行全方位能力提升。

1."能言"

"马克思主义基本原理"课堂上，同学们通过对《共产党宣言》《德意志意识形态》《关于费尔巴哈的提纲》和《1844年经济学哲学手稿》等经典著作的朗诵，感受经典的魅力，汲取经典的养分。课堂上教师引导学生围绕着与自身成长和现实生活关联紧密的教学专题进行自主设计，变听课为讲课。

2."善辩"

通过开展课堂辩论赛，充分体现课程的思辨性特点，培养学生善辩的能力。

教师根据教材内容设置辩题，同学们组队参加辩论赛。如在本体论部分讲到"意识与人工智能"的时候，设置"人工智能未来会不会取代人类"的辩题，在讲历史观的时候，设置"时势造英雄还是英雄造时势"这一辩题。通过课题辩论的形式，生成同学们优秀的思辨能力。

3."勤思"

教师努力激发勤学勤思、自主创新积极性，布置课程画报作业，以画报形式展示学习心得体会、所思所想。学生在学习完资本主义论专题的剩余价值理论后，创作了许多资本家如何压榨工人阶级的画报，以此凸显资本家对工人阶级的无情剥削与压榨，同时体会到社会主义制度的优越性，更加坚定"四个自信"。

4."笃行"

学生们在现实生活中坚持群众观点，贯彻群众路线，积极投身到社会实践活动中去，亲身体验从理论到实践的飞跃，在实践中检验和发展所学理论。

近 5 年来，学生实践环节、获奖团队和人次，接近授课总人数 30%。同学们在运用马克思主义理论指导自己学习和生活实践上已经卓有成效。

（二）教师能力显著提升

教师教学竞赛成绩优异、师德师风建设成效显著、课程建设和教学团队建设成果丰硕。近 5 年来，教研室老师们参加各级各类竞赛、评比活动，获奖人次达教研室总人数的 40%。

（三）创新成果深度推广

部门教师应邀到多个兄弟院校横向交流，也有多个兄弟院校来访指导工作，具有较广泛的积极影响。

总之，马克思主义基本原理概论课在"八素养"培养目标、"五要件"教学法改革基础上，创新出的"面向学生未来"具有高度可操作性的教学方案，基本涵盖了学生的学习、工作、生活的各个方面，通过思政课的培养和涵育，同学开始重视和发展终身学习和持续生存发展所需的各种能力，这对于他们的自我塑造、自我成才有着非凡的意义。

"马克思主义基本原理概论"课教学改革路径探析

周子善

【摘要】 新时代深入推动思想政治理论课教学改革创新,是提高思政课教学实效性,提升思政课教学质量,落实立德树人根本任务的必然要求。习近平总书记指出推动思政课改革创新要坚持"八个统一",不断增强思政课的思想性、理论性和亲和力、针对性,这为"马克思主义基本原理概论"课"五要件""八素养"教学改革创新提供了根本遵循、有效路径和解决方略。

【关键词】 马克思主义,"八个统一",教学改革,创新,路径

党的二十大报告指出:"中国共产党为什么能,中国特色社会主义为什么好,归根到底是马克思主义行,是中国化时代化的马克思主义行""只有把马克思主义基本原理同中国具体实际相结合、同中华优秀传统文化相结合,坚持运用辩证唯物主义和历史唯物主义,才能正确回答时代和实践提出的重大问题,才能始终保持马克思主义的蓬勃生机和旺盛活力。"这为新时代高校马克思主义基本原理课教学指明了方向。"马克思主义基本原理概论"作为一门高校思想政治理论课,旨在对学生进行系统的马克思主义理论教育,帮助学生深刻领会、准确把握马克思主义的根本性质和整体特征,掌握马克思主义的基本立场观点方法,树立正确的世界观、人生观和价值观,提升运用马克思主义立场观点方法分析问题的能力,坚定中国特色社会主义共同理想和共产主义远大理想。但现实教学中"马克思主义基本原理概论"课教学效果与预期目标还存在较大差距,面临着教学内容多且比较抽象,教学方式单一,大班授课,学生参与度低,教学实效性不强等挑战。导致这种状况的原因主要包括:在内容上,该课程涵盖马克思主义哲学、政治经济学、科学社会主义三部分,如何在48学时的课堂教学中让学生弄懂、学通、悟透马克思主义这个博大精深的思想体系是一个难题;在方式上,虽然采

取了多媒体教学、专题式教学，并结合超星学习通网络教学平台，在一定程度上提高了课堂教学的效果，但根本仍没有改变传统的"单声道""填鸭式"教学，教师讲得多，学生参与教学的程度仍较低，主体作用仍没有得到充分发挥；在班型上，100人的课堂，很难做到让大部分学生每次课每个专题都参与到课堂发言、讨论等互动中来；在参与上，"马克思主义基本原理概论"课与青年学生的生活、就业等离得较远，导致其学习缺乏积极性、主动性，不愿意参与到课堂活动中来。因此，为了更好地达到"马克思主义基本原理概论"课的教学目标，提高教学实效，必须进行有针对性的课程教学改革。

一、"马克思主义基本原理概论"课教学改革的根本遵循

新时代深入推动思想政治理论课教学改革创新，是提高思政课教学实效性，提升思政课教学质量，落实立德树人根本任务的必然要求。习近平总书记在全国学校思想政治理论课教师座谈会上指出，推动思政课改革创新要坚持政治性和学理性相统一、价值性和知识性相统一、建设性和批判性相统一、理论性和实践性相统一、统一性和多样性相统一、主导性和主体性相统一、灌输性和启发性相统一、显性教育和隐性教育相统一，不断增强思政课的思想性、理论性和亲和力、针对性。这"八个统一"深化了对思政课改革创新的规律性认识，为新时代高校思政课教学改革创新提供了根本遵循。"八个统一"深刻回答了新时代思政课改革创新的重点和难点问题，从思政课的政治属性、建设原则和教学方法等层面进行了充分的阐述，既遵循了思想政治教育规律、教书育人规律和学生成长规律，又为不断完善教学内容、改进教学方法、创新教学载体提供了解决方略，深刻揭示了思政课的知识目标、能力目标和价值观目标，是解决好"培养什么人、怎样培养人、为谁培养人"这个根本问题的有效路径。"马克思主义基本原理概论"课教学改革必须以"八个统一"为统领，结合思政课教学知识、能力和价值观目标，以"五要件"和"八素养"教学改革作为落实和细化"八个统一"的具体抓手，将增强思政课的思想性、理论性和亲和力、针对性落到实处，推动课堂教学提质增效。

二、"马克思主义基本原理概论"课教学改革的基本原则

"八个统一"作为推动思政课改革创新的指导原则,"马克思主义基本原理概论"课要坚持"八个统一"指导下推进"五要件"和"八素养"教学改革,实现知识传授、能力培养和价值观养成三个环环相扣、层层递进的具体教学目标。知识传授是基础,但"马克思主义基本原理概论"课的教学目的又不仅仅在于知识的传授,更在于让学生树立马克思主义基本立场、掌握马克思主义基本观点和基本方法。因此,要用丰富的知识成果滋养正确的价值观念,要寓价值观引导于知识传授之中,要在知识传授过程中以透彻的学理分析和思想理论回应学生,为学生释疑解惑,帮助学生在事实判断的过程中学会价值判断,学会正确的价值选择,从而确立正确的世界观、人生观、价值观。

习近平总书记指出,思政课的本质是讲道理,"马克思主义基本原理概论"课更要以"理"服人,以事服人,以德育人、以心化人。首先,要坚持辩证唯物主义和历史唯物主义,坚持唯物辩证法的批判性和革命性,敢于对各种错误观点和思潮发声,能够用真理的力量回击错误观点和思潮。正如马克思所说"批判的武器当然不能代替武器的批判,物质的力量只能用物质力量来摧毁;但是理论一经群众掌握,也会变成物质力量","马克思主义基本原理概论"课要用马克思主义之"矢"射去射新时代中国之"的",不断增强理论的解释力、说服力,着力用真理的强大力量引导学生,让学生自觉地坚持马克思主义、社会主义的政治立场、政治观点、政治方向和基本方法,旗帜鲜明、坚定自信地坚持中国特色社会主义,传导主流意识形态,弘扬社会主义核心价值观。其次,要培养学生运用马克思主义基本原理立场、观点和方法分析与解决问题的能力,提升他们的综合素质和八大核心素养,培养能够担当民族复兴大任的时代新人。

好的方法事半功倍,"马克思主义基本原理概论"课教学也要不断改进教学方法,马克思主义本身包含着丰富的方法论,创新思政课教学方法,努力实现规律把握与教学改革相统一、教材指导与学生接受相统一、教师主导与学生互动相统一、教学即时性与教育日常化相统一,了解学生成长的困惑和需要,围绕学生人生观、世界观、价值观等常见热点问题,遵循思想政治工作规律,遵循教书育人规律,遵循学生成长规律,做到因事而化、因时而进、因势而新。"马克思主

义基本原理概论"课教学方法和艺术,如历史的方法、矛盾分析法、问题导向法、案例分析法、观点辩论法、师生互动法、时事热点法、朋辈学习法等,是马克思主义的立场、观点和方法的具体化,是马克思主义社会科学方法论的具体化,既有学理性,又切近学生的认知规律和接受特点。教师在教学内容的设计和教学方法的创新与实施上发挥主导作用,积极发挥学生的主体性作用,不断激发主体参与意识和竞争意识,形成自己独立的思想观念和行为能力,不断提高其认识问题、分析问题和解决问题的能力,在坚持"灌输"方法的同时,结合学生思想实际,遵循学生成长规律和教育规律,积极运用启发式教学,激发学生受教激情,引导学生发现问题、分析问题、思考问题,在不断启发中让学生水到渠成得出结论,以增强理论讲授的吸引力和时效性,彰显理论本身的魅力。

"五要件"和"八素养"教学改革,就是坚持"八个统一"原则统领下的思政课改革创新的细化,是教学方法和教学培养目标有机统一的改革。"五要件"教学法即通过思政课"课前5分钟""重难知识点解析""视频案例""课堂互动""教师讲评"5个教学步骤和环节,实现主导性和主体性相统一、灌输性与启发性相统一、显性教育与隐性教育相统一;"八素养"即重点打造学生"政治认同""知识拓展""逻辑思维""辨析批判""道德修养""法律意识""实践创新"和"团队合作"8种能力素质,真正实现政治性与学理性相统一、价值性与知识性相统一、建设性与批判性相统一、理论性和实践性相统一、统一性和多样性相统一。

三、"马克思主义基本原理概论"课教学改革的具体路径

习近平总书记在中国人民大学考察时指出:"思政课的本质是讲道理,要注重方式方法,把道理讲深、讲透、讲活,老师要用心教,学生要用心悟,达到沟通心灵、启智润心、激扬斗志。"习近平总书记的重要论述揭示了思政课教师主导性与学生主体性互动,为马克思主义基本原理概论课教学改革的路径探索指明了路径。

(一)教师要用心教

教师是立教之本、兴教之源。上好思政课关键在教师,教师用心教是上好思

政课的基础。在"以学为中心"的教学范式下，教师是教学经历的设计者，而不只是教书匠。如何进行教学设计进而激励学生能够持续有效地学习是值得深思的问题。要深入研究和解决好"为谁教""教什么""教给谁""怎么教"的根本问题。基于此，需从以下几个方面对马克思主义基本原理概论课教学进行优化：

1. 优化教学目标

"培养什么人、怎样培养人、为谁培养人"这是我国教育事业发展必须回答的根本问题，更是值得广大思政课教师深入思考的时代课题。"马克思主义基本原理"课是思想政治理论课的重要组成部分，对学生形成正确的世界观、人生观和价值观起到非常重要的作用，"立德树人"是思政课的核心所在和本质要求，也是马克思主义基本原理概论课的根本任务，要落实"立德树人"的课程使命，就必须进一步优化马克思主义基本原理概论课的教学目标，使其在知识、能力和价值观等方面有具体细化的可操作性目标。

（1）知识目标：要求学生了解和掌握马克思主义哲学、马克思主义政治经济学以及科学社会主义的基本理论和基本原理，如唯物论、辩证法、认识论、唯物史观、劳动价值理论、剩余价值理论等，建立起本课程的知识框架结构，对本课程的知识体系有充分理解，从整体性上理解马克思主义。

（2）能力目标：培养学生辩证分析和解决问题的能力，要求学生能够运用马克思主义基本原理认识和分析各种社会实际问题。塑造学生"政治认同""知识拓展""逻辑思维""辨析批判""道德修养""法律意识""实践创新"和"团队合作"8种素质能力。

（3）价值目标：帮助学生树立正确的世界观、人生观和价值观，坚定对中国特色社会主义共同理想和共产主义的远大理想的信念和信仰。

2. 优化教学内容

在探索专题化教学的基础上，结合马克思主义基本原理章节情况，把教学内容优化为8个专题，这8个专题分别是：专题一：与时俱进、追求智慧——走进新世纪的马克思主义；专题二：探寻宇宙本体的奥秘——辩证唯物论；专题三：思辨与实证的统一——唯物辩证法；专题四：人类认识的发展规律——科学认识论；专题五：人类社会的发展规律——唯物历史观；专题六：资本主义的本质及规律——价值论（劳动价值论、剩余价值论、价值规律等）；专题七：资本主义的发展变化及趋势——垄断与全球化；专题八：社会主义的发展规律——社会主义论、共产主义论。针对原理课程教学内容多,所以在以上 8 个专题的基础上需要进一步优化每一个专题的知识点和重难点。例如,专题一:与时俱进、追求智慧——走进新世纪的马克思主义的知识点包括马克思主义的含义、马克思主义产生的社会背景、马克思主义的理论来源、马克思主义的鲜明特征以及马克思主义的当代价值。专题一的重点是马克思主义的当代价值,难点是马克思主义的鲜明特征。把每一个专题的知识点和重难点列举出来,其目的是让学生自学时做到有的放矢。

3. 优化教学资源

除将教材体系转化为教学体系外,本课程还为学生提供了以下教学资源:第一,超星学习通平台上的慕课资源。我们选择了北京师范大学熊晓琳团队的慕课,同学们普遍觉得慕课视频内容太多,有些内容讲的过于简单、不利于理解和接受。第二,教学资料库的资源。原理课任课老师把和教学内容相关的一些书籍、文章和视频按专题整理好,上传到超星学习学习任务点,供学生随时学习下载查阅。如《马克思靠谱》《马克思是对的》《正道沧桑》等,学生反映这些资料有助于拓宽视野。第三,拓展参考资料。针对学有余力的学生,引导他们自行搜集相关的书籍、文章和视频。第四,推荐参考书目,学生可以通过学校图书馆、马克思主义学院资料室借阅这些资料。这些资源内容丰富多样,能帮助学生更好地学习。

4. 优化小组任务

在几年的"五要件"和"八素养"的教学改革探索中,将教学班级分成 5 人一组的学习小组。小组任务分为:经典诵读;主题演讲;读书沙龙;课堂辩论;课程画报等。经典诵读环节:由小组共同选取马克思主义经典作家经典著作的经典篇目和选段,小组成员一起上台诵读相关片段,结束诵读后请代表简要讲述对该片段的心得体会。主题演讲环节:由教师根据教学内容精选小组任务的主题,制定小组任务评分标准。在确定小组任务的主题时,充分考虑真实性任务。组员们根据老师所给选题在学习基本理论和搜集相关资料的基础上,写出汇报交流的讲稿,围绕主题分工协作制作出汇报交流的 PPT,课堂上主题演讲环节随机挑选小组成员代表小组脱稿交流演讲,杜绝念 PPT 的现象,通过主题演讲真实性任务让学生明白学习的最终目的是运用马克思主义基本原理分析和解决实际问题,同时加强全班同学共同学习和分享学习成果的能力训练。课堂辩论环节:由教师给出与课程相结合的系列辩题,辩论的主题以及对弈的小组均以抽签方式决定，每周安排一场辩论；每两个小组共 8 人组成一支队伍，分工合作，选派最优秀的选手上场，严格按照正规辩论赛的相关要求进行辩论。课程画报环节：以墙报或是图画形式（形式不拘）展示本课程学习成果或心得体会，每组随机抽取一位代表对本组墙报进行解说，并谈谈本课程的学习心得，对本课程提出建设性意见。每组用时 10 分钟，每次课 4 个小组进行展示。这些环节均由学生代表（组长）和老师根据评分标准现场点评、打分。小组任务培养学生对基本理论的理解运用能力，对材料的搜集、归纳和总结能力，团队合作和沟通能力，语言表达能力等综合素质。学生普遍反映小组任务最能锻炼人，同学们制作的 PPT 也越来越精美，由学期初的羞于登台演讲到学期末的落落大方、侃侃而谈，真正抓实了"八个素养"的培养目标。

（二）学生要用心悟

学生是学习的主体，传统的思政课教学，学生习惯了被"填鸭"和"灌输"。在"以学为中心"的教学范式下，应该充分调动和引导学生的学习主动性和主体性。马克思主义基本原理概论课将"五要件""八素养"更好地融入学生课前、课中、课后的 3 个环节。

课前学习最能体现学生自我学习的能力。学生课前学什么？课前主要学习与本专题知识点相关的教材内容、慕课资源、老师提供的资料库里的资料、需要自行搜集的拓展参考资料以及推荐参考书目里自己感兴趣的内容。通过自学，学生结合案例资料、现实问题谈谈自己对课程主题的预习情况和对专题的理解，反馈本专题自学中遇到的疑难问题。同时，在自学过程中由小组同学共同完成小组任务。不论是课前预习和自学，还是完成小组任务，都需要学生付出较多的时间和精力，以问题为导向，去提出问题、分析问题和解决问题，这最能提高学生的综合素质，很多学生觉得通过完成这两项任务收获满满。

课堂教学主要是完成教师布置的小组学习任务环节：一是经典诵读的点评与展示环节。通过选取经典段落和分享自学经典的领悟，激发起学生读原著、悟经典的行动，领会经典的魅力，构建对经典原著的知识框架体系的认知，初步解决学生会"读"的问题。二是主题演讲活动，即小组任务中小组学生代表的汇报交流环节。通过汇报交流，老师进一步弄清楚学生哪些方面做得好，哪些方面还存在问题。三是重点问题讨论环节。在这一环节老师把本讲或本专题的内容由点连成一条线、一个面。对于学生在自学报告以及主题演讲活动中已经清楚明白的问题一带而过，而对于学生的疑难问题或者理解不透彻的问题重点讲述，以此提高课堂学习效率。四是辩论赛的环节。通过这一环节进一步深化学生对原理的基本观点、立场和方法论的运用能力，提升学生的辩证思维能力。五是课程画报环节。通过画报展示，客观地反映出学生学习马克思主义基本原理概论课的成果。

课后是学生最容易忽视的一个环节。在教学中教师主要安排两项课后活动，一是超星学习通平台上的章节测试，二是课后学生自评和在学习通上进行自由讨论，即是否完成本专题教学目标以及完成情况如何。同时，对于自己的困惑可以通过超星学习通平台、微信、电话、短信等线上方式与老师共同交流解决。

四、结语

"八个统一"统领下"五要件"和"八素养"改革在马克思主义基本原理概论课中的应用，更加突出了学生的主体地位和教师的主导作用。通过教师用心教，在课前准备、教学组织与管理、课后总结与反馈、成绩评定等环节都做好预设；学生用心悟，充分发挥主观能动性、积极参与到各项教学活动中来，获得有意义学习的经历，真正将"立德树人"的根本任务落实到学生素质素养的提升上，提升教学质量和育人效果，使学生具备可持续发展的生存能力，切实增强学生的获得感。

论商品的道德属性

——"马克思主义基本原理概论"课教学思考

胡骄平

【摘要】 马克思《资本论》就是从商品入手的。商品是企业道德存在的物质形式。从商品实体赖以存在的根据的角度看,商品是道德意识和科学技术的统一体。商品的道德属性,是"物"的德性和德性的"物"的统一,其实质是人类劳动的道德属性的"物化"。从内涵讲,企业道德决定商品的道德属性。企业与利益相关者的关系,与其说是利益相关,不如说是道德相关,利益相关者就是道德相关者。人类生产劳动是赋予商品道德属性的主要途径。某个商品所具有的道德属性,并不是偶然的,它是企业长期生产劳动和道德实践之道德积淀的具体体现。商品道德属性具有不可复制性。

【关键词】 企业道德,商品,道德属性,道德积淀,不可复制性

企业道德,决定商品的道德属性;商品,是企业道德存在的物质形式。满足消费者的道德需求——幸福地消费,或者消费的幸福,是商品道德属性的价值所在。某个商品所具有的道德属性,是企业长期生产劳动和道德实践之道德积淀的具体体现;企业道德与企业家精神具有内在的一致性。商品道德属性具有不可复制性。

一、商品是企业道德存在的物质形式

(一)"物"的德性:商品的道德属性

根据马克思主义政治经济学的观点,商品是价值和使用价值的统一体[1]。其实,作为社会的产物,商品还具有道德属性。笔者认为,商品是道德意识和科学

技术的统一体。商品作为价值和使用价值的统一体,是从商品实体角度定义的;商品作为道德意识和科学技术的统一体,是从商品实体赖以存在的根据的角度定义的。企业道德意识,是商品道德属性的前提和实质,有什么样的企业道德意识,就有什么样的商品道德属性;科学技术,是人类生产劳动[①]借以赋予商品道德属性,或者使企业道德意识及科学技术本身所具有的道德属性凝结成商品道德属性的主要手段。道德意识和科学技术,共同决定着具有完整意义的、道德价值与使用价值相统一的商品的内涵与外延。

商品的道德属性也具有共性与个性。就一类商品而言,强调共性,就单个商品而言,强调个性。比如一个人买手机,一是他想买个手机,二是他想在许多手机中挑选一个他想买的。第一种情况下,是随机的共性,需要的是一类商品及其具有普遍意义的道德属性;第二种情况下,是特定的个性,需要的是具有特定属性的商品及其具有特殊意义的道德属性。商品道德属性的共性与个性的意义在于,用来满足人们不同的道德需求,这种需求与人们对商品使用价值的需求并不必然地相悖。比如购买山寨机,明明知道山寨机的信誉、质量不值得信赖,但由于它集"低价格""多功能""新款式"等特点于一身,消费者购买时并不会对其提出多高的道德要求,或者说宁愿买一个"假的",接受企业"不道德"。

(二)德性的"物":企业道德的物化

社会舆论常常通过评价商品——一种物质形式,来评价企业道德。比如,评价商品的"假冒伪劣",其实就是以善恶标准在评价企业道德。这就是说,企业道德是通过商品表现出来的,商品是企业道德存在的物质形式或载体。"企业伦理的道德价值,一般总是要通过'物化',即向社会提供优质安全的产品和优质周全的服务而体现和确认的。"[2]企业道德不是抽象的,必然地要通过商品表现出来。商品是用来交换的劳动产品,商品道德属性的实质,就是劳动的道德属性的"物化"。通过"物化",劳动的道德属性成了商品的道德属性。

历史地看,人类在自身发展历程中,实现了其自然性与社会性的统一。作为社会实践主体,人的自然性要依靠人的社会性才能实现,社会性生产为人的自然性需要提供了条件。人类进入商品经济时代,也就真正地进入了文明时代,因为人的自然性和社会性赖以存在的基础就是商品经济,商品经济是道德规范下的人

---

① 人类生产劳动本身的道德属性是毋庸置疑的。

类文明,而主导商品经济的内在力量是道德的存在。"没有道德的经济不可能是完善的,更不可能达到理想境界。"[3]商品经济作为道德规范下的人类文明,其基本细胞——商品,必然具有道德属性。商品经济是道德经济,同时也是法制经济,即使是商品经济的法律规范,也没有能够否定商品的道德属性,商品,依然是德性的"物"。"企业伦理规范与法律规范往往互为表里。"[4]许多法律法规,如反不正当竞争法、消费者权益保护法、环境保护法、反垄断法、缺陷产品的"召回制度"等,也都体现了企业伦理的精神和要求。

二、企业道德决定商品的道德属性

广告常说,这个商品——小至玩具,大至房地产,是用"心"做出来的。也就是说,企业之"心",凝结在这个商品之中了,这个商品具备了一定道德属性。于是,消费者信赖它、追捧它,甚至引起热门消费,狂购。这个现象蕴含的逻辑关系是:企业道德决定商品的道德属性;商品的道德属性,满足消费者的道德需求——幸福地消费,或者消费的幸福,是商品道德属性的价值所在。

(一)企业道德

常识而论,伦理(Ethic),是"指一定社会的基本人际关系规范以及相应的道德原则"。道德(Morality),是"以善恶评价为形式,依靠社会舆论、传统习俗和内心信念用以调节人际关系的心理意识、原则规范和行为活动的总和。即包括道德意识、道德规范和道德实践"[5]。"伦理"一词与"道德"一词可以通用。但也有主张分开使用,以"道德"指人们之间的道德关系和道德行为,"伦理"指社会的人际"应然"关系,对这种"应然"关系的概括就是道德规范,而"道德"则是主体对道德规范的内化和实践,即主体的德性和德行。"'伦理'更侧重于社会,更强调客观方面,'道德'则更侧重于个体,更强调内在操守方面。"[6]本文"企业道德"与"企业伦理"(business ethic)通用,是"指以企业为行为主体,以企业经营管理的伦理理念为核心,企业在处理内、外利益相关者关系中的伦理原则、道德规范及其实践的总和"。其中,内、外利益相关者关系"包括企业与消费者、企业与企业、企业与国家、企业与社区、企业与环境、企业与股东、企业与员工、股东与经理,等等"[7]关系。

无论企业内、外利益相关者关系多么复杂,企业道德首先都应该是企业及其员工对共同的伦理理念、伦理原则、道德规范及其实践的认可和内化。毫无疑问，企业道德的形成，有赖于企业自身的"修养"。作为一种特殊的社会意识形式，企业道德至少有功利性、群体性、实践性三个方面的特征。第一，企业道德的功利性，是由企业资本本性——增加利润所决定的。在企业与内、外利益相关者各方面的关系中，道德因素之所以必要并被看重就是因为，企业道德能够产生"道德溢价"，是决定商品估价的重要因素，直接或间接地给企业带来利益和发展，不仅如此，企业道德还是企业增强竞争力的有效手段之一。"在通常的情况下，企业伦理的实践模式，不是'无私奉献'，而是以义导利，以义谋利，遵循着企业与利益相关者的互利原则。"[8]第二，群体性，也是企业道德的一个重要特征。企业道德属于一种群体道德，群体道德遵循"木桶定律"，即一个群体中不能存在"道德短板"，不允许群体中存在任何个体不道德。群体中个人自我约束越健全，其整体道德形象就越完美。这就是说，企业道德约束对象是企业全体员工，是一个群体，只有这个群体的总体道德水平提高了，才能说企业道德水平在改善，在提高。第三，道德作为人类把握世界的三大方式之一①，本质上说，是一种价值追求，一种"善"——"幸福作为最高善"[9]，而这种价值追求，蕴藏在企业一切生产经营活动之中，决定了企业道德包括道德意识、道德规范、道德行为和道德结果，必然具有实践性特点，企业任何生产经营活动都是具体行为，都讲求实践性。

此外，企业道德也不是无源之水，它对于历史上有关经济活动的道德因素具有继承性；再者，企业道德产生之后也不是一成不变的，它要随时间推移而有所变化，即企业道德又具有时代性特征。值得指出的是，企业道德不同于企业道德研究。古代尽管没有现代意义上的企业，但企业道德，或者更确切地说"商业活动道德"既已存在，而企业道德研究则是资本主义时代企业道德沦丧、商业丑闻不断涌现之时由诸多有识之士肇始的。

毋庸置疑，企业道德与企业家精神具有内在的一致性。党的二十大报告强调的"我们要构建高水平社会主义市场经济体制""坚持社会主义市场经济改革方向""促进民营经济发展壮大""支持中小微企业发展""完善中国特色现代企业制度，弘扬企业家精神，加快建设世界一流企业"[10]，等等，其落脚点就是"一流企业"，无论是公有制经济还是非公有制经济，"一流企业"的根本属性就是

---

① 人类把握世界的三大方式是指科技求真、道德求善和审美求美。

一流企业道德，一流企业道德的根本属性就是一流企业家精神。

（二）道德相关者

企业道德，应该从企业与利益相关者的相互关系中去寻找。尽管利益相关者理论（Stakeholder Theory）作为一个完整的企业理论分析框架应归功于美国弗吉尼亚大学的弗里曼（Freeman）。弗里曼在《战略管理：一个利益相关者方法》一书及随后的一系列著作中认为，"公司是平衡利益相关者利益的工具"[11]。然而，这个理论的最初依据可以追溯到美国福莱特（Mary P. Follett, 1868—1933）的思想，她认为：组织应该基于群体道德而不是个人主义，个人的潜在能力只有通过与群体的结合才能得以释放，作为一名管理者，其重要任务是调和与协调群体的力量；在控制活动中，除非在某种情境中的所有要素、材料和人员之间存在着统一和合作，否则，有效控制是难以实现的，如果不能有对共同利益的追求，情境就会失去控制。福莱特"既把泰罗的许多想法加以概括化，又预测到霍桑研究人员的许多结论，从而成为这两个管理时期之间的一个过度环节"[12]。利益相关者理论的意义，在福莱特那里就开始呈现出来了，强调企业道德的群体性，强调公司的社会责任，这对全球很多国家的公司治理实践产生了很大影响，使得企业"利润"与"道德"实现了根本统一。利益相关者理论被广泛认可，实质上是对"企业道德"的广泛认可。利益相关者理论，与其说是关于"利益相关者"的，不如说是关于"道德相关者"的；利益相关者，其实就是道德相关者。企业的道德属性，就是企业在与"道德相关者"的相互关系中形成和确定的。正如个人道德关注个人与他人、集体的关系一样，企业道德也关注企业与其道德相关者之间的应然关系。

（三）商品道德属性的赋予

一般来说，人类经济活动中所有与商品形成有关的企业行为的德性，决定着商品的道德属性。人类生产劳动是赋予商品道德属性的主要途径，其他经济活动如交换、分配和消费等也赋予或体现商品的道德属性。比如，交换、分配的公平，消费的幸福，等等。不同地区、不同民族具有不同的伦理道德和道德需求，因而所形成的商品具有不同的道德属性和道德水平。同时，不同的道德属性由不同的商品来表现，因而特定商品被赋予了特定道德属性。

如上所述，企业道德也关注企业与其道德相关者之间的应然关系。这些应然关系至少包括：企业以纳税人身份履行纳税义务；以法人身份遵守国家法律法规；以服务员身份为消费者服务，对消费者负责；以专家学者身份对产品生产技术与使用安全负责；以大自然成员身份对自然环境保护负责；以社区成员身份对社区治理和社区发展负责。与这种关注相适应，所有这些应然关系正在成为道德实践。也就是说，企业生产不只是商品生产，同时也是一种道德实践。正是企业生产劳动和道德实践的统一，赋予了商品道德属性。

三、商品道德属性具有不可复制性

（一）原因：企业道德积淀

尽管人类生产劳动是赋予商品道德属性的主要途径，但具体来说，某个商品所具有的道德属性，并不是偶然的，它是企业长期生产劳动和道德实践之道德积淀（或简称"企业道德积淀"）的具体体现。一个企业即使偶然生产出有"良心"的产品，也可能会由于企业缺乏道德积淀而不被消费者认可。达维尼"超强竞争理论"说，今天的企业处于超强竞争的环境中，这是一种优势迅速崛起并迅速消失的环境，因此，任何一家企业都难以建立起永恒的竞争优势，而必须通过一连串短暂的行动来建立一系列暂时的竞争优势[13]。这就是说，企业偶然的优势不足以支撑企业在竞争中立于不败之地。同理，偶然生产出有"良心"的产品，也不足以表明企业道德状况如何，更不足以支撑企业永恒的道德优势。企业必须通过一系列，哪怕是短暂的（但必须是"一系列"）"良心"行动来建立厚重的"道德积淀"，才足以让消费者认可企业无论何时何地生产的产品的良好道德属性。

值得欣慰的是，达维尼的这个"超强竞争理论"并没有否定"永恒的竞争优势"，它是把一个企业"永恒的竞争优势"定义在了"开发一系列暂时的竞争优势"之上的，有如荀子在《劝学》中提出的"积土成山，风雨兴焉；积水成渊，蛟龙生焉"之论。推而论之，决定商品道德属性的企业道德及其微观构成，应是"一系列"的道德行为，是企业长期生产劳动和道德实践的统一，其特点是"短暂"而"连续"，并具有内在的逻辑关联。短暂，是在道义上为满足一定社会需要而为之，如某个商品的质量、技术安全、售后服务等。一系列的"短暂"即成"连续"，"连续"意味着企业长期的生产劳动和道德实践的统一。长期的道德积淀，即在道德层面形成了"永恒的竞争优势"。

（二）结果：商品道德属性的不可复制性

商品的道德属性源于与形成商品相关的企业道德；企业道德的差异，决定了商品道德属性的差异；任何复制或仿制性生产，可能在技术层面生产出类似产品甚至更高品质的类似产品，但不可能生产出具有被复制或仿制产品的完美道德属性的任何产品。就是说，模仿者对于创新者创新产品的生产只是模仿而已，即只是对某种使用价值的模仿性生产，而道德价值只能由模仿者自行赋予，或优或劣，这种赋予或许具有先天性不足，这就是客观存在的"原版"和"盗版"问题。菲利普·科特勒所谓"赶超策略"[14]提供了一国仿制或复制他国产品的有效思路，但赶超结果——复制或仿制品，绝对不包含原有产品的道德属性，甚至"赶超"本身可能在一定程度上违背了商业道德。国际国内市场都确实存在不少仿制名牌，与原版名牌相去甚远的商品，假冒伪劣坑害消费者。这就是说，商品道德属性具有不可复制性，仿制名牌与原版名牌商品的道德属性是不可同日而语的。值得指出，企业道德在其发展与演变过程中，包括仿制名牌与原版名牌商品的道德属性，会有"道德趋同"现象，但道德趋同——道德意识、道德规范和道德实践等的趋同，是一个动态的过程，道德趋同的同时，又会在"道德创新企业"形成新的企业道德。这些新的企业道德依然决定着不同企业商品（包括道德趋同过程中的仿制品）道德属性的差异。

商品道德属性的不可复制性，也可以从商品的存在形式来分析。商品不只是一个三维空间概念，它还是一个时间概念。有形无形商品都包含时间这个因素，时间对于所有的商品都是重要的构成要素。无形商品更是没有三维空间形式，只存在于一定的时间之中。"企业伦理的道德价值可以转化为企业的'无形资产'。"[15]例如，作为商品的新闻，如体育赛事新闻，就存在于一定时间之中。新闻的卖点就是现场那些未知的，而又在真实发生的悬念和惊喜。离开了特定的时间，新闻就毫无价值。又如，更新极快的软件版本，与其说是存在于一定的空间之中，不如说它存在于一定的时间之中。随着时间的流逝，即使可以复制某种软件版本，但所复制的只是其"形"，而不可能复制其具有价值、使用价值和道德价值相统一的"实"。超越特定商品的特定时空存在形式来复制这个特定商品，无疑是对消费者的欺骗，消费者"享受"的是一种不道德文化。当然，无论如何不能否定商品使用价值的可复制性。

商品生产者为了实现商品的价值，必须让渡其使用价值；商品消费者为了获取商品的使用价值，必须让渡等量的价值。商品生产者只有通过市场占有最大限度的商品消费者时，其凝结在商品中的价值才能最大限度地实现；商品消费者只有通过市场最大限度地比较商品生产者时，他获取商品使用价值的目的和效能才可能是最优化的。这个过程的基本依据就是商品自身隐含的"道德属性"。换句话说，商品生产者只有在道德的引导下，本着诚信待人、合法经营、服务社会等道德理念，才能更好地占有市场，为更多的消费者所选择。商品道德属性，直接决定着商品使用价值的潜在效能，决定着交换行为的未来趋势。可见，使用价值和道德价值共同决定了商品价值。也就是说，商品道德属性所决定的商品道德价值，可以纳入经典理论关于"商品是价值和使用价值的对立统一体"的体系，这就一定程度地丰富了"商品是价值和使用价值的对立统一体"的内涵。

参 考 文 献

[1] 吴树青，卫兴华，洪文达．政治经济学（资本主义部分）[M]．北京：中国经济出版社，1993．

[2][4][5][6][7][8][15] 朱贻庭．伦理学大词典[M]．上海：上海辞书出版社，2002．

[3] 唐凯麟．经济与道德的良性互动和协调发展[M]．//陆晓禾，金黛如．经济伦理、公司治理与和谐社会．上海：上海社会科学院出版社，2005．

[9] [古希腊] 亚里士多德．尼各马可伦理学[M]．北京：商务印书馆，2004．

[10] 习近平．高举中国特色社会主义伟大旗帜 为全面建设社会主义现代化国家而团结奋斗——在中国共产党第二十次全国代表大会上的报告[M]．北京：人民出版社，2022．

[11] 周清杰，孙振华．论利益相关者理论的五大疑点[J]．北京工商大学学报（社会科学版），2003，18（5）：18-20．

[12] 谭力文，徐珊，李燕萍．管理学[M]．2版：武汉：武汉大学出版社，2004．

[13] 贺立，齐善鸿．构建基于企业道德优势的持续竞争优势[J]．内蒙古大学学报（人文社会科学版），2007，39（1）：26-29．

[14] [美] 菲利普·科特勒．营销管理[M]．9版．梅汝和，等译．上海：上海人民出版社，1999．

基于"五要件""八素养"的"马克思主义基本原理概论"课教学改革探索

何辉强

【摘要】北京理工大学珠海学院马克思主义学院在多年的教学实践中探索出"五要件""八素养"的教学改革之路,"马克思主义基本原理概论"课程教学在对马克思主义理论整体性把握基础上,结合"五要件""八素养"教改理念,积极探索课程教学改革有效路径,实现理论、教材、教学体系有机融合。

【关键词】"五要件","八素养",原理,整体性

北京理工大学珠海学院马克思主义学院始终坚持"'马院'姓'马',在'马'言'马'"根本宗旨,始终坚持立德树人根本任务,逐步探索出一条以"八素养"培养目标为核心,"五要件"教学方法为路径的思政课守正创新之路。

"马克思主义基本原理概论"(以下简称"马原")课坚持以学生为中心,学生主体、教师主导,在课堂上通过"主题演讲""读书沙龙""课堂辩论""学习画报"形式实施"五要件""八素养"教改。然而,要真正落实"五要件""八素养",达到预期效果,对于"马原"课要做到课堂教学活动与教学内容深入结合,要实现理论体系、教材体系和教学体系的有机融合,必须立足马克思主义理论整体性把握实施教学安排。只有在马克思主义理论的整体性认知把握之下,"五要件""八素养"教学改革方才能行之有效。

一、"马克思主义整体性"的认知:"马原"课程教学改革的前提

任何教学改革都必须立足于对教学内容有全景式理解,"马原"课程教学改革的成功也必须立足于对马克思主义理论整体性的正确把握。从马克思主义产生

发展、内容组成、"马原"课教材设计以及整个思政教学要求都要认知把握其整体性。

首先，马克思主义在其产生和发展历史过程中具有整体性，具有内在的逻辑统一。马克思在自己所处的时代背景下，基于历史和现状的分析，通过对德国古典哲学、英国古典政治经济学和英法国空想社会主义的继承和批判，实现了由唯心主义到唯物主义、革命民主主义者到共产主义者的转变，从而创立了马克思主义。列宁将马克思主义与俄国的实际结合起来创立了列宁主义，中国共产党几代领导人将马克思主义与中国的实际和中华优秀传统文化结合起来，实现马克思主义的中国化。马克思主义源于社会现实思考，始终关注着人类的生存境遇，追求全世界无产阶级的解放，最终实现人类的解放。马克思主义思想宗旨是指引人民为幸福美好生活而奋斗，实现人的自由全面发展，这是马克思主义理论内容产生发展的关键主线。

其次，从马克思主义理论的组成来把握其整体性。恩格斯在《反杜林论》中将马克思主义分为哲学、政治经济学和科学社会主义三个重要组成部分，纠正了当时社会上一些人对马克思主义理论支离破碎的理解，这种分法实际上还蕴含着一个逻辑的前提——马克思主义理论是一个整体。之所以将马克思主义理论分为三个重要组成部分是为了更好地整体理解、学习其理论，这三个重要组成部分是马克思主义最根本、最具有实质性的内容，也是最能体现马克思主义理论的实际意义和应用价值。这三个重要部分内容不是简单相加而是有内在逻辑的整体：哲学是理论基础，政治经济学是具体内容，科学社会主义是核心纲领。它们之间的关系可以用一个比喻来形容：哲学相当于一把"钥匙"，去打开资本主义这扇大门，对资本主义的剖析，即其政治经济学，通过分析研究发现一个"宝藏"——资本主义必然灭亡社会主义必然胜利，即其科学社会主义理论。这三个相互联系着的理论是对客观世界表现出整体的反映，对自然界、人类社会、人类自身发展规律的整体性研究。这也是学术界普遍认可的，即"整体性的马克思理论是指在马克思主义哲学、政治经济学和科学社会主义这三个组成部分中的'一以贯之'具有综合性特点的理论"[1]，"之"是指三个组成部分的内容，"一"就是指整体性理论。而我们研究马克思主义理论的整体性就要立足于其科学的世界观和方法论——辩证唯物主义和历史唯物主义。马克思主义理论整体性内容的主线是：无产阶级争取自身解放并最终解放全人类，实现人的自由全面的发展，以此过程阐明人类社会发展的客观规律。就理论研究和叙述而言，从研究过程到叙述过程反映的是一个"生动的整体"到"思维具体的整体"的过程，也体现了其整体性。

再次，高校《马克思主义基本原理概论》教材设计体现了整体性。"马原"课"着重讲授马克思主义的世界观和方法论，帮助学生从整体上把握马克思主义，正确认识人类社会发展的基本规律"。其前三章属于哲学部分，第四、五章属于政治经济学部分，第六、七章属于科学社会主义部分，教材本身反映了马克思主义理论的整体性，内容虽多但不杂乱，大致可分为七个层次的内容，内容之间有着紧密的逻辑联系。笔者以问题的追问形式来推进这七层内容。绪论里讲"马克思主义是关于自然界、社会、人类思维发展一般规律的学说，是关于社会主义必然取代资本主义，最终实现共产主义的学说，是关于无产阶级解放、全人类解放和每个人自由全面发展的学说，是无产阶级政党和社会主义国家的指导思想，是指引人民创造美好生活的行动指南"[2]。①马克思主义是科学的世界观和方法论，首要的问题即世界观的问题，马克思主义如何解读世界的本质和本原（唯物论）；②马克思主义认识和改造世界的最根本思维方式和思维理念（唯物辩证法）；③怎样认知人的主观思维世界（认识论）；④马克思主义以前的唯物主义是"半截子唯物主义"，马克思主义怎样认知人类社会（唯物史观），从而实现了自然观和历史观统一；⑤为什么资本主义必然灭亡，马克思主义是如何剖析论证的（资本主义本质规律）；⑥对比马、恩时代，当代资本主义有什么新变化，会改变它们必然走向灭亡的趋势吗（资本主义当代发展趋势）；⑦科学社会主义是怎样的，为什么社会主义必然取代资本主义，人类社会怎样走向未来的共产主义社会（科学社会主义论），当代中国人要朝着共产主义方向积极投身于中国特色社会主义现代化建设。这七层内容先后排序，从世界观开始，依次追问而递进，相互衔接，相互联系，构成一个完整的知识体系，从外观上呈现出马克思主义理论的整体性。

最后，从"点""线""面""体"的思政教学认知马克思主义的整体性。"点"是马克思主义理论体系中的最核心、最基本的观点，关于自然界、社会即人类思维一般规律的观点，即辩证唯物主义和历史唯物主义。"线"即主线。马克思主义博大精深，各基本观点之间并非杂乱无章、彼此孤立，而是具有贯穿其始终的主线——关注社会现实，追求人的自由全面发展，实现全人类的解放。习近平总书记指出，马克思主义的根本宗旨是"追求全人类的自由解放"。"面"是指高校思想政治理论教育这一共同面。"马原"作为高校思想政治理论课程其中的一门课程，要与"思想道德与法治""中国近现代史纲要""毛泽东思想和中国特色社会主义理论体系概论""形势与政策"课程之间实现有机统一，共同发挥作用，做到整体推进、协同发展。5门思想政治理论课虽各有相对独立的教学体系，侧重点各不相同，但都统一于思想政治理论教育实践，都要实现立德树人的共同使命。"体"是指思政课程育人的立体大思政格局。横向上在高校课程教学里边构建专业课和思政课大融合，在纵向上坚持小学、中学与大学（专科、本科、研究生）思想政治理论课程一脉相承，形成小中大思政课程一体化格局。各阶段的思想政治教育内容、侧重点应依据学生成长阶段的不同特质设置，聚焦各阶段在思政课程一体化推进中的特定任务。

二、基于整体性下"马原"课"五要件""八素养"的教学改革探索

在对马克思主义整体认知的基础上，在教学内容方面将教材内容进行专题化整合，专题内容以问题化分析讲解，以知识链接总结，实现理论体系、教材体系和教学体系的有机融合。在授课对象方面将学生分组，以学习小组的形式进行课堂教学活动，结合"五要件""八素养"在具体教学过程中探索"马原"课的教学改革。

一是"教学导入"的"课前5分钟"。教学的首要环节就是要迅速而有效地引导学生投入积极的学习状态。"马原"课以"主题演讲"的形式导入课程，主题内容由老师提前布置，学生学习小组课前搜集整理准备，给各个组一定时间上台展示，教师根据学生展示情况进行精准点评，这样可以迅速地让学生集中注意力，同时把握学生的学习认知情况，以便有针对性地讲解。

二是"有针对性讲解"的"重难知识点解析"。多年来，思政课由于其特殊的学科性质，教材内容存在大而全、广而粗的问题，几门课之间也存在内容衔接不严谨、知识点交叉以及重复中学阶段的思政学习内容等情况。根据教学导入的"主题演讲"情况，老师们对学生学情有了一定把握，通过对教材内容的解剖提炼，进行有针对性的"重难知识点解析"，实现由教材体系向教学体系的积极转换，避免"满堂灌"或"一刀切"。有针对性是基于学生学习认知基础上，结合教学的重难点进行，并将对于最新相关理论的论述融入其中，凸显以学生为中心的教学理念。

三是"增强效果"的"视频案例"。网络信息自媒体时代，利用新媒体教学对学生进行知识传播更加行之有效。针对重要的教学内容，教师们适当地选择经典、贴切又具有代表性的视频或案例与学生分享，既可以增强课堂的生动性又能使学生更好理解和吸收知识，并进一步延伸对理论的深入思考和积极讨论。

四是"体现主体"的"教学互动"。新时代的学生，越发不满足于被动地接收，主体参与意愿日益强化。"马原"课坚持灌输性与启发性的统一，主导性与主体性的统一，让学生想发声、敢发声、能发声。课堂上有针对性地设计"读书沙龙"、"课堂辩论"及创造性的"学习画报"展示，体现学生的主体性，实现"教学互动"，通过这些教学互动，进一步深化师生对理论与现实问题的认识，实现了教学相长。同时在活动中培养学生的"八素养"。

五是"把握方向和总结"的"教师讲评"。"马原"课因其严肃的政治属性，必须坚持政治性与学理性的统一，建设性与批判性的统一，既要坚持学生的主体性又要坚持教师的主导性，既要"放"也得"收"，因此，教师对学生的主题演讲及多元化的课堂活动必须进行把握方向的讲评和总结，既要对课堂节奏加以掌控，又要对知识观点加以总结，实现理念价值的回归。回归到思想政治理论课教学目的上，回归到马克思主义立场上。无论课堂教学环节怎么分解，教师还是最终的掌控者，是"导演"，把握方向的讲评总结对课堂教学至关重要。

习近平总书记在党的二十大报告中指出：中国共产党为什么能，中国特色社会主义为什么好，归根到底是马克思主义行，是中国化时代化的马克思主义行。马克思主义是世界观和方法论，作为教师要不仅要讲清楚马克思主义基本原理，更要将马克思主义与时代大势结合，与中国实际相结合，与中华优秀传统文化相结合，要让学生掌握马克思主义的基本立场、观点和方法，坚定理想信念，要内化于心外化于行，培养学生正确的认识世界和改造世界的能力。教育部原部长周济曾说过，"努力使马克思主义基本原理概论成为学生真心喜爱、终身受益的优秀课程"，这也是任课老师们梦寐以求的。"五要件"教学法，尊重学生个性与特点，有效调动了学生学习的主体性。在对马克思主义理论整体性把握基础上探索"马原"课的"五要件""八素养"教学改革，使教学方法"活"了，课堂"到课率""抬头率""点头率"明显提高了，学生的逻辑分析和解答问题的能力、政治素养和敏锐性都得到锻炼，学生也真正有了获得感。后期的教学实践过程中还要进一步探究，更进一步提高教学质量。

参 考 文 献

[1] 何辉强. 马克思主义理论整体性把握与教学探究 [J]. 品牌, 2015 (3): 252.
[2] 本书编写组. 马克思主义基本原理 [M]. 北京: 高等教育出版社, 2021: 2.

基于"五要件""八素养"的教学设计

黄坚学

【摘要】 文章首先阐述了"五要件""八素养"教学法的内涵，随后依据"五要件""八素养"教学法对"马克思主义基本原理概论"课程第二章第一节"实践与认识"进行了一堂教学设计。教学设计遵循统编教材内容和基本精神，同时又依据高校学生的学习特点和思维方式，将课程设计为"课前5分钟""重难知识点解析""视频案例""教学互动""教师讲评"等环节，教学过程中也借鉴采用了案例教学、探究式学习、小组讨论等教学方法的优势，体现了习近平总书记对思政课建设改革提出的"八个统一"原则，提升了学生的多种能力素养。

【关键词】 "五要件"，"八素养"，教学设计

一、"五要件""八素养"教学法内涵

习近平总书记在党的二十大报告中指出："教育是国之大计、党之大计。培养什么人、怎样培养人、为谁培养人是教育的根本问题。育人的根本在于立德。全面贯彻党的教育方针，落实立德树人根本任务，培养德智体美劳全面发展的社会主义建设者和接班人。"思想政治理论课是落实立德树人教育的重要阵地，对于培养学生的思想品德起着重要的作用。习总书记在与学校思想政治理论课教师座谈会中对思想政治理论课建设改革提出"八个统一"原则，即坚持政治性和学理性相统一、价值性和知识性相统一、建设性和批判性相统一、理论性和实践性相统一、统一性和多样性相统一、主导性和主体性相统一、灌输性和启发性相统一、显性教育和隐性教育相统一[1]。这"八个统一"原则为新时期思想政治理论课教学改革指明了方向。为此，北京理工大学珠海学院马克思主义学院总结出了"五要件""八素养"教学法，是一次应用型本科高校思想政治理论课教学改革的扎实探索和有益总结。

所谓"五要件",是指对高校思想政治理论课传统课堂模式的分解和重构,具体是指将课堂分成 5 个有机组成部分,即"课前 5 分钟""重难知识点解析""视频案例""教学互动""教师讲评"[2]。

所谓"八素养",是指在思想政治理论课教学中突出学生学习"选择自主权",着重培养学生走向社会的持续生存和发展能力,即重点打造政治认同、知识拓展、逻辑思维、辨析批判、道德修养、法律意识、实践创新和团队合作等 8 种综合素养,从而实现学生成才的目标[3]。

二、教学设计

(一)课前 5 分钟

"爱迪生发明电灯"的小故事家喻户晓,故事的梗概如下:爱迪生在发明电灯之前做了 2 000 多次实验,后来有个年轻的记者曾经问他为什么遭遇这么多次失败还没有放弃。爱迪生则回答:"我一次都没有失败。我发明了电灯。这只是一段经历了 2 000 步的历程。"

讲完故事后,教师提问同学:"爱迪生发明电灯前明明经历了 2 000 多次实验的失败,为什么爱迪生会说我一次都没有失败呢?"引导同学们深入思考。听完同学们的回答后,老师讲解一下(其实人的认识过程具有反复性,尤其是在自然科学的发展中,对于某一自然现象的认识,往往需要经过实践、认识、再实践、再认识的多次反复,才能形成比较科学的答案。爱迪生之所以说"我一次都没有失败",是因为他把每一次实验都看作整个实践过程中的一部分),从而点题引入我们今天的课程——实践与认识。

(二)重难知识点解析

1. 何谓实践

(1)实践的定义和特征。实践是人类所特有的能动地改造世界的社会性的物质活动。实践的特征包括客观实在性、自觉能动性和社会历史性。实践的客观实在性表现在,首先,构成实践活动的诸要素都是可感知的客观实在;其次,实践的水平、广度、深度和发展过程,都受客观条件的制约和客观规律支配;最后,实践能够提供客观的现实成果。实践的主观能动性是因为人的实践活动是一种有意识、有目的的活动。实践的社会历史性表现在，首先，作为实践主体的人总是处在一定社会关系中；其次，实践总是受一定社会历史条件的制约。

（2）实践的分类。包括物质生产实践、社会政治实践和科学文化实践。这三种实践类别学生都比较好理解。但是，现代社会随着 AI（虚拟现实）技术的广泛应用，同学们对于虚拟现实是否也属于实践会感到困惑。这里设计一个主题演讲（提前一周就给相关同学布置下去，搜集相关素材，制作 PPT），围绕"虚拟现实是否也属于实践"的主题进行讲解，引导同学们对这一问题进行正确的理解。

（3）实践的结构。包括实践主体、实践客体和实践中介。实践主体是指在实践活动中，具有一定的主体能力从而能从事现实社会实践活动的人，又有个体主体、群体主体、人类主体三种基本形态。实践客体是指实践活动所指向的对象，又区分为天然客体与人工客体、自然客体与社会客体、物质客体与精神客体。实践中介是指各种形式的工具和手段，主要有物质性工具系统、语言符号工具系统。

（4）实践对认识的决定作用。包括：①实践是认识的来源（举例：神农尝百草，一些东西比如西红柿首次被人类食用等）；②实践是认识的目的（举例：天花与牛痘的接种，18 世纪英国医生琴纳通过自己的长期研究和多次实践，终于发现了防止天花的根本方法——接种牛痘）；③实践是认识发展的动力（举例：显微镜、太空望远镜等的发明，大大提升了人类观察和研究世界的能力）；④实践是检验认识真理性的唯一标准（举例：中国走上改革开放的道路，就是在关于真理标准的大讨论下，在邓小平同志"摸着石头过河"的思想指引下，逐渐走出来的一条正确的道路）。

2. 何谓认识

（1）认识的本质。认识的本质是主体在实践基础上对客体的能动反映，这是辩证唯物主义认识论对认识本质的科学回答。要深刻把握认识的本质，需要弄清各哲学派别对这个问题的不同观点。

认识的特征包括认识的反映特性和认识的创造性。认识的反映特性是指人的认识必然要以客观事物为原型和摹本，又称摹写性、客观性。认识的创造性是指人的认识是一种在思维中的能动的、创造性的活动，而不是主观对客观对象简单的、直接的照镜子式的原物映现（举例：世界上第一辆汽车的诞生。世界上第一辆汽车诞生于 1886 年，是由德国人本茨制造发明的。它是一辆三轮汽车，搭载

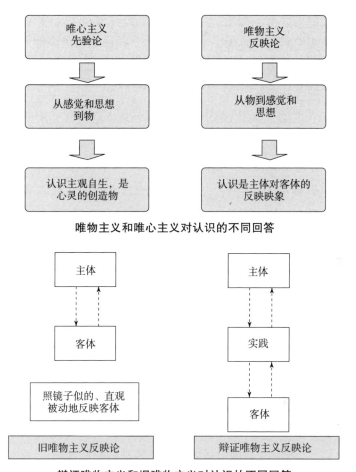

唯物主义和唯心主义对认识的不同回答

辩证唯物主义和旧唯物主义对认识的不同回答

着一台2冲程0.9马力①的汽油发动机）。世界上第一辆汽车的出现就很好地体现了认识的反映特性和创造性，第一辆汽车的三轮造型和马车是极其相似的，体现了认识的反映特性，世界上第一辆汽车使用燃油动力代替用马拉，则明显体现了认识的创造性。

（2）从实践到认识。在实践的基础上，认识活动由感性认识能动地飞跃到理性认识，这是认识运动的第一次飞跃。感性认识是指人们在实践基础上，由感觉器官直接感受到的关于事物的现象、事物的外部联系、事物的各个方面的认识，包括感觉、知觉和表象三种形象。理性认识是指人们借助抽象思维，在概括整理大量感性材料的基础上，达到关于事物的本质、全体、内部联系和事物自身

---

① 1马力≈0.735千瓦。

规律性的认识，包括概念、判断、推理三种形式（举例：人类的感性认识有很多，比如，感知到太阳东升西落、水往低处流、物种的多样性等，但人类的一些聪明人能在这些感性认识的基础上发现万有引力定律、生物进化论、新陈代谢的规律等，则属于理性认识）。

（3）从认识到实践。从认识到实践，是认识过程的第二次能动的飞跃。之所以要第二次飞跃是因为：一是认识世界的目的在于改造世界；二是认识的真理性只有在实践中才能得到检验和发展。实现由认识向实践的飞跃，需要经过一定的中介环节，包括确定实践目的、形成实践理念、制定实践方案、进行中间实验、运用科学实践方法等。因此，必须从实际出发，坚持理念与实际相结合，让理念为群众所掌握，转化为改造世界的物质力量。

3. 实践与认识的辩证运动规律及其启示

（1）实践与认识的辩证运动，是一个由感性认识到理性认识，又由理性认识到实践的飞跃，是实践、认识、再实践、再认识，循环往复以至无穷的辩证发展过程。

（2）从实践到认识，再从认识到实践，实现人们认识具体事物的辩证运动过程经历了两次飞跃，实践与认识的运动就算完成了吗？回答是：既完成了，又没有完成。说它"完成了"，是针对具体事物的认识而言，在由认识到实践飞跃的阶段，如果能够实现预想的目的，预定的思想、理论、计划和方案在实践中变为现实，那么，人们对于在某一发展阶段内的某一客观过程的认识运动就算是完成了。说它"又没有完成"，是针对实践与认识运动过程的向前推移、向前发展而言的，人的实践是永远向前推移、向前发展的，因而人们的认识也应随之推移和发展。

（3）在实践与认识的辩证运动中，主观必须统一于客观，认识必须统一于实践。这种统一是认识和实践的矛盾在发展中的统一，是具体的、历史的统一。

（三）视频案例

探索浩瀚宇宙，发展航天事业，建设航天强国，是我们不懈追求的航天梦。中国载人航天工程从 1992 年 9 月 21 日起步，30 年来几代航天人接续奋斗、攻坚克难，取得了举世瞩目的成就。进入新时代以来，载人航天工程实现一个又一个跨越性发展和历史性成就，即将完成中国空间站在轨建造，全面实现三步走发展战略任务目标。载人航天工程 30 年所取得的辉煌成就和系列标志性成果，铸就了建设创新型国家和科技强国道路上的自立自强，也积淀成载人航天精神，为所有中国人提供强大精神动力（播放视频《翩翩舞翩翩——210 秒回顾中国人飞天19 年》。该视频主要回顾了中国载人航天工程所走过的路程和成就）。

（四）教学互动

同学可以小组讨论分享，进行充分的思考总结之后，阐述一下我国载人航天工程的进程在哪些方面体现了实践与认识的辩证运动规律的原理。

（五）教师讲评

结合实践与认识的辩证运动规律，可以从以下方面进行讲评：

1. 实践是认识的来源

载人航天工程的成功实施，探索出一套符合我国国情和重大科技工程的科学管理模式和方法，积累了新形势下组织实施重大科技工程的重要经验。

2. 实践是认识发展的动力

载人航天工程的成功实施，突破了一大批具有自主知识产权的核心技术和关键技术，取得了一系列重大科技创新成果。这些技术和创新成果，将为我国载人航天工程的发展提供更高的平台和前进的动力。

3. 实践是检验认识真理性的唯一标准

载人航天工程的成功实施，证明了我国探月工程的计划、程序、步骤等举措是科学的。

4. 实践与认识是一个从实践到认识，到再实践，到再认识，循环往复以至无穷的辩证发展过程

我国载人航天事业的发展，既要尊重客观规律，又要充分发挥人的主观能动性。但在科研的过程中，我们也会遇到许多挫折和挑战，体现了认识的反复性，必然经历实践—认识—再实践—再认识的过程。

三、问题与思考

（一）提前做好教学设计

传统的灌输式教学只需要教师照本宣科地完成理论知识的宣讲即可，现在的"五要件""八素养"教学设计则需要提前做好教学设计，要有课堂模块化思维，要有清晰的培养目标，要明确每一个教学阶段着力培养学生"八素养"当中的哪些素养，要积极创造平等对话、踊跃发言的课堂环境，要有明确的问题意识，通过设计问题导入课程，设计的问题要切合学生思考的问题焦点。学生在分析问题和评论问题的过程中，有时提出的观点以及问题是教师不可预知的，因此对老师提出了更高的要求，教师需要有扎实的专业知识和广博的人文知识作为基础，同时对学生的思维习惯以及对学生生活中的各种新话语要能把握。

（二）要有相应的考核机制和学生学习效果的动态化管理

"五要件""八素养"教学法要求要有相应的考核机制。传统的期末试卷测试仅仅是对知识掌握程度的测验，现在则是要考核学生的各项素养，包括比如逻辑思维能力、分析问题的能力、解决问题的能力、写作能力等，所以期末测试要增加开放性的大题，比如论述题、案例分析题等。另外，还不能仅限于期末测验，我们还应注重学生学习效果的动态化管理，也就是要观察学生平时课堂的表现并做好记录，比如是否积极参与课堂活动，学生的思维方式是否合理，学生协作能力是否得到加强，学生的演讲能力和交流能力是否得到提高等。通过平时课堂的动态管理记录，教师按照一定的分值和比例与期末测验一起，完成对学生学习成效的评价。

参 考 文 献

［1］习近平. 思政课是落实立德树人根本任务的关键课程［M］.北京：人民出版社，2020.

［2］金涛，范建荣. 高校思政课"五要件"教学法的创新和应用［J］.渭南师范学院学报，2016（10）：78-92.

［3］王庆华."五要件"教学法在高校思想政治理论课教学中的应用［J］.集宁师范学院学报，2016（5）：95-97.

PBL 教学法在思想政治理论课上的应用

——以"马克思主义基本原理概论"课教学为例

郑秋菊

【摘要】 PBL 教学法作为应用较为广泛的教学方法，以问题为导向将学生的注意力快速集中到教学活动中去，使学生在自主解决问题的过程中将隐含于问题背后的科学知识潜移默化地接受。思想政治理论课在探讨创新教学模式的过程中更应把握好 PBL 教学法，将学生关注的、有疑惑的问题解答清楚，在此基础上达到更好的课堂效果。

【关键词】 PBL，思想政治理论课，教学

基于问题的学习（Problem – Based Learning，PBL）是一种典型的以学生为中心的教学模式，将学生置于教师所创设的问题情境中，调动学生自主学习的积极性，是让思想政治理论课教学课堂"活起来"的重要途径。有效利用问题导向对提升思想政治理论课教学的有效性具有重要意义，也是落实学院"五要件""八素养"的重要方法。笔者以"马克思主义基本原理概论"课为例，探析 PBL 教学法在高校思想政治理论课教学中的运用。

一、课前问题情境创设

"五要件"教学法中的"课前 5 分钟"是教学的首要环节，也是课前问题创设的依托。课前问题的提出往往是即时性的，且时常会结合当下的时事热点。思政课不仅应该在课堂上讲，更应该在社会生活中讲。特别是百年变局和世纪疫情交织叠加，世界进入动荡变革期，学生在面对社会现实时会产生较大的困惑，思政课的教学要回应社会现实，不能简单地宣读文件或讲教材，而是要注意解答重大社会事件（实践）对人们思想的影响，为此答疑解惑。否则我们的课堂就是

"干巴巴"的，没有生命力的。这就要求我们思政课教师要用理论关照现实，时刻关注学生会关注的问题，对问题要有敏感性，善于发现现实生活中鲜活的教学素材。课前问题的完成往往通过学生主题演讲、小组讨论的形式呈现。课前问题情境设置往往对焦以下几个方面：

一是围绕某一个专题展开相关的讨论。精心设置一个问题引起学生对讲授主题的兴趣，这个问题的设置往往是要起着引导的作用，即能够连接到相关的知识点内容。比如在"马克思主义原理概论"导论部分，关于"马克思主义过时了吗？"这一问题的设置，会促使学生去思考过时论有哪些观点和看法，如何破解问题并给予正确回应，以此来强调马克思主义没有过时，仍然具有生命力。

二是针对某一知识点进行提问。这个关于知识点的提问更多的是和高中教材内容进行衔接，在原有知识的基础上激起学生对知识更多的渴望和诉求。比如在第一章节"世界统一于物质"这一框题，学生对物质的概念有着识记能力，但并不能真正理解物质的定义，对物质定义的判断模糊不清。关于这一学情，设置了"规律属不属于物质？"判断题，从学生的判断中了解学生对物质概念的把握情况。学生往往把规律作为意识来理解，认为是人的主观意志总结出来的，因而忽视规律的客观性。通过案例的讲解，学生们认识到大自然的规律是客观存在，并不会因为人们没有认识或总结出来而不存在，因此规律是不以人的意志为转移的客观实在。这是符合物质的概念范畴的，物质是不以人的意志为转移，为人的意识所反映的客观实在，由此可以得出判断规律是物质。

三是结合原理知识点对时事热点素材进行设问，提升学生核心素养。当代大学生是网络新生代，网络环境错综复杂，信息真假难辨，甚至会出现错误的价值导向。因此教师作为意识形态安全阵地的一线守护者，必须做好正确的价值引导，要根据当前社交媒体聚焦的事件进行设问。一般问题形式为："你对某一热点事件的看法是什么？运用马克思主义的立场观点方法该如何分析？"如组织学生围绕"中西方国家抗击疫情的不同表现"为主题，以小组为单位共同制作PPT，经过多次试讲并根据任课教师的意见修改后，方可上台演讲。教师根据演讲效果给予现场评价并给出成绩，做总结性点评。这一主题可结合"人民群众是历史的创造者"这一原理来给学生进行分析，将习近平总书记的"人民中心论"引入课堂，由此还可延伸讲中国特色社会主义的制度优势。

二、课中聚焦主题问题

课前问题的设置可以称为是学生的一道"开胃菜",吸引学生的注意力,激发学习兴趣。而课中对主题问题的设置才是以"主菜"或"主食"的形式呈现,以此来充实学生的头脑。课中问题的创设主要落实"五要件"中的"重难知识点解析""视频案例""教学互动""教师讲评"四个环节,呈现出立体动态的课堂教学体系。因此,课中问题的设置具有严密的逻辑性,既要联系现实,又要紧密联系马克思主义的立场观点和方法。课中问题的设置往往需要聚焦以下几个方面:

一是聚焦课程的重难点内容,对于一些重点难内容必须讲清楚讲透。"重难知识点解析"作为"五要件"教学法 PBL 模式要求教师除了对课堂起主导作用外,还要引导学生进行提问。在教学过程中我们会发现学生提出问题的能力有待提高,因此为了解决这个问题,我们借助超星平台发布讨论主题,学生在平台上的发言积极性还是非常高的。比如:如何通过正确看待当代资本主义社会的新变化来理解马克思所说的"两个绝不会"。当代资本主义社会的新变化会让不少学生质疑马克思所说的"两个必然",即资本主义必然灭亡,共产主义必然胜利。学生会提出"两个必然为什么到今天还没有成为现实",因此,对"两个绝不会"的理解成为理解"两个必然"的关键。邓小平曾说:"绝不能要求马克思为解决他去世之后上百年、几百年所产生的问题提供现成答案。列宁同样也不能承担为他去世以后 50 年、100 年所产生的问题提供现成答案的任务。真正的马克思列宁主义者必须根据现在的情况,认识、继承和发展马克思列宁主义。"[1]我们在讲解马克思主义理论的过程中也要及时关注学生可能关注的问题。

二是围绕知识识记运用能力设置问题。教学重难点是教学内容的重要环节,如何帮助学生更好地理解知识点内容。除了识记型的问题设计外,还要相对应地设计运用型的问题,只有掌握知识的运用能力,才能算真正掌握了其知识。比如,在讲到剩余价值率的相关知识点时,不仅要让学生掌握剩余价值率是对资产阶级剥削程度的反映,更要学会运用公式算出剩余价值率,由此来更深入地把握工资只是资本家掩盖剥削的工具。通过计算剩余价值率一方面能够加深学生对马克思主义剩余价值论的理解,另一方面能够识记剩余价值的来源与资本主义剥削的本质。

三是提出一些分歧点，引发学生深度思考，提高知识运用能力，培养逻辑思维能力。比如我们在讲到剩余价值的源泉时，设置了这样的问题：在人工智能发展的时代，机器化或智能机是否能独立地创造价值？无人工厂中的机器取代了人"劳动"，为什么不能取代人创造价值的地位？为什么说只有现实的人的劳动才是剩余价值的唯一源泉？机器的劳动与人类的劳动有什么区别？这一问题的思考能帮助学生深刻了解到人的劳动是剩余价值的唯一源泉，而不是其他的物。机器虽然可以取代人的某些活动，但机器是人的劳动的产物，是商品，它是隶属于商品所有者的。机器本身不能决定其隶属性问题，机器也不能决定其产品归属。所以，机器没有成为社会主体的资格，也就不能说其能独立地创造价值。

三、课后设置拓展性问题

党的二十大报告指出："教育是国之大计、党之大计。培养什么人、怎样培养人、为谁培养人是教育的根本问题。育人的根本在于立德。全面贯彻党的教育方针，落实立德树人根本任务，培养德智体美劳全面发展的社会主义建设者和接班人。"[2]在实践教学活动中始终要坚持以习近平总书记在学校思想政治理论课教师座谈会上提出的"八个统一"和"六个要"为引领，紧密结合应用型大学的人才培养目标，秉承"以学生发展为中心"的初心，重点提升学生政治思想、知识拓展、逻辑思维、辨析批判、道德修养、法律意识、实践创新和团队合作 8 种素质，培养出担负民族复兴大任的时代新人。课后问题的设置是拓展性的，为学生提供进一步学习的空间，是打通课上与课下的桥梁与抓手。拓展型问题的设计往往也和新时代青年使命担当相关，旨在服务于办好社会主义大学，为社会主义培养时代新人。"人的思维是否具有客观的真理性，这不是一个理论的问题，而是一个实践的问题。"[3] "一步实际行动比一打纲领更重要"[4]，思想政治理论课要真正让学生入脑入心，离不开实践，要让学生在实践中理解和检验马克思主义的真理性，做到真懂真信。

一方面要结合校园的实践活动去创设问题，帮助学生解决学习或生活中的难题。校园是一个社会的小模型，学生从高中到大学的转变过程中总会遇到一些难题。这时候教师就应利用课堂，适当帮助学生缓解压力、树立信心。在现实教学过程中，通过随机采访会发现学生面临不少学习、就业等方面的压力。在处理问题能力方面有待加强，特别是情绪的调节和控制。比如我们在讲事物的变化发展时，要抓住事物发展的本质，即新事物的产生与旧事物的灭亡。这一本质规律可以和质量互变规律结合起来为学生创设问题："运用事物发展的本质和量变质变规律来分析你的目标实现情况。"在竞争激烈的大环境下，学生的焦虑感大多来自能力与目标的不匹配。除了让学生合理制定目标外，还要培养学生坚持不懈的精神，要在尊重客观规律的基础上发挥主观能动性，要注重量的积累，耐心等待质的飞跃。

另一方面要结合中国实践去创设开放性思考题，让学生以主人翁的精神参与到中国实践中，去思考中国问题，寻找中国方案，将个人命运与国家命运紧密联系在一起。比如在讲到"共产主义理想崇高理想及其最终实现"这一章节时，应让学生认清"共产主义渺茫论"的错误，树立共产主义信念。习近平总书记说："共产主义绝不是'土豆烧牛肉'那么简单，不可能唾手可得、一蹴而就，但我们不能因为实现共产主义理想是一个漫长的过程，就认为那是虚无缥缈的海市蜃楼，就不去做一个忠诚的共产党员。革命理想高于天。实现共产主义是我们共产党人的最高理想，而这个最高理想是需要一代又一代人接力奋斗的。如果大家都觉得这是看不见摸不着的东西，没有必要为之奋斗和牺牲，那共产主义就真的永远实现不了了。我们现在坚持和发展中国特色社会主义，就是向着最高理想所进行的实实在在的努力。"[5]要将共产主义的远大理想同中国现实结合起来，把握个人理想与社会理想的关系，鼓励学生在树立个人理想时，应和国家命运、人民幸福联系在一起。

■ 四、应用 PBL 教学法的建议

PBL 教学法改变了传统灌输式教学法的单向模式，能够更好地引起学生的兴趣，发挥学生的能动性和创造性。但任何教学模式都不是完美的，而是需要老师不断地根据实际情况调整教学方法和模式，与学生之间形成良性互动。同时在教学过程中 PBL 教学法不是独树一帜的存在，也不应是为了设问而设问，而是要有效地结合其他教学方法进行教学活动。在 PBL 教学法应用的过程中，我们围绕"原理—原著—案例"三位一体的教学模式，设置了读书沙龙、主题演讲、思辨明理等活动。以问题为导向开展活动，从知识点到文本解读再到鲜活案例，既有理论的深度，又有现实的温度。各种教学方式方法各展其长，相得益彰、相互配合，为提升教学质量服务，增强思想政治理论课的吸引力、说服力和感召力。

PBL教学法在应用过程中首先应注意的问题是教师对教学问题的设计，要在把握学情的基础上，围绕课程大纲要求精心设计教学问题。问题的设计要以内容为王，要把握理论的深度，力图把问题讲清讲透，而不是只求形式，进行表演式教学。学生的获得感来自理论的深度，教无定法，但方法要为理念与内容服务。其次是要求教师对课堂有较高的掌控能力，要对课堂环节进行监管和有效的引导。我们在教学实践过程中发现不少学生在其他小组进行活动展示的时候，会出现注意力不集中的情况。教师应及时在学生遇到困难时进行引导，时刻把握课堂的动态。建立小组互评机制，让更多同学参与到课堂的每个活动环节中来。

应用PBL教学法要配合合理的考核机制，设置相对应的平时成绩，学生才会有相对应的积极性，除了成绩的反馈外，教师还要对学生的表现进行及时的反馈，包括点评和观点的纠正。在课堂中给予学生畅所欲言的机会，也难以避免会有一些错误的观点的产生。此时教师需要及时进行纠正和引导。在学生积极回应问题时应给予肯定的鼓励，除了同伴互评外，学生更期待老师精彩的点评。

教师要善于利用一切可利用的教学资源为学生创设良好的课堂环境。教师要学在前头，学最新理论成果，搜集贴合教学的鲜活案例，关注学生最新动态，集中智慧挖掘教学资源，并为己所用。任何教学方法的应用最本质的要求还是落在教师自身的教学能力上，要求教师自身本领要强。教师要不断提高教学素养，只有给自己设立高目标和高标准，才能达到教学相长的良性循环状态。在落实学院"五要件""八素养"教学改革的过程中，我们要积极探索符合学情的教学方法，不断更新教学素材，力求培养出的学生"政治要强、情怀要深、思维要新、视野要广、自律要严、人格要正"。正如习总书记在二十大报告中提出的，要用党的科学理论武装青年，用党的初心使命感召青年，做青年朋友的知心人、青年工作的热心人、青年群众的引路人。站在"培养什么人、怎样培养人、为谁培养人"的目标高度，将"立德树人"作为最核心的培养目标，培养出更多优秀的时代新人。

参考文献

[1] 邓小平. 邓小平文选（第三卷）[M]. 北京：人民出版社，1993.

[2] 习近平.高举中国特色社会主义伟大旗帜 为全面建设社会主义现代化国家而团结奋斗[N].人民日报,2022-10-26(001).

[3] 马克思,恩格斯.马克思恩格斯选集(第一卷)[M].北京:人民出版社,2012.

[4] 马克思,恩格斯.马克思恩格斯选集(第三卷)[M].北京:人民出版社,2012:134.

[5] 习近平.坚定理想信念,补足精神之钙[J].新长征,2022(1):4-11.

关于"形势与政策"课程教学改革的思考

刘智辉

【摘要】"形势与政策"课是帮助大学生正确认识新时代国内外形势，深刻领会党的十八大以来党和国家事业取得的历史性成就、发生的历史性变革、面临的历史性机遇和挑战的核心课程，是第一时间推动党的理论创新成果进教材进课堂进学生头脑，引导大学生准确理解党的基本理论、基本路线、基本方略的重要渠道。本文阐述加强和改进高校"形势与政策"课程的必要性，在分析目前高校"形势与政策"课教育教学中存在的问题基础上，联系我校思政课教学改革实际，从提高认识、深化改革、队伍建设等方面提出优化教学效果、增强教学实效性的思考。

【关键词】"形势与政策课"，问题，教学效果，"五要件"，"八素养"

"形势与政策"课是高校思想政治理论课的重要组成部分，是每个学生的必修课，在大学生思想政治教育中担负着重要使命，在及时、准确、深入地推动习近平新时代中国特色社会主义思想进教材进课堂进学生头脑，宣传党中央大政方针，牢固树立"四个意识"，坚定"四个自信"，培养担当民族复兴大任的时代新人中，具有不可替代的重要作用。

一、加强和改进"形势与政策"课教学的必要性

党的二十大报告指出："教育、科技、人才是全面建设社会主义现代化国家的基础性、战略性支撑。"高校作为培养高层次专门人才的场所，必须立足培养高素质人才的战略高度，充分认识加强和改进形势与政策课教育教学的重要意义。

(一) 加强和改进"形势与政策"课教学是国际国内形势变化的要求

当前,国际国内形势发生了深刻变化,百年变局和世纪疫情相互交织,经济全球化遭遇逆流,大国博弈日趋激烈,世界进入新的动荡变革期,国内改革发展稳定任务艰巨繁重,大学生的思想观念容易受到一定的冲击。在复杂的形势面前,大学生面临许多矛盾和困惑,亟须教育和引导,特别需要加强和改进"形势与政策"课教学,引导学生从国家发展和民族复兴的高度认识自己、把握自己,帮助他们拓宽视野、开阔胸襟、立志奋斗。从这个意义上看,加强和改进"形势与政策"课教学是形势变化的客观要求。

(二) 加强和改进"形势与政策"课教学,是提高大学生思想政治素质的需要

大学生正处于世界观、人生观和价值观形成的关键时期,敏感、勤于思考,但科学思辨能力不强,容易受到各种思潮的侵蚀。加强和改进"形势与政策"课教学,使之更贴近社会现实和学生思想实际,既对形势与政策以及重大事件进行理论阐述,又针对学生思想实际进行指导,帮助其正确分析认识党和国家面临的国际国内形势以及现实中存在的问题,增强辨别是非的能力,这对提高大学生思想政治素质、坚定其走中国特色社会主义道路信念具有重要意义。

(三) 加强和改进"形势与政策"课教学是实现人才培养目标的需要

高校要完成培养社会主义合格建设者和可靠接班人的历史使命,必须加强和改进"形势与政策"课教学,使其实现帮助学生形成科学的形势与政策观,掌握科学分析国内外形势的方式、方法,正确理解党的路线、方针、政策,坚定信心和决心,积极投身到新时代中国特色的社会主义现代化建设中去,把建设中国特色社会主义事业继续推向前进的最终目标。习总书记在二十大报告中指出:"广大青年要坚定不移听党话、跟党走,怀抱梦想又脚踏实地,敢想敢为又善作善成,立志做有理想、敢担当、能吃苦、肯奋斗的新时代好青年,让青春在全面建设社会主义现代化国家的火热实践中绽放绚丽之花。"

(四) 加强和改进"形势与政策"课教学是大学生自身成长的需要

大学生正处于人生发展的可塑期。在复杂多变的形势下,大学生的自身发展

也呈现出一些不协调,如对事物反应敏锐但分辨是非能力较弱;重知识技能而思想修养略显欠缺等,大学生也因自身发展的不协调易受各种不利因素影响。这就需要不断加强和改进"形势与政策"课教学,从教育教学规律和学生成长规律出发,帮助他们全面、正确、准确地把握形势、认识事物,实现自身全面协调发展。

二、目前部分高校"形势与政策"课教学存在的主要问题

根据中宣部、教育部《关于进一步加强高等学校学生形势与政策教育的通知》,习近平总书记关于加强和改进高校思想政治工作的重要论述以及中共中央、国务院《关于加强和改进新形势下高校思想政治工作的意见》等相关文件精神总体看,"形势与政策"课教育教学有法可依、有章可循,但是,该课程的教学在大部分高校还存在一些亟待加强的问题,还面临许多挑战。

(一)学校层面对"形势与政策"课程重视不够

主要表现在学校层面对该课程的重视不能真正落到实处,对于上级教育部门的有关指示和部署只起到上传下达的中介作用,没有起到真正落实的保障作用。同其他思想政治理论课一样,"形势与政策"课承载着立德树人的根本任务,是铸魂育人的生命工程、基础工程、战略工程。如此艰巨的一项任务,必须依靠党的坚强领导才能实现。该课程所需要的具有学科专业背景的专任教师、图书资料、网络资源等在内的课程资源硬件配套等,需要学校领导在经费投入上予以政策倾斜,并对各部门进行有机的协调、统筹安排,使对本课程建设的相关部门形成合力,发挥该门课程的最大教育作用。

(二)师资不能够满足"形势与政策"课教学需要

目前,部分高校虽然成立了"形势与政策"课教研室,教师队伍存在着专兼职并存、专任教师较少的问题。根据教育部《关于加强新时代高校"形势与政策"课建设的若干意见》要充分保证规范开课。要将"形势与政策"课纳入学校教学计划,严格落实"形势与政策"课的学分。要保证本、专科学生在校学习期间开课不断线。本科每学期不低于 8 学时,共计 2 学分;专科每学期不低

于 8 学时，共计 1 学分。各高校应结合实际和学生需求，开设形势与政策教育类的选修课，完善思想政治理论教育课程体系，发挥"课程思政"作用。缺少"形势与政策"课程的专任教师，这是影响教学效果的一个不容忽视的因素，由于兼任教学工作繁杂，对于"形势与政策"课教学，在时间与精力的投入上受客观条件限制，不能完全满足教学需要。

（三）教学内容、方法、手段改革亟待改进

"形势与政策"课教学内容上存在过于注重政治性，对学生关注的热点、焦点、难点把握不足等问题。除此之外，还存在教学内容的针对性和实效性不够等问题，该课程没有教学大纲，教师们根据教育部下发的"形势政策教育教学要点"准备教学，也就相当于大纲的作用，实际上很多时候老师们收到要点的时候，有些内容已过时，新的社会热点已经产生，这就需要老师们有更高的政治敏感性和洞察力。此外，信息社会的发展也需要老师们不断优化教学手段，单一的理论教学、照本宣科、生硬灌输、缺乏与学生的沟通讨论、缺乏社会调查与社会实践、"一本讲稿、一支粉笔"或者过于简单化的电子教案等教学手段和模式，使学生感到枯燥乏味，不利于调动学生学习的积极性，在一定程度上也影响了教学效果。

（四）学生的内在需求与教育给予存在落差

从主体教育思想出发，要高度尊重学生，充分尊重每个学生学习的主体地位，满足学生对"形势与政策"课教学的内在需求。大学生在成长阶段正属于青年早期，呈现出体力高峰、智力高峰、社会需求高峰、创造高峰等高峰特质。他们对于知识的渴望程度超乎寻常，对于热点时政问题极度关注；同时他们的情绪波动极大、两极情绪表现突出，转瞬间或豪情万丈，或意志消沉。由于存在这样的生理和心理特点，一方面，对于国际国内重大事件、社会生活中被广泛关注的热点焦点问题具有极高的热情和求知欲，另一方面学生的内在需求与教育给予之间形成了较大落差。

三、优化"形势与政策"课教学效果的对策

"形势与政策"课既具备使大学生成为高素质人才所需的大局观和思维能力

训练、和谐人格塑造等一般教育功能，也承载着对大学生进行马克思主义形势观、政策观教育的特殊育人使命。因此，优化"形势与政策"课的教学效果，充分发挥其功效是高校思想政治理论课教师面临的艰巨任务。

（一）提高认识是优化"形势与政策"课教学效果的前提

思想是行动的主导，只有认识到位，才能更好地付诸行动。提高对"形势与政策"课的认识可以从学校、教师、学生三个层面入手。就学校而言，思想重视要落实在行动上。在教学管理上，应以制度的形式给予保证，即列入教学计划、排入课表、有学分、有考核，并且重视本课程教师的培养，确保所需各项经费、场所、设备落到实处。就教师而言，要充分认识到"形势与政策"课的重要性，以学生为本，不断提高思想政治素质、丰富自己的知识储备、改进教学方法，从学生关注的社会生活、时事政治出发，寻取学生思想需求与教学内容的联结点，理论联系实际，回答学生普遍关心的问题，充分调动学生参与课堂教学的积极性，增强教学效果。就学生而言，学生重视"形势与政策"课程就是要端正学习态度，对该课程投之以热情、付之以精力，通过不断地认知时事、认同政策，学会用自己的眼睛看世界，用自己的头脑分析问题，认清大局和大趋势，最终树立起科学的形势政策观。

（二）深化教学改革是优化"形势与政策"课教学效果的保证

为了进一步提高思想政治理论课的教育效果，我校马克思主义学院综合考虑各门课程的内容、特点，提出思想政治理论课"五要件"教学法及"八素养"教学目标培养，"五要件"即"课前5分钟""重难知识点解析""视频案例""课堂互动""教师讲评"5个课堂环节；"八素养"即政治思想、知识拓展、逻辑思维、辨析批判、道德修养、法律意识、实践创新和团队合作8项内容。目前"五要件"的教学设计、"八素养"贯彻情况已经贯穿到了各门思政课，在"形势与政策"课教学上，具体情况如下：

第一，与时俱进，优化教学内容。教学内容是良好教学效果的核心。目前，"形势与政策"课还没有具体的教学大纲和全国通用的教材，教学内容的确定主要以教育部社政司定期印发的该课程教学要点为依据。同时，因为它是一门具有较强的政策性、时效性，教学内容处于不断变化更新的动态过程中的课程，在教学内容选取上应以科学统一的理论，即马克思主义、毛泽东思想和中国特色社主义理论、习近平新时代中国特色社会主义思想为指导，根据形势发展需要决定教学内容，既重视党的基本理论和基本路线的教育，又重视国际国内重大时政问题分析；既进行国内外政治经济形势教育，又进行社会热点和学生关注的焦点问题的分析。通过精心设计的教学内容，提高学生对"形势与政策"课的认同感，增强教学吸引力，优化教学效果。

第二，改革教学方法，引导学生广泛参与。新颖灵活的教学方法是良好教学效果的载体。首先，建立课堂教学专题讲授制度。设立专题，把问题讲深讲透，满足学生的需求。专题教学在实施过程中，努力构建以教师为主导、学生为主体的"双主体互动"教学模式。其次，采用多维互动式教学模式。组织学生围绕其关心的热点、难点问题进行讨论，吸引绝大多数学生参与教学活动。再次，建立形势与政策报告会制度，充分利用各种教育资源，定期举办各种形势与政策报告会，使"形势与政策"课堂教学得以有效延伸和补充。最后，利用各种先进技术进行教学手段改革，大力提高"形势与政策"课教学的现代化水平。

第三，加强实践教学环节，提高教学实效性。力求做到以学生为本，结合专题教育内容，把理论与实践有机地结合起来，收到事半功倍的效果。马克思主义学院近年来，结合理论教学开展了系列实践活动，鼓励学生理论联系实际，积极主动地学习和运用马克思主义理论和方法认识和把握天下大事。比如带领学生参观戒毒所，参观苏兆征故居、杨匏安纪念馆、杨伟民纪念馆，百年党史征文，微视频展评等实践教学活动。让学生们关注和发现生活中的典型事例，了解历史，热爱祖国；用真情实感书写、拍摄身边的真善美，积极弘扬与践行真善美。学生们也表现了高度的热情，积极参加各种实践活动，通过自己的作品发表看法、提出思考，收到了较好的教学效果。实践证明，把课堂教学与课外教育活动有机结合起来是调动学生积极性、增强学生自我教育的主动性和自觉性的有效途径。

第四，加强隐性教育环节，建立形势与政策教育长效机制。"形势与政策"课的终极目标是对学生进行思想政治教育。一般的课堂教学都能够达成这一目标，要建立形势与政策教育长效机制，必须从青年学生身心特点出发，加强隐性教育环节。隐性教育大体可分为物质性隐性教育、行为性隐性教育、制度性隐性教育、精神性隐性教育、课程性隐性教育等几个方面，课程性隐性教育尤其需要学校全员参与，共同努力。就"形势与政策"课而言，应该更加注重文化氛围的营造，为此，我们的"课前5分钟"已经落实到每一门思政课。从最近几年的实施情况来看，大多数学生的选材都是对时政热点的评论；学校领导每学期定期开设系列讲座，积极树立良好的教风、学风，营造遵纪守法、积极向上和关心时事的氛围。

（三）结构优、素质高的教师队伍是优化"形势与政策"课教学效果的关键

"形势与政策"课的思想性、知识性、时效性等特点对任课教师提出了较高的要求。从思想政治理论课教师中选拔专业理论功底深厚、对教学全身心投入的、不断探索教育教学改革的教师作为"形势与政策"课教师队伍的骨干；选拔能够把握学生思想脉搏并且关心热点和思想政治教育工作最前沿的辅导员作为"形势与政策"课的兼职教师，加强对其指导和培训，使之成为教师队伍的主体；吸收党政领导干部及其他领域的专家、学者加入"形势与政策"课教师队伍中来，努力建设一支以专为主、专兼结合、相对稳定、水平较高的教师队伍。通过定期开展集体备课，不断提高教师队伍的整体水平；注重培养青年教师，打造"形势与政策"课教学梯队，老教师充分发挥传帮带作用，帮助青年教师迅速成长为"形势与政策"课教学的有生力量；重视创新意识和奉献精神，不断提高该课程教师的师德修养。

高校书法教育对大学生素养的培养研究

蒋文新

【摘要】 高校是教书育人的重要场所，以培养大学生的知识、技能，及塑造大学生健康的人格为教育目的。对于塑造大学生健康人格来说，高校书法教育有着非常重要的作用。因此，在新时期加强和完善高校书法教育，对培养大学生健康人格心理和提升大学生的学习能力具有非常重要的意义。

【关键词】 高校，书法教育，素养

一、高校书法教育现状

在 2009 年 9 月 30 日，中国书法被联合国教科文组织列入《人类非物质文化遗产代表作名录》。中国书法源远流长、博大精深，有"无言的诗，无行的舞，无图的画，无声的乐"之美誉。几千年来，书法所具备的独特的艺术魅力吸引着一代又一代年轻人，发挥着"育德""启智""健身""审美"等多方面的教育功能。书法教育的优良传统的发扬，高校书法教育的加强，不仅可以推动对中华文化的传承与创新，而且可以通过书法教育与素质教育的有机结合，使大学生成长为身心和谐、德能兼备、全面发展的高素质人才。

虽然高校书法教育在大学生素质教育中起着不可替代的特殊作用，但从目前高校书法教育的现状来看，高校书法教育却是长期得不到重视，甚至处于缺失状态。究其原因，主要有以下几个方面：

（一）书法教育受到时代大背景的严重影响

随着 21 世纪信息技术的迅猛发展，对于年轻一代的大学生来说，手机短信、可视通话、电子邮件、微博、微信等早就替代了传统的纸质书信的方式，毛笔、钢笔等传统书写工具也逐渐失去了广泛的实用价值，书法价值在人们的心目中降

低了所占有的地位。

(二) 高等教育对书法学科定位的认知模糊

书法是中国艺术的高级艺术表现形式之一，承载着中国传统文化的内涵，是中华民族聪明才智的集中表现。由于书法学科缺乏明确的定位，加之高校本身对书法教育功能的认识不到位，有的高校仅仅将书法教育当作通选课，或者在年度开展书法比赛时才登场。

(三) 高校书法教育管理体制还不健全

目前，高校书法教育不像专业教育与学科教育那样具有较为完善的管理体制。除了个别设有书法专业的高校外，绝大多数高校都没有解决书法师资编制问题，没有形成有效的书法教育运作机制，也没有制定操作性强、具有强制性的书法教学管理制度，无法定期对相关政策、制度的执行和书法教学的工作绩效进行督察和评估。

(四) 大学生自觉接受书法教育的意识薄弱

由于我国基础教育还没有走出应试教育的泥淖，这使高校招收的大多数学生，除了几门高考科目的教科书知识外，其他知识甚至常识都显得异常缺乏。当前大多数大学生掌握人文社会科学知识相对较少，书法知识更是普遍缺乏。

二、高校书法教育对培养大学生素养的作用

书法教育是大学生素质教育的重要内容，是为提高大学生综合素质而展开的书法文化、书法欣赏、书法审美以及书写技能等的书法教育教学活动。高校书法教育对大学生素养的培养具有特殊作用。

(一) 增强文化素养，提升审美情趣

书法是中国传统文化艺术的一种重要表现形式，蕴藏着中国传统文化艺术的丰富内涵。书法艺术从甲骨文到钟鼎文，从大篆到小篆，从隶书到楷书，从章草到今草到狂草，最后出现了楷、草之间的行书，不管形式如何变化，都体现着与时俱进的时代气息与博大精深的人文内容。

（二）陶冶品德情操，磨砺意志品质

练习写字，学习书法，要想达到一定境界，不仅仅是技巧上的刻苦练习，更重要的是对自身品德和人格的陶冶。书法教育和德育教育具有内在一致性。书法理论教学中，让学生欣赏古今书法大家的书法艺术，向学生讲述书法大家的生活故事，可以促使良好的行为习惯形成。书法学习是一个伴随人的一生的过程，离不开坚韧的意志和持之以恒的精神。

（三）引领学生情感，缓解心理压力

欣赏书法作品对大学生具有一种情感引领作用，因为书法作品是艺术家内心情感的真实表达，当我们欣赏一件书法艺术作品时，其形式美感和优美文辞对欣赏者都具有非常直接而强烈的情绪感染作用。天下第一行书——王羲之的《兰亭序》，通篇笔墨如行云流水，优美流畅，令人联想到王羲之与友人雅集时闲适而愉悦的心情，优美的文辞加之王羲之精湛的笔墨技巧，使欣赏者犹如身临其境，和书家产生一种心灵的交流和共鸣[1]。

（四）提升书写体验，稳定浮躁心理

中国传统书法作为中国传统文化精神的体现，向来比较重视作书者的静修之功。早在东汉时期，蔡邕在《笔论》中指出："书者，散也，欲书先散怀抱。任情恣性，然后书之；若迫于事，虽中山兔毫不能佳也。夫书，先默坐静思，随意所适，言不出口，气不盈息，沉密神采，如对至尊，则无不善矣。"宋代书法"尚意"，对前人习书的静修之说又有进一步发展[2]。如欧阳修论及书法，着重阐释"学书为乐"，他在《学书为乐》中说："苏子美尝言：明窗净几、笔砚纸墨，皆极精良。亦自是人生一乐。"他进而提出学书的审美心态是"静中至乐"，他认为"学书不能不劳，独不害性情"，因而寓心于学书，能"得静中之乐"。关于书法静修之功的论说历代不乏其人，在此不再一一列举。而中国传统文化中的这种静修之功，对大学生来讲具有较大的启示和现实意义。

三、高校书法教育对大学生素养培养的思考

（一）调整现有的教学内容

书法教育的目的旨在教书育人。传统书法教育比较侧重书法技艺的讲解，教

书有余，育人不足，需要进一步深入挖掘其中的人格教育因素，将技能训练和人格教育结合起来。如在讲授技能前，可以讲一讲书法家的人品精神，列举一些历史上杰出书法家的人格品行加以讲述。

（二）营造良好书法学习氛围

教师应改变以往的灌输式教育方式，积极营造良好书法氛围，在课堂上让学生们由被动变为主动，提高和培养大学生学书的兴趣。在学生书写时，教师播放一些节奏较为舒缓的中国元素音乐，营造一种平静祥和的书写心境，使得他们通过书写感受审美愉悦，从而获得一种内心的享受[3]。

（三）丰富校园书法艺术活动

为了丰富校园书法艺术活动，努力打造校园人文气息，可以开设校园书法微信公众号，不定期举办师生的书画展，还可引进校外书法家作品展，邀请校外书法家入校开展书法艺术讲座等，使高雅文化占领高校主阵地。同时，让大学生在接受艺术美的感染和熏陶时，心理经常处于一种和谐自由的状态，从中获得一种幸福的体验。

总之，我们要坚持贯彻国家的教育方针、政策，落实大学书法教育的任务，充分利用书法课的平台，加大对大学生素养的培养力度。

参 考 文 献

[1] 张学鹏，周予．论高等师范院校书法社团的育人功能［J］．大学教育，2014（5）：53．

[2] 陈海说．育人功能在书法教学中的渗透［J］．师道．教研，2012（9）：30－31．

[3] 蒋文新．书法教程［M］．北京：中国铁道出版社，2014：121－122．

注：该文发表于《科技信息》2017 年第 16 期。

志愿活动

志愿者

实践参观

实践参观

小组讨论

学生演讲

诵读经典

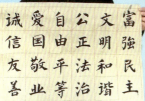

学生展示

小组展示

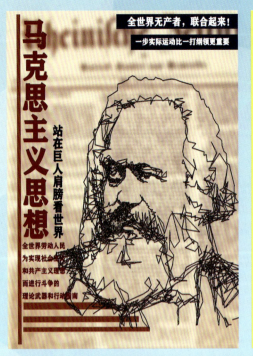

马克思海报　　　　　　　　设计海报

学生获奖

红色经典诵读大赛获奖

周绍均同学获"珠海好人"

学生征文比赛获奖